L'ART DE RECONNAÎTRE LES STYLES

LE STYLE
ANGLAIS

A LA MÊME LIBRAIRIE

OUVRAGES DE L'AUTEUR

L'Art de reconnaître les **Styles** (82ᵉ mille).
Le Style Renaissance (13ᵉ mille).
Le Style Louis XIII (26ᵉ mille).
Le Style Louis XIV (24ᵉ mille).
Les Styles Régence et Louis XV (23ᵉ mille).
Le Style Louis XVI (25ᵉ mille).
Le Style Empire (28ᵉ mille).
Le Style moderne (10ᵉ mille).
La Beauté chez Soi, sur Soi, en Soi (5ᵉ mille).
Les grands Maîtres de l'Art (3ᵉ mille).

POUR PARAÎTRE PROCHAINEMENT :

Les Styles flamand et hollandais.
Les Styles arabe et espagnol.
Le Style allemand, etc.

FAIT EN FRANCE

ÉMILE-BAYARD

INSPECTEUR AU MINISTÈRE DES BEAUX-ARTS

L'ART DE RECONNAÎTRE LES STYLES

LE STYLE ANGLAIS

OUVRAGE ORNÉ DE 146 GRAVURES

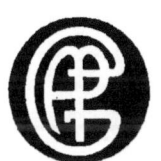

PARIS
LIBRAIRIE GARNIER FRÈRES
6, RUE DES SAINTS-PÈRES, 6
1922

A Monsieur G.-Roger SANDOZ.

Cordialement.

E.-B.

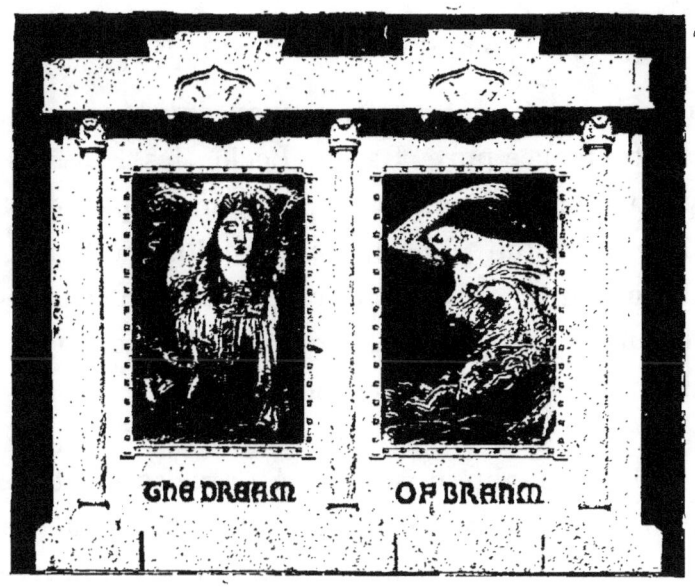

Le Rêve de Branm, émaux,
par M. Alexandre Fisher.

CHAPITRE PREMIER

Considérations générales sur l'Art et les Anglais.

L'Art est, avant tout, le reflet d'une sensation. Or, l'émotion, d'ordre naturel, d'expression sensible et enthousiaste, n'apparaît point généralement, chez les Anglais, dont les vertus sont opposées à cette faiblesse au nom du flegme. On a dit qu'au pays de Shakespeare les philosophes mêmes, qui semblent voués par profession au développement de l'intelligence pure, Bacon, Locke, les Écossais, appartiennent à l'école qu'on peut appeler pratique : et l'on en déduit judicieusement qu'ils ont la religion du bon sens. De cette religion du bon sens résulte un concept calme, raisonné, non créateur, mais tout acquis, en revanche, à l'utilité.

L'esprit d'adaptation supplée ainsi, chez un peuple froid, la qualité inventive. Au rêve se substitue la réalité, et l'idéal se détourne de l'esthétique en profitant ingénieusement des apports de l'Étranger dans le ressort de la beauté. D'ailleurs, en conformité de ses mœurs, pour satisfaire à ses aises, un si noble pays ne pouvait manquer d'acquérir quand même sa personnalité au contact de l'inspiration d'autrui. Instinctivement, déjà, la forme se modèle sur l'individu, de même que la pensée, à travers la langue différente, revêt une caractéristique propre.

Pareillement, l'harmonie d'un ciel réfléchit ses accords dans l'âme d'un peuple, et là vision de ce dernier est grise ou colorée, comme son geste est large ou court, suivant l'ardeur de ce ciel, sa tendresse ou sa mélancolie. A cette suggestion naturelle répond le décor vivant ou bien celui que les hommes construisent. Il en résulte donc, au point de vue esthétique, d'après la beauté vue ou subie, une déformation, une empreinte, qui suffisent à l'originalité.

Souvent aussi, le climat crée cette originalité : la palette anglaise n'emprunte pas à l'harmonie de l'Italie et de la Hollande; le brouillard britannique semble expliquer la réaction des couleurs, rudes et voyantes, particulières à ses peintres. Non moins typiques sont les jardins anglais avec leur gazon de velours que la brume et l'humidité entretiennent. Et, le choix des arbres et arbustes qui composent ces jardins, en harmonie avec les

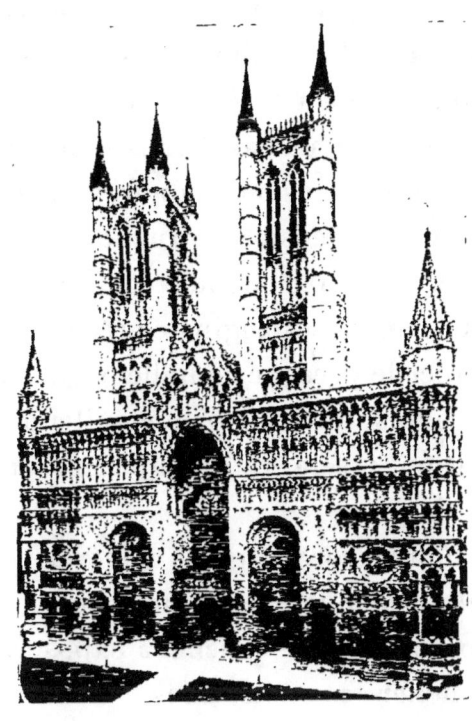

Fig. 2. — Cathédrale de Lincoln

fleurs, dans un désordre charmant, relèvent d'un goût libre, symbolique chez un peuple qui n'a ni écoles ni traditions d'art lointain.

Certes, le jardin anglais, avec ses eaux courantes et ses bouquets de verdure, avec l'asymétrie seulement apparente de son terrain vallonné, avec ses habiles échappées perspectives, ne méconnut point l'exemple des « jardins paysagers » que les Chinois plantèrent de toute antiquité ; mais avec quel goût il se l'appropria ! Nul ne pourra, en tout cas, lui disputer la qualité de ses pelouses, aussi douces au toucher qu'à la vue. Conséquemment presque, à l'absence d'un passé artistique très catégorique, nous aurons l'occasion d'admirer l'originalité du *cottage*, cette délicieuse construction rustique, à peine inspirée de la Hollande et inséparable de l'architecture anglaise, originale précisément parce qu'elle ne procède presque de nulle part. L'originalité, certaines fois, pourrait bien résulter d'une rupture de tradition : cela représente une manière de consolation.

On remarque qu'en général les philosophes anglais, peu habiles à composer un livre artistement, excellent en revanche, à exposer, à convaincre et à amener les effets utiles.

Cette ordonnance de l'effet utile dominant la qualité d'art, se rattache à ce souci pratique qui s'inscrit à la base du génie anglais. « Time is money » ; la maxime est anglaise et justifie l'amour d'un peuple, son idéal objectif d'un commerce et d'une industrie supérieurement productifs. La fondation du British Museum ne date que de l'année 1755. Auparavant, l'Angleterre ne s'était pas préoccupée, à l'encontre des autres pays, de réunir ses collections d'art dans un lieu particulier.

Reynolds fut proclamé le premier et le plus *cher* portraitiste de l'Angleterre. Les peintres anglais célèbres affichaient leurs tarifs à la porte de leur atelier, alors que les admirables artistes de la

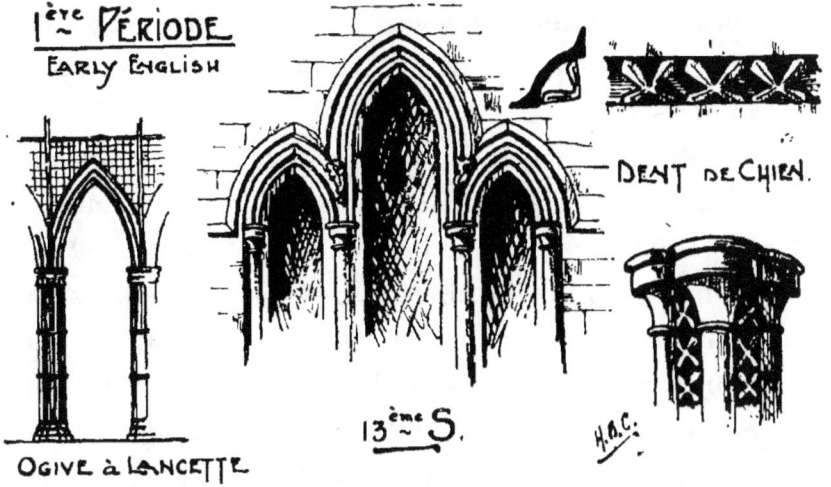

Fig. 3. — Style gothique, première période, dessin de M. H. Bartle Cox.

Renaissance italienne ne signaient pas leurs œuvres par humilité. Le prix de Lawrence pour peindre une tête était de deux cents guinées ; il en prenait quatre cents pour un buste... avec les bras, et sept cents pour l'ensemble du corps !

« Pope, dit H. Spencer, fut six ans à traduire *l'Iliade*, qui lui rapporta 150.000 francs. *L'Odyssée* lui prit moins de temps et lui rapporta davantage. »

Étranges appréciations, inséparables pratiquement de cette encombrante publicité, de toute cette lèpre d'inscriptions marchandes qui enlaidirent la ville anglaise avant que la contagion ne gagnât le continent... Comme on demandait à Newton ce qu'il pensait de la poésie : « C'est une sorte d'ingénieux non-sens, » répondit-il. « Qu'est-ce que cela prouve ? » disait un autre illustre citoyen anglais.

« Le beau ne saurait être compris par le raisonnement, qui n'en saisit jamais qu'un côté ; celui-ci reste dans le fini, l'exclusif et le faux, l'autre est de sa nature infini et libre. » L'écueil des artistes de l'Allemagne ancienne, et particulièrement de ses peintres, c'est l'abus de la réflexion. Et Mme de Staël, à ce propos, jugeait que : « C'est un grand inconvénient, surtout pour les arts où tout est sensation. Ils sont analysés avant d'être sentis, et l'on a beau dire après qu'il faut renoncer à l'analyse, l'on a goûté du fruit de l'arbre de la science et l'innocence du talent est perdue. »

Inéluctablement l'art ne se révèle qu'au pur sentiment. Il est distinct de la science et de l'industrie où l'âme anglaise, avec ses qualités de pondération, d'ordre et de résolution, trouve sa communion la plus harmonieuse. « Nous sommes plus idéalistes (que les Anglais), estime judicieusement M. Hugues le Roux, ils sont plus pratiques. Nous attachons plus d'importance au sentiment, eux au fait. Nous avons des vertus d'abeilles, ils ont des qualités de fourmis. » Le sentiment même échapperait à l'âme anglaise ; du moins s'en garde-t-elle. On ne doit point en manifester dans les affaires (en cela,

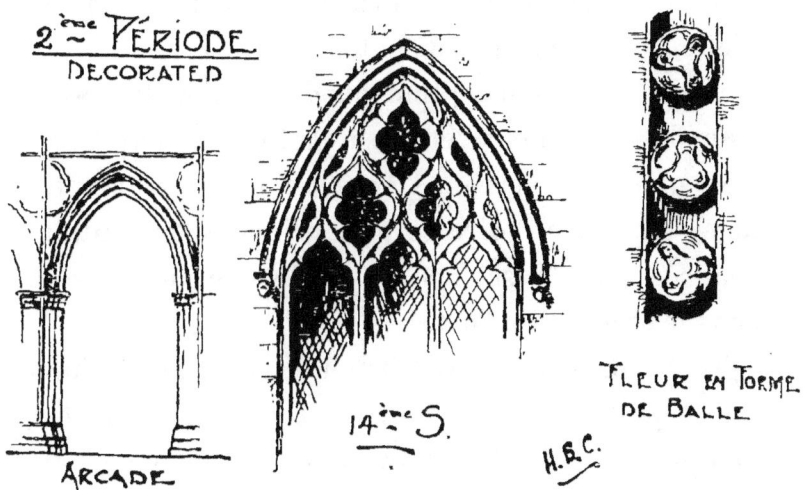

Fig. 4. — Style gothique, deuxième période, dessin de M. H. Bartle Cox.

d'ailleurs, les hommes d'affaires français, mais à l'exemple magistral anglais, s'accordent sur la maxime *business is business*), et l'art, notamment, constitue une démonstration de laquelle les fils d'Albion se défendent comme d'une défaillance. Mais sans doute n'est-ce là qu'une feinte, à en juger par tant de leurs tableautins et gravures où perce une sentimentalité, un *humour* purement britannique ; l'humour, cette vision si particulière du travers ou du ridicule humain, spirituellement mais froidement stigmatisé.

Toujours est-il que le masque de l'homme d'affaires ne cèle rien des battements de son cœur, et que l'Anglais s'avère principalement un homme d'affaires à quoi il sacrifie tout.

Chez lui, la conception du *dock* précède l'érection du monument, et c'est plutôt dans l'architecture que nous verrons l'Angleterre lutter dans les arts, en raison directe du principe de l'utilité réalisée par la science et l'industrie, au besoin sans le secours de l'art.

Tout monument d'architecture, certes, obéit premièrement à l'utilité dont il portera franchement l'empreinte, mais il ne saurait se réclamer de l'art si sa silhouette d'ensemble, si les formes des parties qui le composent ne présentent point avec goût et harmonie ses qualités matérielles et scientifiques.

Or, l'art de l'ingénieur suffit à sa tâche : un pont peut parfaitement remplir son office sans être beau ; d'où certaine satisfaction positive.

Pareillement, dans le meuble, monument en réduction, la réussite du confort pourrait-elle tenir lieu de qualité esthétique, et le mobilier du bureau anglais répond à tous égards à cette suggestion objective.

L'Angleterre, a-t-on dit, brille par le génie des affaires et par les vertus qui l'accompagnent : le sang-froid, l'économie, la précision, la méthode, la persévérance. Le lot de la France est bien plutôt le génie du goût et des arts, avec l'ardeur, l'abandon, la légèreté prodigue au moins de

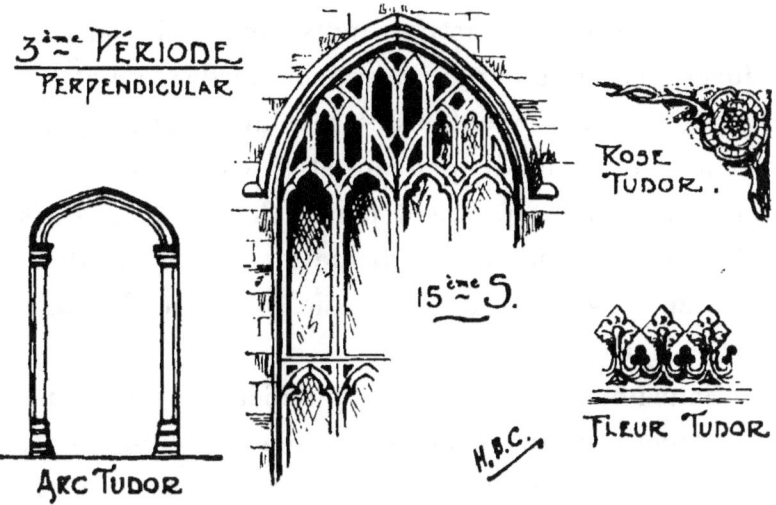

Fig. 5. — Style gothique, troisième période, dessin de M. H. Bartle Cox.

temps et de paroles, la mobilité d'humeur et l'irrégularité d'habitudes, qui distinguent les artistes. D'un côté, la raison avec sa marche sûre et sa sécheresse, le bon sens avec son terre-à-terre ; de l'autre, l'imagination avec son éclatante audace, mais aussi avec son ignorance de la pratique et des faits, ses écarts et ses faux pas... Chez nos voisins, l'orgueil calculateur et ambitieux ; orgueil d'homme d'État et de marchand qui ne se repaît que de puissance et de richesse..., chez nous, l'orgueil vaniteux mais immatériel qui savoure d'idéales jouissances...

Un contemporain, d'autre part, note : « Les Anglais sont riches, actifs, industrieux ; ils peuvent forger le fer, dompter la vapeur, tordre la matière en tout sens, inventer des machines d'une puissance effrayante, ils peuvent être de grands poètes ; mais l'art, à proprement parler, leur fera toujours défaut, la forme en elle-même leur échappe. Ils le sentent et s'en irritent ; ils ne sont que des barbares vernis (*sic*)... »

Sans nous arrêter à cette qualification sans aménité non plus qu'à celle de « nation de boutiquiers », chère à Napoléon Ier, nous inclinerons vers ce soupçon intéressé qui a fait dire au Français de Diderot qu' « au moment où l'artiste pense à l'argent il perd le sentiment du beau ».

Mais, en revanche, a-t-on observé, n'est-ce point à ce que la civilisation anglaise offre de prosaïque et de mercantile qu'il faut attribuer l'essor prodigieux, l'audace excentrique, la sublimité que déploient souvent les poètes anglais, une fois brisée l'enveloppe étroite qui les emprisonne en naissant ?

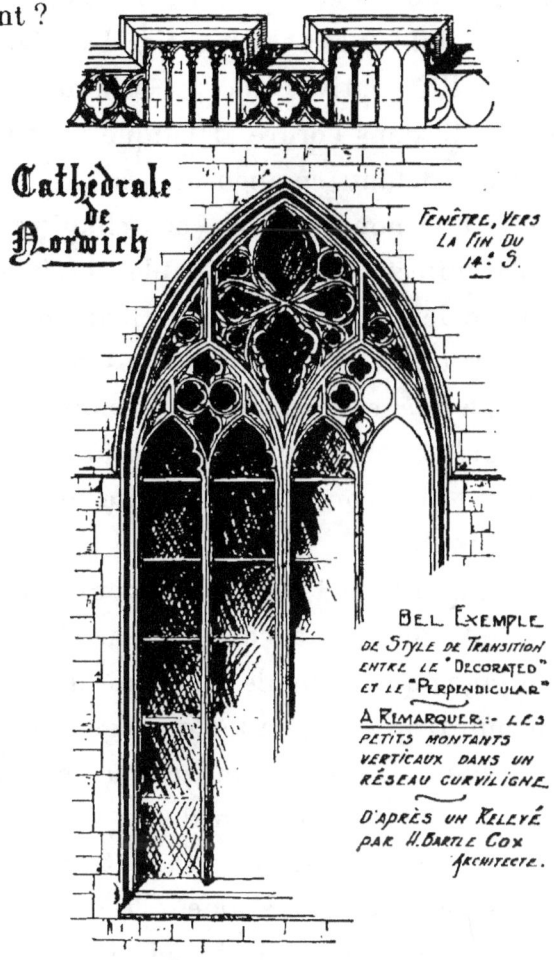

Fig. 6. — Style gothique de transition.

Et notre quidam conclut plaisamment : « On assure que c'est chez les nègres qu'il y a le plus d'*albinos* et c'est là qu'il faut les étudier... »

D'ailleurs, avant d'aborder la littérature anglaise où l'on trouve des poètes parmi les plus illustres, il importe équitablement d'apprécier les éléments d'une originalité native, moins éclatante sans doute, mais qui, dans l'ordre artistique vaut précisément par des défauts compensateurs.

C'est ainsi que nous verrons, aux chapitres spéciaux de l'architecture et du meuble combien les Anglais, avec leurs vertus essentiellement pratiques, se sont affirmés aujourd'hui nos maîtres au point de vue hygiène et confort, déterminant aussi certain progrès architectural moderne dans la destination et la conception inédite des aises adaptées au mobilier,

On raconte qu'en 1823 George IV voulut habiter le château de Windsor, mais qu'il renonça à ce désir parce qu'il jugea que la noble antiquité du manoir était beaucoup trop riche en témoignages ennemis du *confortable*... Et voilà pourquoi le monarque aurait entrepris la restauration de la somptueuse habitation des souverains. Si l'on ajoute aux questions de caractère et de tempérament l'influence religieuse, on constate d'autre part que les croyances anglaises entachées de puritanisme, de pudibonderie, ont singulièrement desservi la liberté de leur art.

Il apparaît encore, que la situation géographique de l'Angleterre n'est point étrangère à la prééminence de son génie commercial. Une île commande nécessairement à la mer ; elle ne peut vivre que de trafic. L'idéal d'un peuple, de la sorte, se subor-

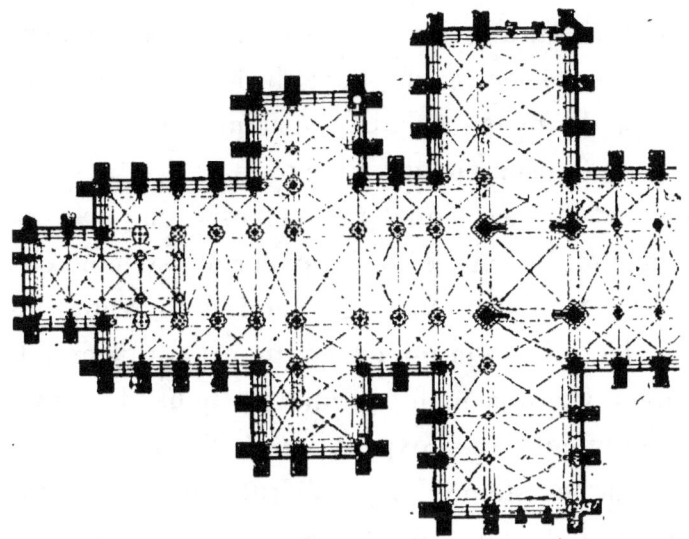

Fig. 7. — Plan du double transept de la cathédrale de Salisbury.

donne à sa fonction dominante qui devient toute sa foi.

La personnalité des expressions esthétiques anglaises n'a pas été moins atteinte par ses habitudes d'émigration. Chez l'Anglais, les voyages sont un besoin national, et une vision trop érudite de la création comme de la pensée d'autrui, ne saurait en principe favoriser l'émanation intime. Il en est de même du foyer anglais vis-à-vis du nôtre, le premier inexistant pour ainsi dire, en raison de la dispersion de la famille. Dispersion profitable aux affaires, mais combien préjudiciable à la fécondité quiète de l'esprit, à l'enfantement de l'œuvre d'art !

La théorie du foyer anglais s'abrite pratiquement derrière le respect exemplaire de l'idée de famille, tandis que le foyer français, par amour de l'enfant, se garde jalousement de son exode.

Chacun de ces concepts, certes, comporte sa critique, mais, en ce qui concerne strictement notre objet, notre avantage semble flagrant, du moins vis-à-vis de la majesté d'un art traditionnel, car nous verrons le foyer anglais nous démentir singulièrement dans l'expression de l'intimité.

Le jeune artiste anglais, à défaut d'un art nationalement patronné, fuit vers le continent pour étudier, et lorsqu'il possède la technique de son art, il réintègre le pays natal. Comment dès lors, s'est-il assimilé cet art étranger ? N'a-t-il point forcé sa nature ou bien faussé son tempérament ? A chaque fruit la saveur de son sol. Que vaut le fruit d'un arbre transplanté ? Un pommier ne saurait donner que des pommes, et notre artiste anglais produira des fruits qui n'auront point le goût de chez lui.

Que devient le principe d'originalité créatrice à travers tant de suggestions ? Et combien s'avère la logique d'un art d'assimilation, de compilation, de désinvolture là où le passé n'impose presque aucune expérience de beauté !

C'est ainsi que souvent les voyages *déforment* la jeunesse, au contraire du dicton.

D'une impression hâtivement digérée, désorientée à travers trop d'exemples, résulte le désordre créateur.

La Renaissance française, née du contact italien, s'exprime néanmoins originalement parce que son esprit, sa grâce, d'essence latine, correspondaient directement à notre goût national, à notre tempérament.

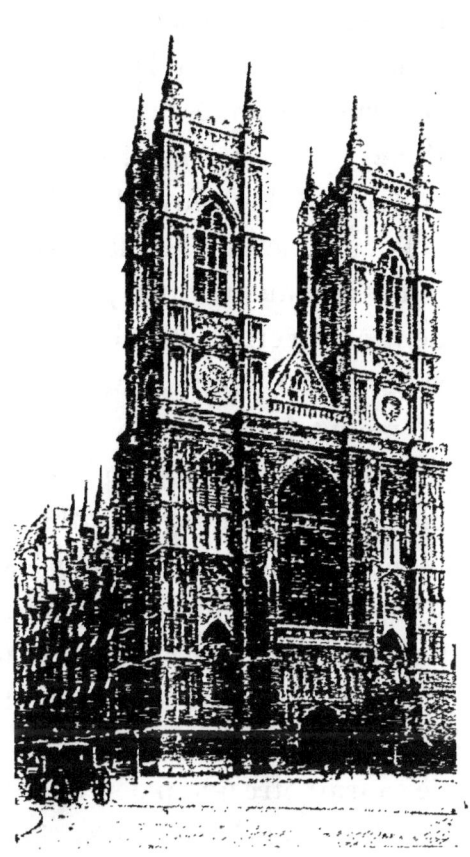

Fig. 8 — Abbaye de Westminster.

La preuve en est, de cette concordante originalité, que les Renaissances italienne et française furent plutôt défigurées par ailleurs.

Mais aussi, combien dans le « désordre créateur » l'originalité a beau jeu, surtout lorsqu'elle naît de ce manque d'esprit de suite, de cet illogisme anglais si curieux à opposer à son instinct matériel et pratique, vis-à-vis d'hier ! L'architecture anglaise nous en fournira la preuve dans l'expression pittoresque.

Pour reparler de l'influence des religions sur l'art, il faut reconnaître que, précisément, plus elles confinent à la vérité plus elles s'éloignent de l'idéal. La religion catholique, peut-être moins vraisemblable et moins humaine que le protestantisme, est la poésie même : une religion d'art. L'art, unanimement, a jailli du dogme catholique parce qu'il exalta luxueusement l'imagination des prêtres de la beauté. Nous n'allons point, néanmoins, jusqu'à dire, avec Chateaubriand, que « le protestantisme est une religion mortelle pour les arts », et nous nous refusons, pareillement, à partager cette opinion que l'artiste ne saurait être que païen ou catholique. Cependant, sans le catholicisme, sans ses impénétrables mystères et miracles, la cathédrale n'existerait pas. Sans le catholicisme, les chefs-d'œuvre de la statuaire et de la musique, du vitrail et de la tapisserie, du mobilier et de l'orfèvrerie, n'eussent point atteint au sublime.

En rejetant les images et les pieuses légendes, la Réforme déflora l'idéal dont s'animaient les grands maîtres ; c'est pour cette raison que ni la peinture

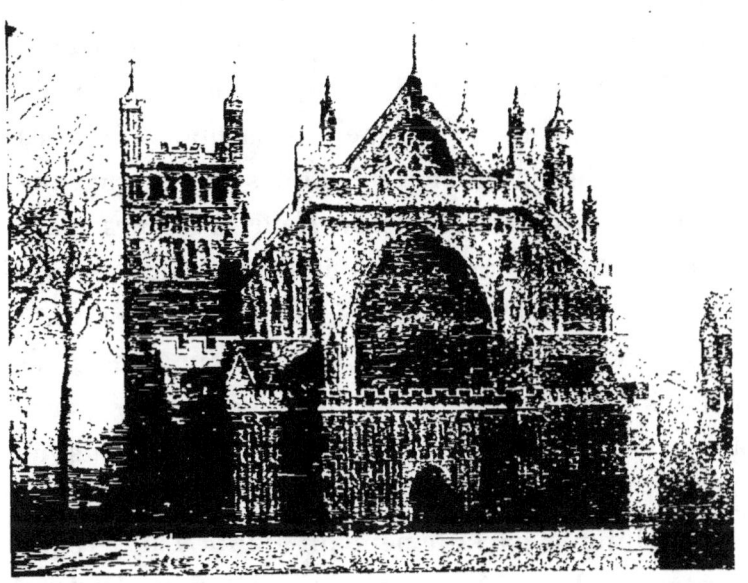

Fig. 9. — Cathédrale d'Exeter
(Cliché « Stereoscopic Company, Ltd. », Londres.)

ni la statuaire monumentales n'existent en Angleterre. « Le culte protestant, écrit René Ménard, n'admettant pas la pratique de ces arts dans les églises, les tendances vers le grand style religieux sont incapables d'y prendre un développement quelconque. Ajoutez à cela que le puritanisme anglican s'accommoderait assez mal de sujets empruntés à la mythologie, et que les traditions classiques, en art comme en littérature, n'ont jamais réussi à s'acclimater dans un pays aussi jaloux de sa personnalité. »

L'architecture britannique n'a pas moins pâti, en son originalité, à cause de la confrérie contrariée des francs-maçons qui, dès le huitième siècle, furent contraints de voyager en Europe où ils construisirent les premières basiliques : « ... Songeons, écrit Hope, qu'au temps de Henri VI leurs privilèges exclusifs leur furent enlevés, comme dérogatoires à la puissance des rois et nuisibles aux intérêts des sujets anglais... » Et l'auteur conclut de cette interdiction que l'on devait compter, parmi les ouvriers subalternes de l'architecte anglais, un plus grand nombre d'étrangers que partout ailleurs.

Schelling a parfaitement dit que « l'art, représentation des idées, est une révélation de Dieu dans l'esprit humain » — mais il avait compté sans le veto des monarques ombrageux, et c'est à la foi catholique que nous devons indiscutablement (et en dehors de toute confession) cette révélation la plus géniale, la plus poignante. En Angleterre, les églises, anciennes ou modernes, vouées au culte catholique romain sont, au point de vue architecture, décoration, costume liturgique, musique, etc. plus artistiques certainement que les temples protestants et anglicans. C'est un fait, et, d'autre part

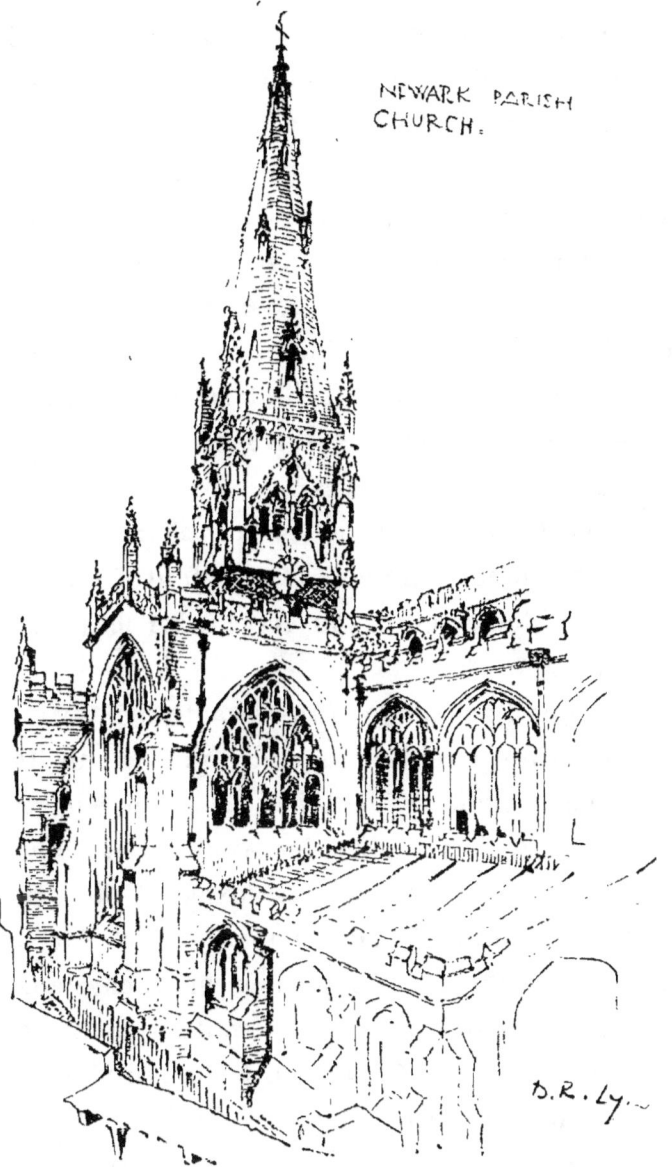

Fig. 10. — Église de Newark,
période « decorated », dessin de M. D. R. Lyne.

on ne peut nier les variations originales apportées par les rites différents, à l'inspiration monumentale et ancestrale catholique.

Le *plan* ogival, par exemple, transposé du modèle français dans le goût anglais, offre une curiosité constructive inédite. Les chapelles notamment, qui accompagnent les bas côtés de la cathédrale française, à l'exception d'une « Lady chapel » située à l'extrémité où elle fait saillie (comparer les plans des cathédrales d'Amiens et de Salisbury (fig. 7), ont disparu.

Ces modifications cultuelles sont à rapprocher des déformations ethniques et, à défaut d'une personnalité évidente, elles s'inscrivent à l'actif d'une caractéristique.

Nous avons parlé de la transformation intuitive, de l'originalité latente, et voici que, contradictoirement à la qualité sédentaire, nous apprécierons essentiellement l'originalité des Anglais, *at home!*

Malgré donc que nos voisins voyagent plus que tout autre peuple, en dépit de leur foyer épars, l'art de l'intimité a été développé supérieurement chez eux.

Nous n'avons point eu la prétention, dans cet exposé, de pénétrer la mentalité anglaise en sa subtilité complexe. Cela dépasse d'ailleurs notre but et, pour nous borner à notre étude, nous n'envisageâmes que des généralités.

Les chefs-d'œuvre d'un peuple parlent pour lui ; mais, fatalement on aime à les identifier avec leurs auteurs, afin d'en unifier le parfum. La glorieuse patrie de William Shakespeare (qui a vu naître aussi J. Reynolds, J. Constable, John Ruskin, et à qui reviennent les progrès sinon la maîtrise, de la peinture à l'aquarelle, grâce notamment à Bonington), malgré des réserves qui sacrent son génie commercial dominant et plutôt contradictoire, mérite par son réel intérêt esthétique : c'est ce que nous nous attacherons à dégager.

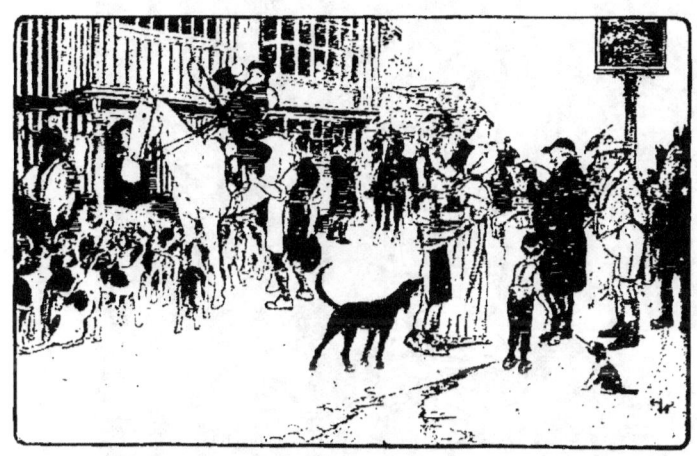

La Meute a l'Auberge, estampe en couleur, très réduite, de M. Cecil Aldin (Richard Wyman et Cie, éditeurs, Londres).

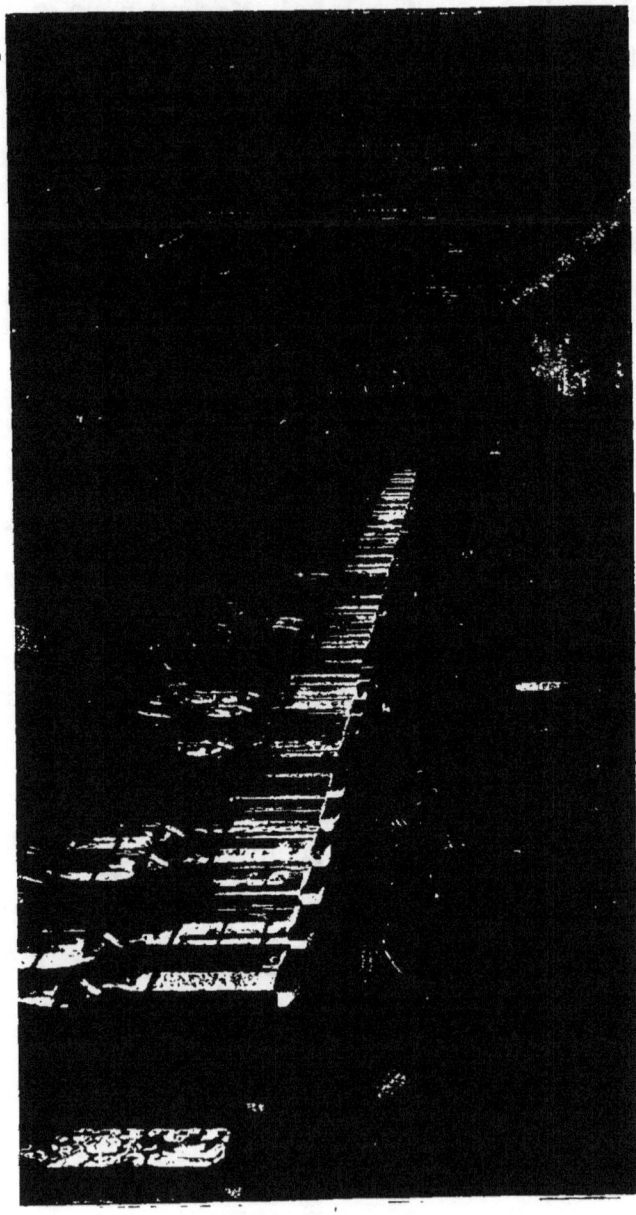

Fig. 12. — Cloître de la Cathédrale de Gloucester (cliché « Stereoscopic Company, Ltd. », Londres).

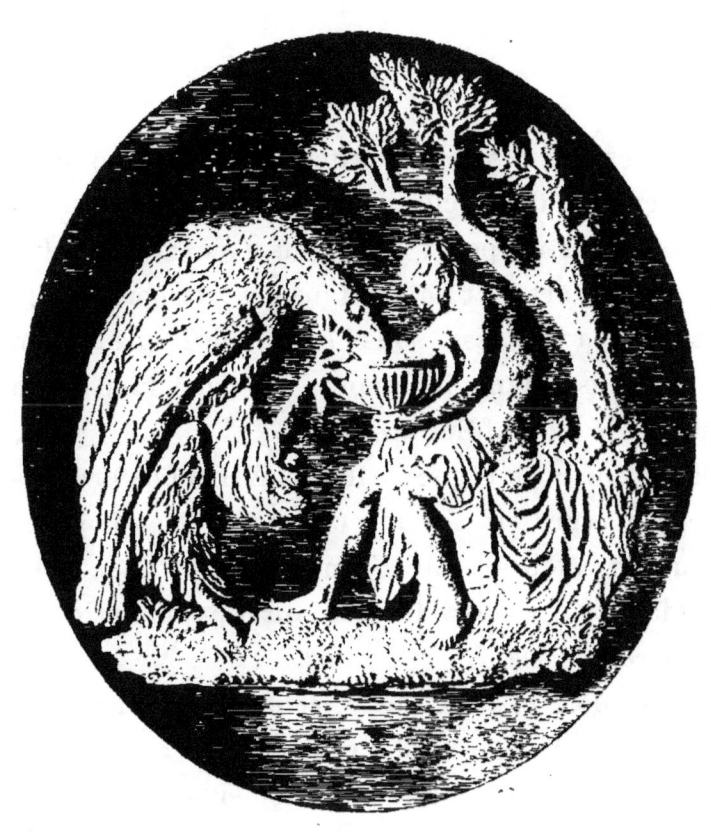

CHAPITRE II

Les prémices de la Littérature et de l'Art,
à travers l'Histoire de l'Angleterre.

Pour juger équitablement du génie d'un peuple, il importe de remonter à ses sources littéraires, à ses sommets d'expansion idéale correspondant, le plus souvent. aux heures de son Histoire les plus prospères ou les plus agitées. Il est rare qu'à chaque étape de félicité intellectuelle ou de passion on n'enregistre point les chefs-d'œuvre les plus typiques. L'art doit naître dans les extrêmes de la joie et de la tristesse, sous l'empire de la protection des grands, dans la lumière de leur luxe ou à l'ombre de leur affliction.

En France, le règne de Louis XIII nous procura un style régressif, sombre et lourd, après la grâce fastueuse célébrée par François Ier, et Louis XIV inonda de son soleil le style qu'il avait hérité de son père morose.

Aussi bien, le style tarasbiscoté de la Régence et de Louis XV trouva le reflet de sa redondance ornementale dans les débordements du temps, tandis que le Louis XVI ramena l'austérité de la ligne, comme un pressentiment de la tourmente révolutionnaire.

Le style Empire, enfin, né spontanément sur des ruines, est bien celui d'un conquérant. Il fut ordonné d'après l'antiquité héroïque.

Il n'y a que dans les époques de platitude que l'art est stagnant, et toutes ses réactions, dues autant à la mode capricieuse qu'au goût subversif, s'accordent dans le sillon de la littérature avec la physionomie des événements et de l'opinion.

LES PRÉMICES DE LA LITTÉRATURE ET DE L'ART

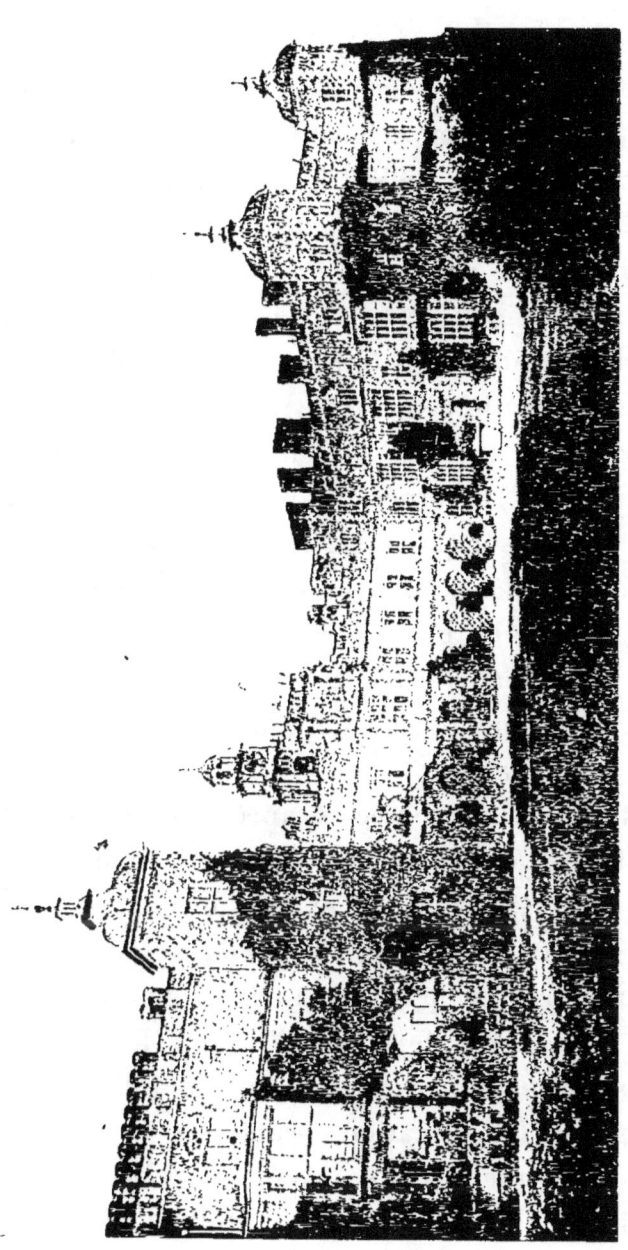

Fig. 14. — Hatfield House (style Jacobean). (Cliché « Stereoscopic Company Ltd. », Londres.)

Avant d'aborder le détail de notre objet, nous parcourerons donc, en leurs phases caractéristiques, les divers mouvements de l'esprit anglais.

La conquête partielle de l'Angleterre, par les Romains, n'a laissé que peu de traces dans la langue et la littérature anglaises. Point davantage l'art ne fut-il impressionné par l'exemple romain, et les iconoclastes ont aboli tout témoignage d'une prétendue décoration picturale de la cathédrale de Canterbury à la suite de l'invasion glorieuse de Guillaume le Conquérant, importateur du luxe et des arts de son pays. En revanche nous voyons, au treizième siècle, Henri III appeler à sa cour des artistes pour la plupart italiens et, grâce à ce prince qui devança Charles Ier dans ses encouragements à l'art pictural surtout, la décoration prit un essor considérable.

Puis, durant deux siècles, après les guerres des Deux-Roses, au xve siècle et jusqu'à l'avènement de Henri VII (1485-1509), les expressions esthétiques, qui ne durent guère sortir du domaine de la peinture sur verre et de la miniature, languissent et, à partir de ce règne, le champ d'idéal s'élargit, mais sans bénéfice encore, il est vrai, pour l'art natal étranglé par l'importation étrangère.

On remarque à cette époque, à Londres, un Helbein, oncle sans doute de Holbein le Jeune, et Jean Mabuse (Gossaert) qui des premiers initia les Anglais à l'art flamand.

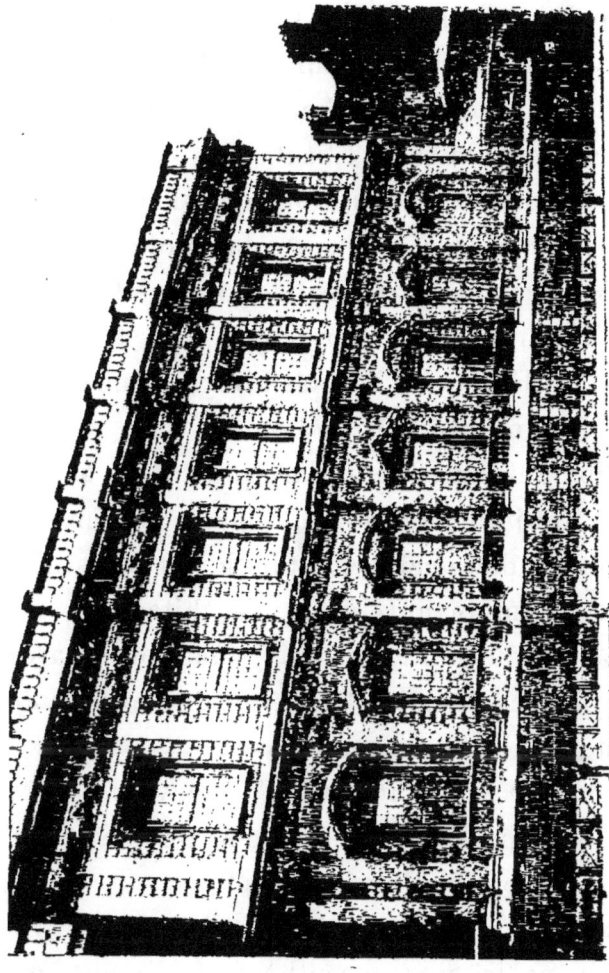

Fig. 15. — Palais de Whitehall, par Inigo Jones. (Cliché « Stereoscopic Company, Ltd. », Londres).

Nous remonterons ensuite à la poésie italienne du

quatorzième siècle, à la remorque de nos trouvères et troubadours qui l'avaient inspirée.

Dante et Pétrarque éveillent alors le génie du poète Geoffrey Chaucer que l'on peut considérer comme le véritable créateur de la littérature anglaise dont l'un des plus beaux âges nous transporte au règne de la reine Élisabeth (1558-1603).

Mais auparavant, nous noterons l'ère du roi Henri VIII (de 1509 à 1547), qui, au point de vue des arts, s'affirma le François Ier de l'Angleterre.

Henri VIII manda à sa cour des peintres flamands et italiens; un Français : Nicolas Lizard, et un grand Allemand : Hans Holbein, le Jeune.

Plutôt insignifiante pour l'art plastique, à part l'éclat du miniaturiste anglais Isaac Oliver, la grande époque de la reine Élisabeth, au nom inséparable d'un important style d'architecture, fut néanmoins propice à la musique, sans doute parce que cette princesse était elle-même une excellente musicienne.

Mais la littérature fit surtout merveille avec les Edmund Spenser, les William Shakespeare, les Francis Bacon, les John Milton!

Le goût de la reine Élisabeth pour la musique, — nous ouvrirons ici une parenthèse, — évoque un penchant analogue chez Richard III, et même, si l'on en juge par les ordonnances suivantes, les deux

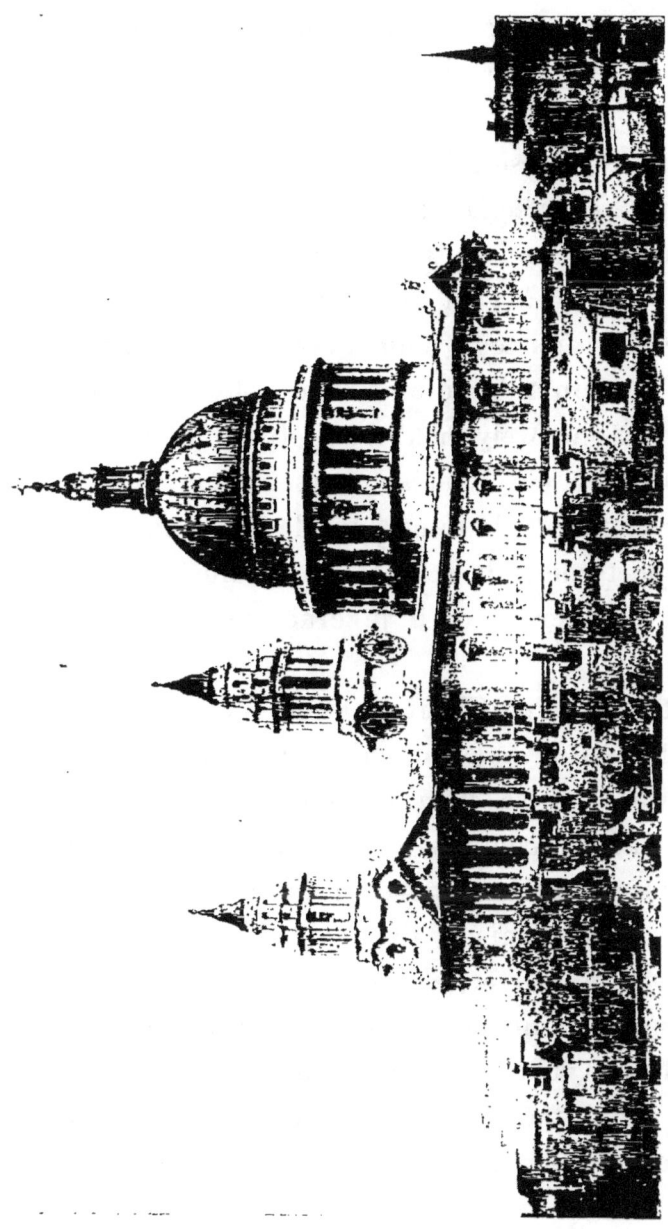

Fig. 16. — Cathédrale de Saint-Paul, par Chr. Wren.
(Cliché « Stereoscopic Company, Ltd. », Londres.)

souverains communient aussi dans le sentiment pratique, sous le couvert de la beauté ou de son culte égoïste.

Richard III, lorsqu'il n'était encore que duc de Gloucester, entretenait près de lui une armée de musiciens. Parvenu au trône, il prodigua de grands encouragements à l'art musical, mais il usa, pour recruter les artistes, d'un moyen arbitraire et violent. Témoin son ordonnance de 1484 où il commandait à John Melyonek, un dilettante de cet art, d'appréhender et de saisir en son nom tous les hommes et enfants habiles dans le chant ou autrement experts dans la science de la musique qu'il pourrait trouver et qu'il jugerait en état de lui servir.

Quant à la reine Élisabeth, elle rendit en 1563 une ordonnance par laquelle, afin qu'il ne fût point attenté à sa propre beauté par l'art, des experts étaient commis pour juger de la fidélité des copies à venir du portrait de Sa Majesté. La reine, en outre, faisait défendre de continuer à peindre ou à graver, d'après sa gracieuse personne, jusqu'au moment où un portrait fidèle (c'est-à-dire dépourvu des moindres défauts ou difformités « dont, par la grâce de Dieu, sa Majesté est exempte ») serait jugé digne d'être exposé ou copié...

Shakespeare a écrit : « Les puissantes raisons

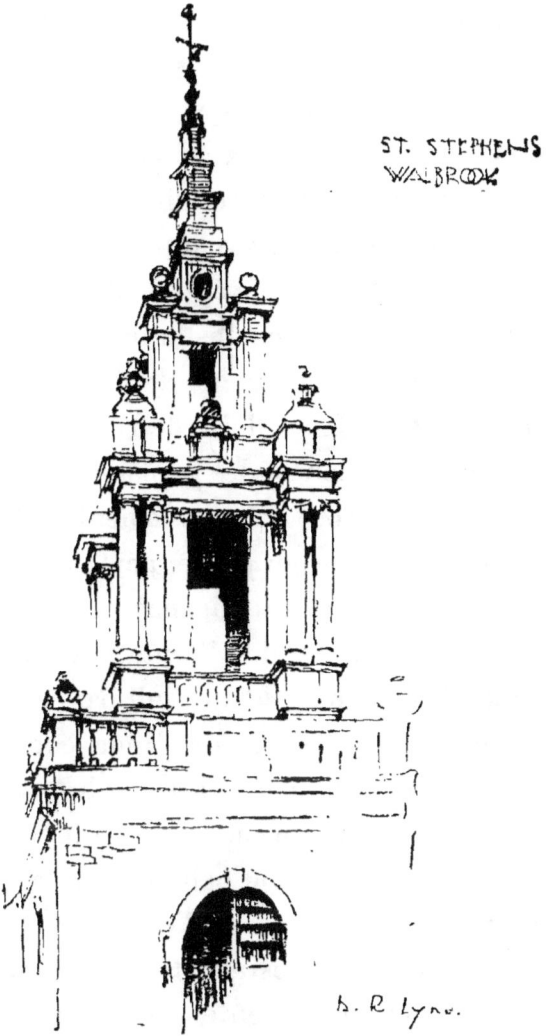

Fig. 17. — Clocher de l'Église Saint-Stephens-Walbrook
Wren architecte, dessin de M. D. R. Lyne.

font les puissantes actions », mais il eût flétri de

telles tyrannies, et, dans le domaine des contradictions, Richard Ier, malgré sa cruauté, était bien poète !...

D'autre part, — pour fermer notre parenthèse, — Élisabeth éleva l'Angleterre à un degré de puissance et de prospérité remarquable.

Au reste, véritablement savante, la reine Élisabeth (de même que la sixième épouse de Henri VIII, Catherine Farr, protectrice des lettres et à qui l'on doit d'avoir intercédé en faveur de l'Université de Cambridge lorsqu'on voulait détruire tous les collèges comme entachés de papisme) traduisait Euripide, Horace, Isocrate et commentait Platon ; elle écrivait en vers ou en prose, parlait le grec et le latin avec la plus parfaite aisance.

Dans l'enchaînement de l'érudition féminine royale, nous mentionnerons une culture égale chez Marie Tudor dont Antonis de Moor connut les faveurs artistiques, et à qui Élisabeth avait succédé : Marie la Sanglante ou la Sanguinaire, plus vertueuse qu'Élisabeth, « la belle vestale » comme l'appelle ironiquement le grand Will.

Bref, tandis que la restauration des Stuarts, malgré une réaction violente contre l'austérité puritaine, sous l'action française, devait laisser la littérature indifférente, on commença à distinguer avec Jacques Ier (1566-1625) des peintres réellement

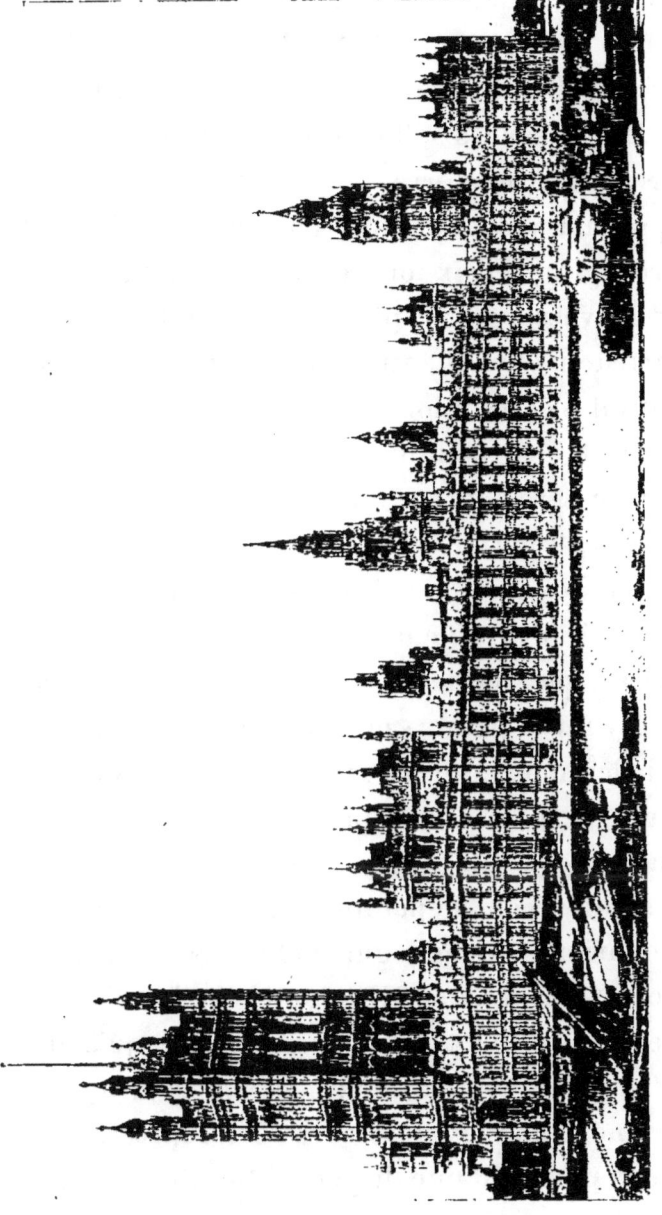

Fig. 18. — Palais du Parlement, par Ch. Barry. (Cliché « Stereoscopic Company, Ltd. », Londres.)

anglais à côté des Flamands qui continuaient à acclimater l'art du portrait. Mais ce fut surtout grâce à Charles Ier que le goût prospéra. Rubens et Van Dyck, sur les sollicitations de ce monarque, se fixèrent en Angleterre.

On prétend que Charles Ier possédait un diamant d'un très grand prix où les armes d'Angleterre étaient gravées avec le plus précieux talent. Peut-être l'artiste n'était-il autre que le roi lui-même, et d'ailleurs il s'était adonné avec prédilection à la sculpture et à la peinture, cultivant en outre les lettres avec agrément, de même que Jacques Ier et, auparavant, Édouard VI.

Mais la royauté devait cesser quelque temps d'être aussi favorable à l'art qui ne reparut, en Angleterre, que sous les auspices de Charles II (dont Peter Lely fut le peintre ordinaire et les deux Van de Velde les maîtres préférés), mais pour l'aubaine, il est vrai, de produire le premier représentant de l'art indigène : James Thornhill, et de marquer l'aurore d'une école de peinture proprement dite.

Les quarante années qui embrassent, ensuite, les règnes de Guillaume III (plutôt rebelle à l'art et dont l'encouragement ne s'adressa guère qu'à un Henry Crooke, « peintre de visages » mort en 1700), de la reine Anne et de George Ier, représentent l'époque la plus brillante du génie littéraire anglais.

Nous touchons ainsi au début du dix-huitième siècle où la reine Anne continua, en le rectifiant, le

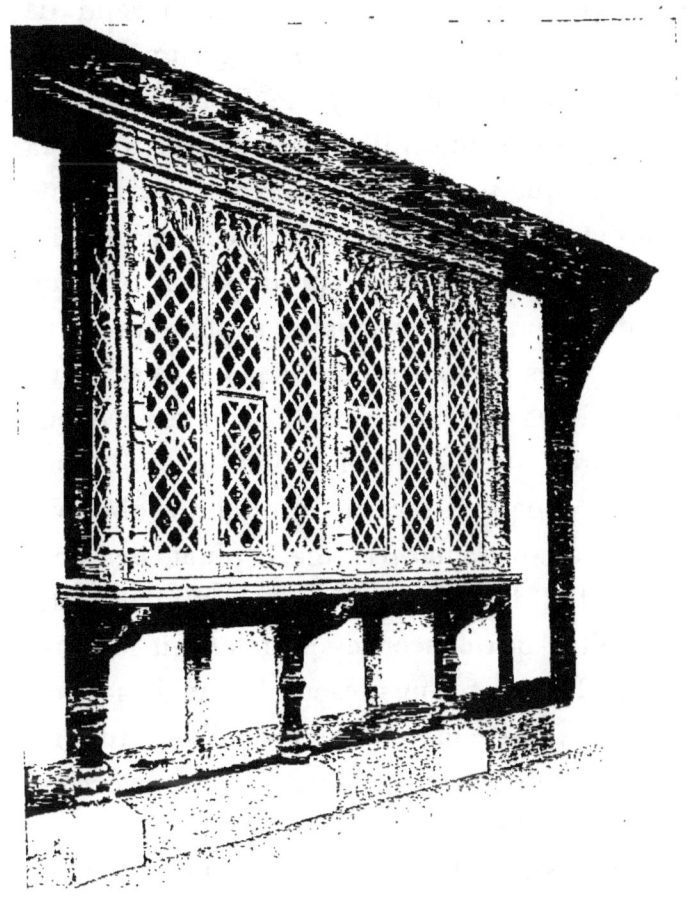

Fig. 19. — Détail extérieur d'une maison du xve siècle. (Collection Gill et Reigate, Londres.)

mouvement de la Restauration, avec Charles Churchill, Swift, Edward Gibbon, etc.

Anne est le dernier membre de la famille des Stuarts qui ait occupé le trône de la Grande-Bretagne. L'éclat de son règne succéda à celui de Louis XIV : on dit le *Siècle de la reine Anne*, comme le *Siècle de Léon X* et de *Louis XIV*. Son gouvernement fut autant illustré par l'éclat que jeta la littérature que par l'importance des événements politiques et militaires. Sous sa protection éclairée, les lettres se popularisèrent et produisirent un grand nombre d'orateurs et d'écrivains supérieurs. Sans compter que les premiers grands peintres se manifestent aussi dès ce règne, pour élargir encore leur geste de beauté dans la seconde moitié du dix-huitième siècle, époque littéraire du retour à l'observation et à l'amour de la nature, sous la plume des Thomas Chatterton, des Thomas Moore, de Walter Scott.

Au chapitre qui concerne spécialement la peinture, nous départagerons les écoles anglaises, du début du dix-huitième siècle au milieu du dix-neuvième et jusqu'à nos jours, c'est-à-dire l'*ancienne* de la *nouvelle* école.

Le romantisme indiqué en littérature par un lord Byron, par une Anne Radcliffe, devait trouver écho dans la peinture avec Bonington qui, parallèlement à l'action de E. Delacroix, en France, fut un digne adversaire du classicisme avant la révolution du paysage anglais célébré par John

Constable dont l'exemple de vérité en imposa.

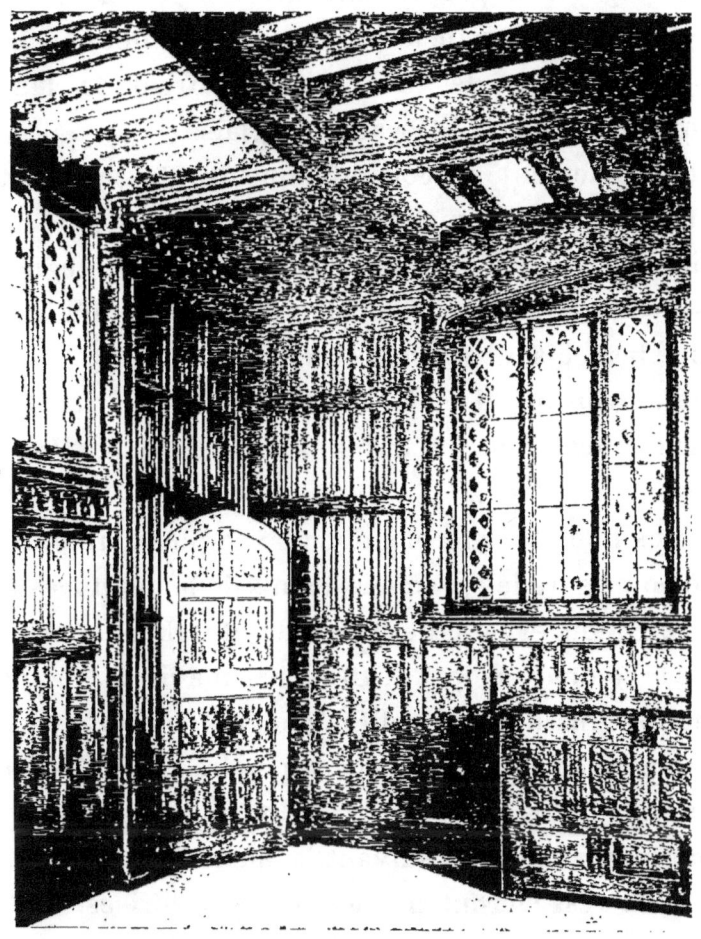

Fig. 20. — Ensemble d'un intérieur du XVe siècle.
(Collection Gill et Reigate, Londres.)

John Constable mourut à l'aube de l'avènement au trône de la reine Victoria.

Il ne se dégage point, en vérité, de ce préambule, une originalité propre aux arts, si toutefois des poètes, des romanciers, des philosophes, des dramaturges et des historiens éclairent de leur génie personnel la littérature anglaise.

Parallèlement on constate que la statuaire est pour ainsi dire inexistante, et que si la musique ne brille guère au firmament de la Grande-Bretagne, les architectes qui s'y illustrèrent sont plutôt italiens, français, espagnols et flamands.

En revanche, de très grands acteurs s'y remarquent : Betterton, Garrick, Kean, Irving, Henderson.

Nous nous tournerons donc, avec plus d'intérêt, non point vers les premiers temps de la peinture où l'inspiration est plutôt flamande et italienne, mais vers le commencement du dix-huitième siècle, signal d'une originalité qui devait s'épanouir de 1850 à 1900.

A ces mêmes époques correspondra une éclosion personnelle des arts décoratifs. Et les divers apports étrangers, convertis suivant la mentalité anglaise, ne nous réserveront pas moins de surprises, tant dans leur résultat que dans leurs intentions.

L'Histoire universelle de l'Art témoigne d'une assimilation plus ou moins heureuse, et parmi de propres trouvailles, s'enregistre la curiosité des impressions reçues d'ailleurs ; mais, en ce qui concerne l'art anglais, c'est l'instant de répéter que sa manifestation picturale, celle dont il peut s'enorgueillir au plus juste titre, n'a réellement fait école que depuis le dix-huitième siècle, époque qui vit fleurir également une véritable école de gravure.

Nous avons exposé les raisons pour lesquelles l'art plastique avait tant tardé à naître en Angleterre tandis que son architecture ogivale au moyen âge, tandis que ses poètes, surtout, contribuaient depuis longtemps à sa gloire.

Aussi, l'excellence des miniatures anglaises de cette époque

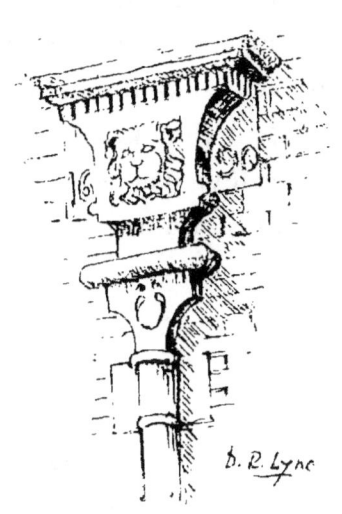

Fig. 21. — Tête de gouttière (dessin de M. D. R. Lyne).

d'attente nous apparaît-elle comme un symbole de la représentation timide de l'image peinte. C'est dans un format réduit, jusqu'au minuscule, que le peintre anglais s'énonça tout d'abord, et il semble que la qualité précieuse de cette expression artistique proteste dans le fini, contre la manifestation large, sinon interdite du moins non encouragée.

Dans le domaine du symbole, nous nous complaisons, d'autre part, à la rigidité du décor architectural britannique, à sa correction qui en impose par quelque froideur à notre enthousiasme français. En revanche, quant au déploiement de la grosse orfèvrerie anglaise, c'est-à-dire celle qui ne s'apparente point à l'art, il ne semble pas que nous ayons jamais atteint en France sa magnificence nombreuse et étoffée. Le goût dans la mesure nous demeure en propre, au détriment de certaine richesse de poids qui ne relève pas de la qualité de notre idéal, encore moins de sa quantité.

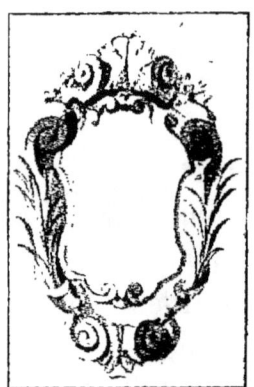

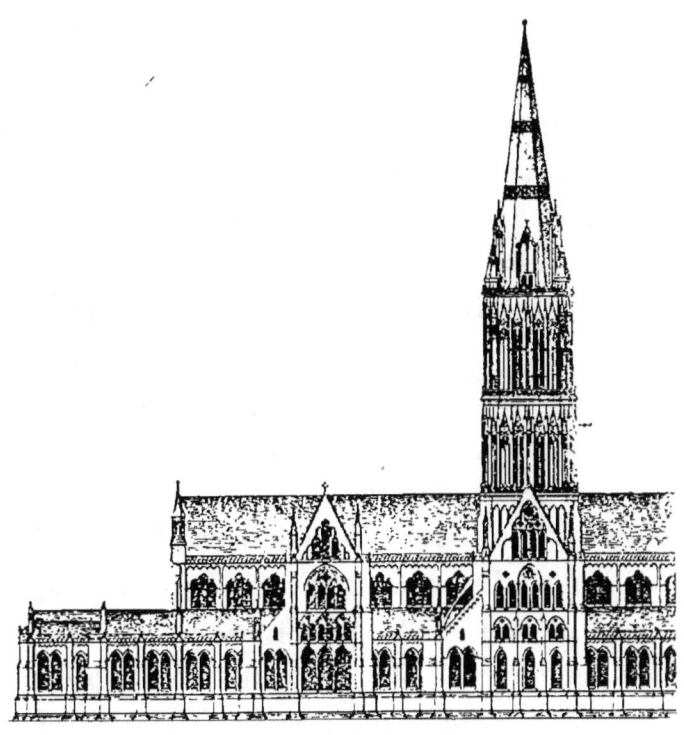
Cathédrale de Salisbury.

CHAPITRE III

L'Architecture. Les Styles : Anglo-Normand, Tudor, Élisabeth, etc. ; villas, « cottage » et jardin anglais.

L'exemple monumental, à travers ses types les plus formels, impressionna le monde, et chaque peuple convertit à son idéal, à son goût, une beauté exemplaire. La souveraine perfection de l'art grec en impose jusqu'à nos jours même, au point que nos temps modernes ont peine à s'en débarrasser après les siècles d'interprétations magnifiques dont nos styles classiques français sont la preuve.

Pareillement, la révélation du temple égyptien avait ému l'art constructif grec, et c'est avec ce flambeau du génie précurseur que s'éclaire l'inspiration successive, en s'adaptant au cœur de l'individu, au caractère de son sol.

Les styles français de la Renaissance, de Louis XVI et de Napoléon Ier, émanent nettement de l'antique, mais quelle spirituelle variation, quels goût et charme personnels ! Et cette variation somptueuse acquiert à tel point du prix, qu'elle tient lieu d'originalité, tandis que tout à l'entour de cette variation, des déformations, des altérations résultèrent d'après notre modèle national. Déformations et altérations qui constituent, en langue étrangère, la traduction de notre verbe, et expriment, à travers un tempérament et une optique différents, une beauté propre et distincte, caractéristique.

L'exemple architectural des diverses Renaissances : italienne, française, anglaise et allemande s'adapte exactement à la physionomie d'une race. Aux Italiens l'élégance surabondante jusqu'au maniérisme, aux Français la pureté du goût et la sobriété d'expression, aux Anglais la sécheresse et la rectitude, aux Allemands la lourdeur. Nous emprunterons à Thomas Hope (*Histoire de*

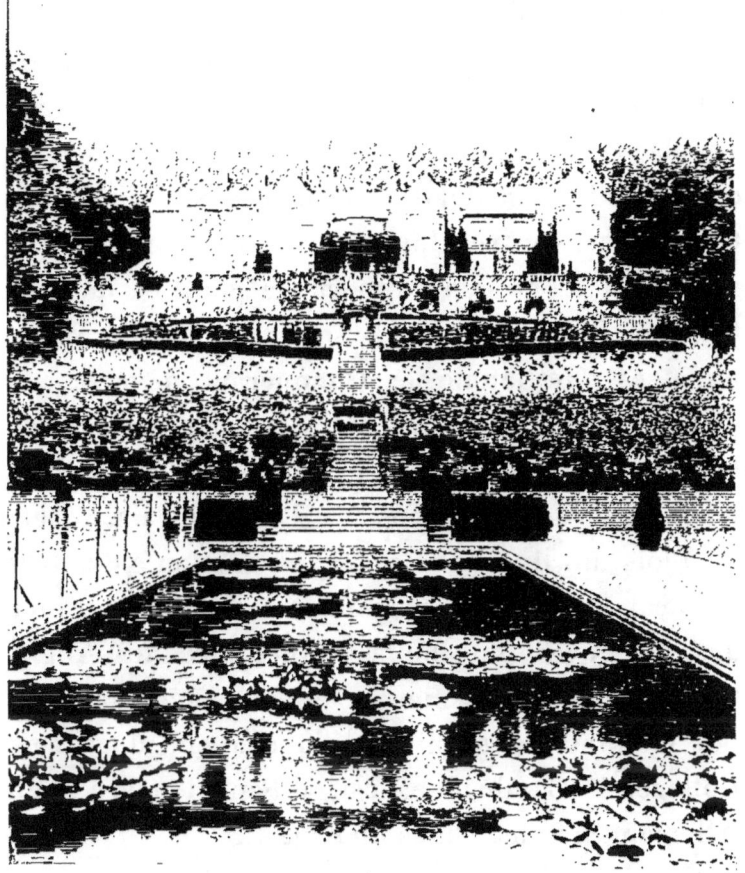

Fig. 23. — JARDIN, dessiné par MM. Thomas H. Mawson et Fils, architectes.

l'Architecture) ces lignes qui situent singulièrement les débuts de l'architecture de la Grande-Bretagne et son impersonnalité constructive : « Depuis le temps où le moine saint Augustin transporta en Angleterre l'architecture romaine avec la religion de Rome, jusqu'aux derniers temps de la décadence du style ogival, tous les architectes dont les noms ont passé à la postérité furent des étrangers. Alfred appela Grymbaud en Angleterre pour bâtir la crypte de la cathédrale de Canterbury. Edouard le Confesseur, qui résidait en France avant son élévation au trône, en rapporta le goût et le style français, et l'appliqua à son abbaye de Westminster ; Guillaume le Conquérant déversa, en quelque sorte, par torrents, de la Normandie sur les Iles britanniques, les prélats et les architectes normands, un Maséricus, un Lanfranc, un Robert de Blois, un Remi de Fécamp et une foule d'autres Français qui abattirent, pour les réédifier, les plus grandes et les plus belles cathédrales de l'Angleterre. Enfin, le dernier et le plus remarquable de nos monuments gothiques, la chapelle de King's College, à Cambridge, est, dit-on, l'œuvre d'un Allemand nommé Claus ou Klóas... »

Mais l'opinion de Hope apparaît sévère : les styles pratiqués sous la Renaissance anglaise, particulièrement caractéristiques, le démontrent. Et puis, c'est presque toujours ce qu'il y a de moins définissable, a-t-on dit, qui donne le plus à penser.

ÉPOQUE PRÉHISTORIQUE. — Les constructions les plus anciennes des Iles britanniques sont représen-

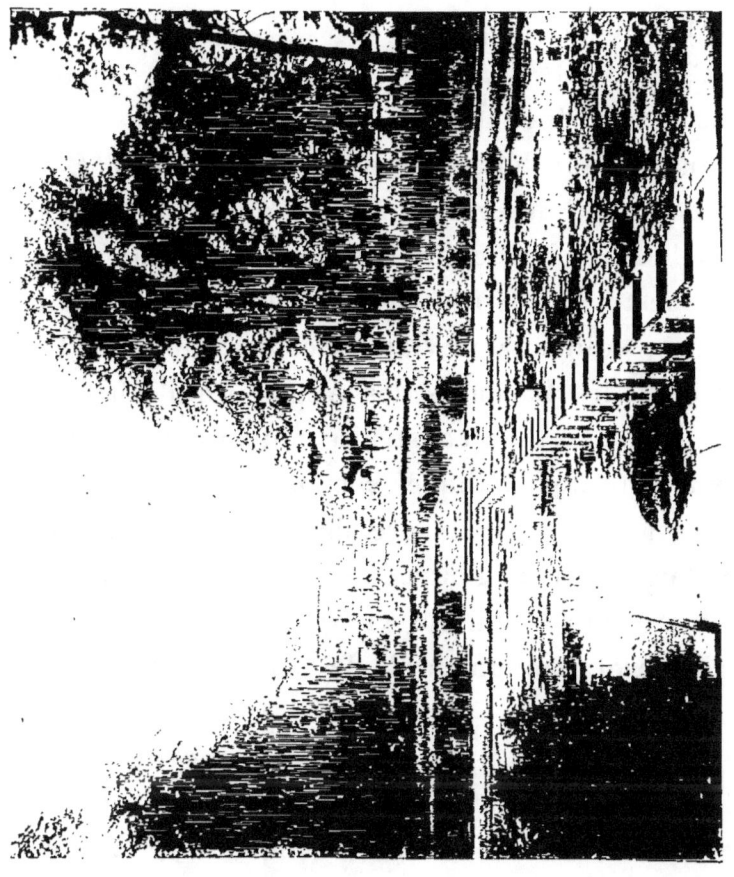

Fig. 24. — JARDIN, dessiné par MM. Thomas H. Mawson et Fils, architectes.

tées, tout comme en France, par des menhirs, dolmens et cromlechs. Ces vestiges des Druides ressemblent aux nôtres, et l'on remarque à Stonehenge, dans le Wiltshire, à proximité de la ville de

Salisbury, une construction mégalithique (remontant, au dire des savants, aux environs de 1680 avant l'ère chrétienne) dont les pierres atteignent parfois jusqu'à sept mètres.

Cinq siècles, historiquement, nous séparent ensuite de l'époque médiévale.

Jules César débarque en Angleterre (55 av. J.-C.), et l'occupation romaine ne prend guère fin avant 420 de l'ère chrétienne. Les Romains, notamment à Colchester, à York, à Silchester, tracent des routes, édifient des viaducs et des thermes. Puis arrivent les Barbares (les Anglais) qui détruisent ces œuvres et en construisent d'autres, inspirées cependant des méthodes romaines.

C'est là l'origine du premier style du moyen âge en Angleterre où l'introduction de la religion chrétienne (vers la fin du VIe siècle) serait marquée par la croix monumentale de Carew, dans le Pembrokeshire.

Styles Anglo-Saxon et « Norman » (ou Anglo-Normand). — Ce style date de 449 jusqu'à la conquête de Guillaume le Conquérant, en 1066, c'est-à-dire six siècles avant l'avènement de notre style roman français désigné par les Anglais sous le nom de « Norman », qui, lui, dura de 1066 à 1189, époque de la mort d'Henry II, d'Angleterre.

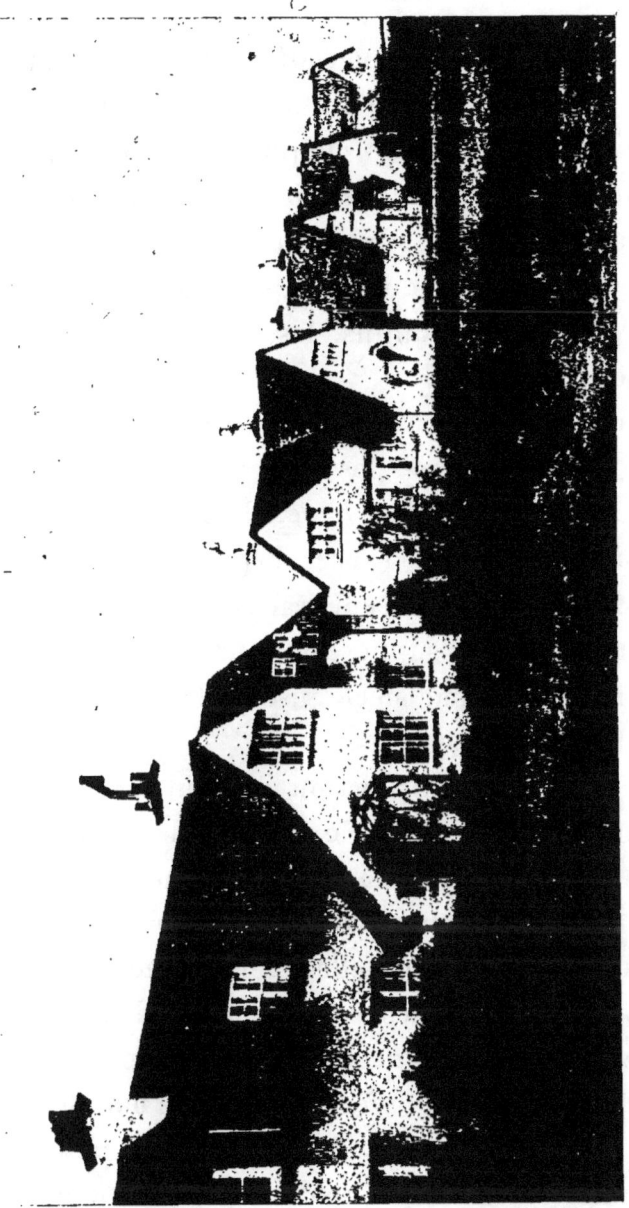

Fig. 25. — Cité-Jardin (maisons ouvrières), à Letchworth. (Collection « The garden Cities and town planning Association ».)

On s'est montré très peu affirmatif relativement à une architecture anglo-saxonne qui aurait été en vigueur du milieu du cinquième siècle jusqu'au dixième et dont les arcades sont *en mitre*. Opinion erronée au moins sur ce point, puisqu'il est prouvé que les arcades en mitre étaient déjà en usage chez les Byzantins, les Grecs et même les Pélasges.

Néanmoins, d'aucuns s'accordent à considérer comme anglo-saxonnes les églises de *Barton*, dans le Lincolnshire, de *Pershore*, dans le Worcestershire, de *Winchester* (avec crypte), de *Norwich*, parmi celles qui résistèrent grâce à la pierre, tandis que tant d'autres, supposées construites en bois (à partir du septième siècle jusqu'à la conquête des Normands), ont disparu.

A travers la contradiction des auteurs sur les différences accusées entre le roman et le « norman » s'avère en somme la quasi-ressemblance des deux expressions. Aussi bien les cathédrales anglaises de cette époque furent-elles généralement remaniées par la suite, et les parties basses demeurent-elles seules en témoignage. Toutefois s'envisage la ressemblance susdite avec ces apports nationaux, fatals, dont nous avons déjà parlé, qui nationalisent une œuvre. Et le goût anglais manque de finesse et d'élan dans la manière romane ; il est

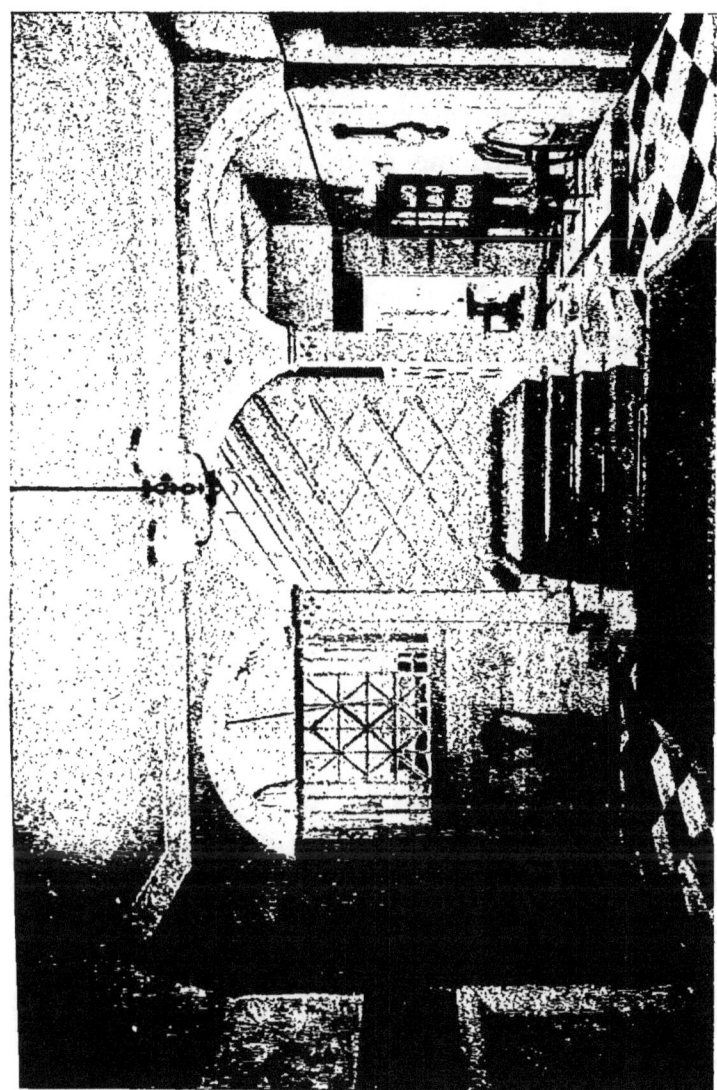

Fig. 26. — Entrée d'un hall, M. Ernest Newton, architecte.

plus austère que le nôtre, du fait d'un esprit natalement moins primesautier et d'une religion autre.

Parmi les églises et châteaux relevant du style « norman » du onzième et de la première moitié du douzième siècle, citons : la nef de la cathédrale de *Rochester* ; les églises de *Castor*, de *Barfreston* dans le Northamptonshire ; de *Sainte-Croix*, dans le Hampshire ; la nef de *Saint-Bartholomé*, à Smithfield ; le *Château de Rochester* ; quelques parties de la façade de la *Cathédrale de Lincoln* (fig. 2) ; la tour de l'intérieur de *Saint-Pierre*, de Northampton ; le *Château de Norwich*, etc.

Du style de transition (seconde moitié du douzième siècle) se réclament notamment : les églises abbatiales de *Malmesbury*, dans le Wiltshire, de *Sainte-Croix*, près Winchester ; de *Shoreham* dans le Sussex ; certaines parties de la *cathédrale de Lincoln* ; la métropole de *Canterbury* (commencée en 1175 et terminée au treizième siècle), etc.

Style ogival (improprement appelé « gothique »).

Nous verrons ensuite, le style ogival anglais s'inspirer également du modèle français qu'il répartira aussi sur trois siècles en ses triples expressions : primaire, secondaire et tertiaire, mais avec ses propres caractéristiques.

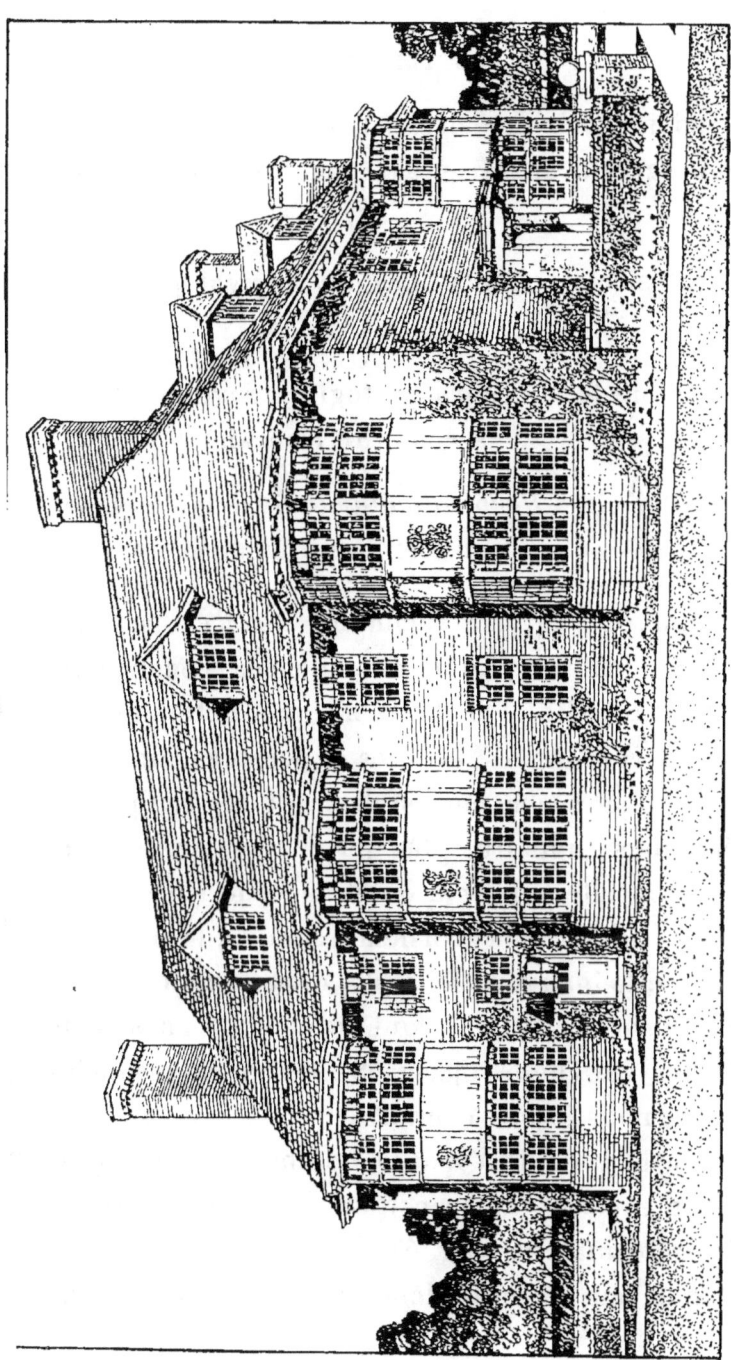

Fig. 27. — Une maison de campagne, M. Ernest Newton, architecte.

Voici, siècle par siècle, l'ordre de la manifestation ogivale anglaise avec sa correspondance en France :

XIIIe siècle : *Early English* (ogival primaire français).

XIVe siècle : *Decorated* (ogival rayonnant ou secondaire français).

XVe siècle : *Perpendicular* (ogival flamboyant ou tertiaire français).

L'époque ogivale primaire (*early*) anglaise (fig. 3) reflète plutôt une pensée constructive conventionnelle. On la remarque notamment, à ses fenêtres longues, étroites et pointues, ainsi qu'à l'expression sèchement stylisée de ses sculptures. L'époque secondaire, plus pure, plus riante, plus fleurie, mérite son nom de style orné (*decorated*) (fig. 4) ; quant à la troisième époque, la plus originale, elle inaugure le style « perpendiculaire » (*perpendicular*) (fig. 5) qui se confond en somme avec le style Tudor (1485-1588), sauf quelques nuances que nous ferons connaître.

La cathédrale de *Norwich*, notamment, nous procure un exemple de transition entre le *decorated* et le *perpendicular* (fig. 6).

Quand cela ne serait déjà que par la transformation du *plan* (1) français, que nous avons indiquée précédemment, sous l'empire d'une foi religieuse différente (c'est-à-dire notamment la disparition des élégantes chapelles catholiques), le style ogival anglais présenterait un caractère propre. Mais son

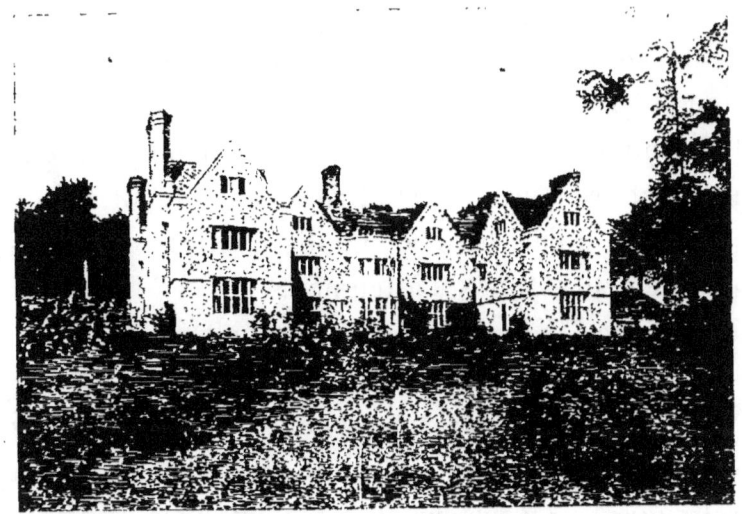

Fig. 28. — Maison de campagne,
M. Ernest Newton, architecte.

originalité, sans quitter l'édifice religieux, apparaît encore d'un goût différent du nôtre, même dès la période primaire.

Voici quelques exemples et observations qui tendent à le démontrer : l'abside de l'église

(1) Dans le plan de la cathédrale gothique anglaise, la longueur l'emporte de six fois sur la largeur, contre quatre fois environ seulement, en France.

anglaise, fréquemment carrée, s'éclaire brutalement par une vaste fenêtre ; le chœur égale souvent les proportions de la nef, tant il s'allonge, et la nef (chaque église n'en compte que trois) se sépare du chœur par un transept. Les nefs, dont l'une est surplombée par la grande tour du milieu, sont moins élancées qu'en France ; cette grande tour, bien supérieure à celles du portail, est crénelée comme l'église elle-même, et les moulures sont particulièrement bien étudiées dans le détail, mieux peut-être qu'en France, tandis que les sculptures proprement dites n'atteignent pas à l'ampleur d'exécution, à la beauté ni à l'abondance (les personnages sont moins nombreux) des nôtres.

Dans l'effet général, les voûtes reposent sur des consoles, c'est-à-dire se ramifient aux piles, et on retiendra, à l'intérieur, la prédominance générale de la ligne horizontale sur la verticale, accusée par la suppression des courbes. Ces voûtes, généralement plates, s'opposent aux nôtres « en bonnet d'évêque » : elles sont souvent constituées par des plafonds peints. Les bas côtés sont simples, chez les Français ils sont doubles, etc.; à l'extérieur, un élancement moins hardi des flèches, tours, clochers et clochetons ; des toitures, fréquemment en bois et couvertes en plomb, non point en ardoise comme chez nous ; des parapets à

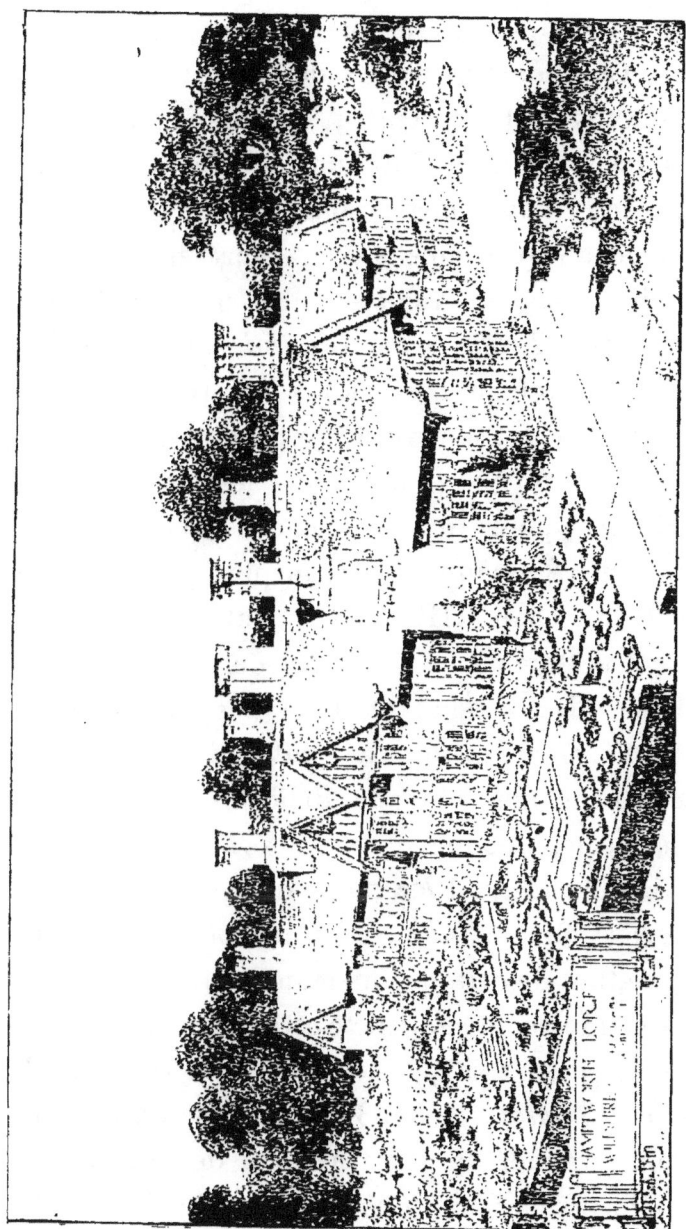

Fig. 29. — Maison de campagne, M. E. Guy Dawber, architecte.

créneaux remplaçant nos percés; des portes, moins riches et moins majestueuses que les nôtres, s'ouvrant le plus souvent latéralement, etc. Si, construite par l'architecte français Guillaume de Sens, la cathédrale de *Canterbury*, commencée en 1174 et terminée au treizième siècle, représente le style primaire ogival en Angleterre, et si, pareillement, l'église de l'Abbaye de *Westminster* (1245-1269) (fig. 8) se rattache non moins à notre expression nationale (ce fut encore un architecte français qui l'édifia, et son *chevet* en fait foi), les cathédrales de *Worcester*, pour quelques parties seulement, de *Wells*, de *Salisbury*, qui inspira J. Constable (en-tête du chap. III) surtout cette dernière, paraissent nettement se réclamer de l'interprétation anglaise. Mais cependant, les types d'architecture particulièrement propres à la patrie de Shakespeare s'accuseront avec plus de délicatesse au quatorzième siècle, époque du style orné (*decorated*). Les cathédrales d'*Exeter* (1280-1370), (fig. 9), d'*York* (1361-1405), en sont les beaux exemples avec, datant de cette même manifestation du gothique secondaire, la chapelle Notre-Dame de la cathédrale d'*Ely* (1321-1349); le chœur et le transept de celle de *Bristol* (1306-1332), le chœur de celle de *Lincoln*; la nef de la cathédrale de *Winchester* (1390), les églises de *Stone*, de *Newark* (fig. 10), etc.

L'ARCHITECTURE 57

Le luxe des détails et les formes nettes et géomé-

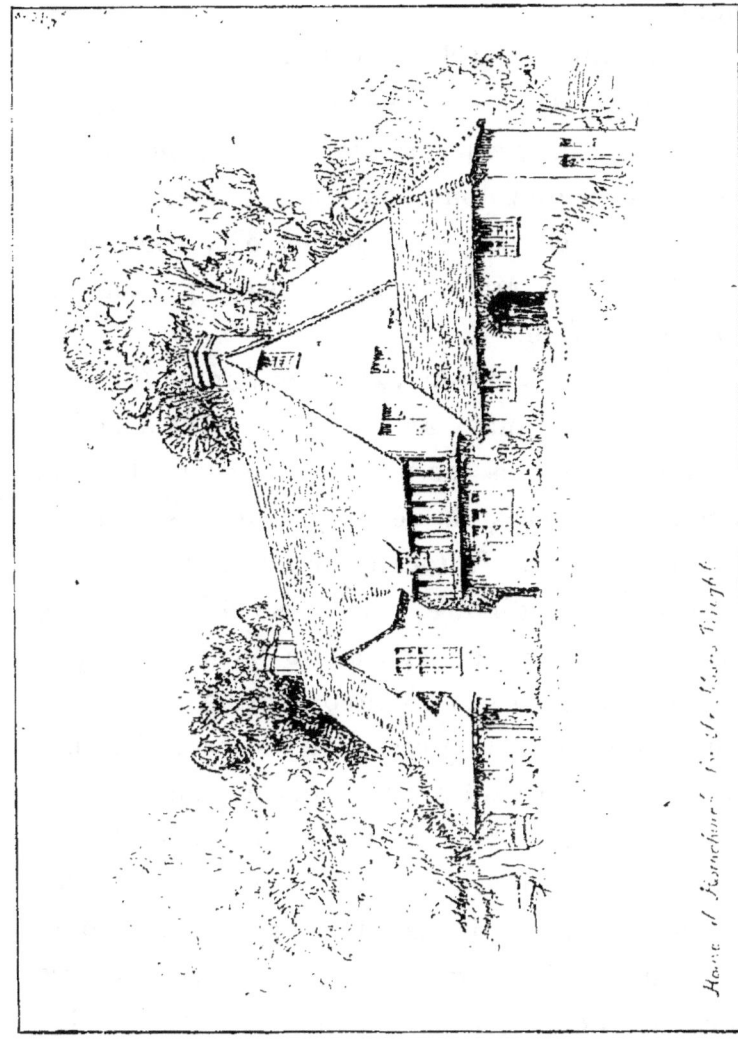

Fig. 30. — Cottage, dessin de M. R. Jones (M. I. Crowe, architecte).

triques de ces constructions mériteraient un développement, mais nous les confondrons et les résumerons dans l'observation particulièrement attachante qui suit.

L'originalité du style ogival anglais va s'accentuer, en effet, dans sa troisième et dernière phase, avec le style dit *perpendiculaire* et *Tudor*, car ce dernier style que nous mentionnons à la période Renaissance, est « perpendiculaire », constructivement parlant. Mais nous nous expliquerons sur ce point plus loin.

Les Styles perpendiculaire et Tudor (lorsque ce style « perpendicular » touche plutôt à la Renaissance dans les dernières phases de l'ogival rayonnant). — C'est le règne presque exclusif de l'arc très aplati, dit *Tudor* (fig. 5); c'est l'empire de la broderie extraordinaire, la richesse et la virtuosité dans une prodigalité sans doute parfois un peu déconcertante, mais c'est une conception magnifique et personnelle. Aux précédentes caractéristiques s'ajoutent les suivantes : les fenêtres sont souvent dépourvues de ces courbes flamboyantes dont nous avons fait des roses si gracieuses. Ce sont des traverses à angles droits, d'où l'aspect et le nom « perpendiculaire », qui barrent ainsi ces fenêtres pour leur donner l'aspect d'un immense treillis de pierre (fig. 18). L'audace des voûtes, la richesse de leur décoration excessivement fouillée, sont bien supérieures aux nôtres (témoin la *Chapelle de*

Henri VII, à Westminster) (fig. 44). Les motifs de ces voûtes, en éventail, ponctuées de pendentifs, offrent un spectacle particulier et méritent d'avoir été appelées « le ciel des sculpteurs » (fig. 12);

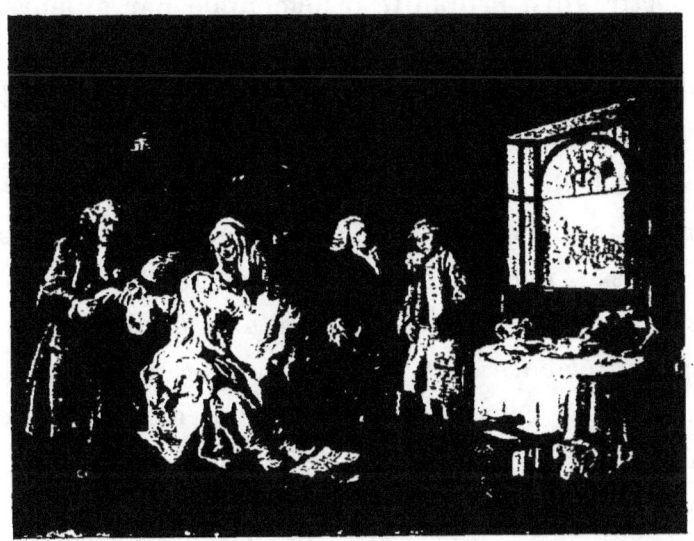

Fig. 31. — Une scène comique, par W. Hogarth.
(National Gallery.)

non moins que les voûtes en pierre ou en bois qui, par l'enchevêtrement ingénieux des chevrons autant que par l'abondante complication, en manière de décor, de la charpente tout entière, représentent souvent une réalisation merveilleuse au plafond.

Les églises de *Llanidloes* et de *Caswston* reflètent cette prédilection, tandis que celles de *Peterborough* sont revêtues de voûtes garnies de panneaux où la peinture figure une sorte de mosaïque. Le goût des Anglais pour le luxe des voûtes, pour la décoration en plâtre des plafonds s'étend souvent même, si loin, qu'il absorbe en haut tout le décor, faisant ressortir ainsi la nudité ornementale par ailleurs.

Dans le style Tudor enfin, la chapelle de Saint-Georgè, de Windsor (1481), celle de *King's College*, de Cambridge (1343), la partie occidentale de la cathédrale de *Winchester* (1350), qui, par la silhouette découpée de leurs façades, jusqu'à la sécheresse, par leurs absides largement ouvertes, dans lesquelles les vitraux (d'une qualité artistique inférieure aux nôtres) apparaissent sans amabilité à cause du parallélisme monotone de leurs plans et lignes successifs, composent néanmoins une beauté très avantageuse.

Il est remarquable que les Anglais soient demeurés plus longtemps fidèles que les Français au style ogival; de nos jours même ils y ont recours. « Il faut noter cependant, écrit Paul Cornu, que les châteaux de plaisance ont remplacé chez eux, beaucoup plus tôt que chez nous, les châteaux fortifiés, et que leur architecture civile, tout en conservant les aspects extérieurs de l'art gothique, avait perdu dès le quatorzième siècle tout caractère défensif. »

La préférence pour le goût ogival accompagne ainsi, singulièrement, les plus splendides palais anglais. Cette façade rigide où les « roses » fleurissent médiocrement, ce mur que la dentelle de pierre n'arrive point à faire sourire et derrière

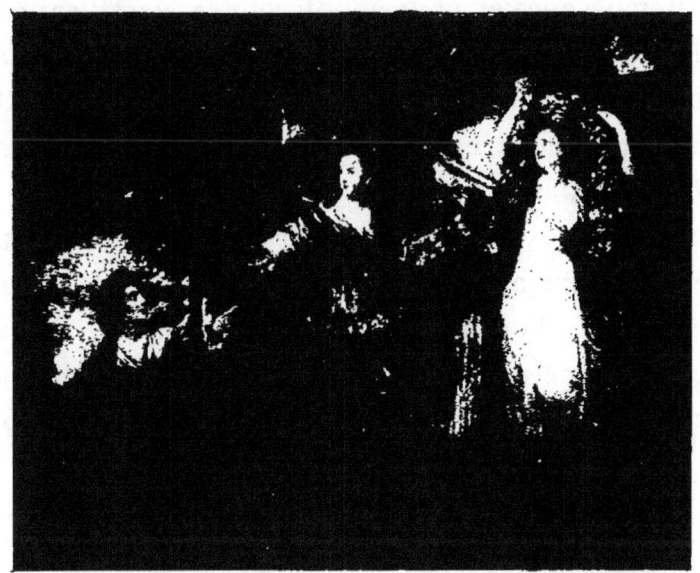

Fig. 32. — Les Trois Grâces, par J. Reynolds.

lequel le luxe, brillant et confortable, s'abrite ; le symbole aussi, de ces créneaux persistant aux tours, décorativement, dans la sécurité, nous séduit.

Tel aspect n'est pas loin de personnifier la correction distante, la dissimulation d'expansion naturelle, enfin, à laquelle nous avons fait allusion, sous les dehors de l'humour, dont le contraste de notre franche gaîté, de notre exubérance native, est indiqué lumineusement par les élégances raffinées et riantes de nos vieux manoirs tourangeaux.

L'évocation des châteaux de Blois, d'Amboise, de Chenonceaux, nous ramène à l'art architectural de la Renaissance et nous adopterons la classification anglaise du style *Tudor* dans la période de la Renaissance, malgré que ce style anglais soit *perpendiculaire* et parce qu'il précède le style *Élisabeth* dans la voie de la Renaissance en Angleterre. Nous expliquons d'ailleurs plus loin, la raison de cette ordonnance, arbitraire sans doute mais ingénieuse, d'où il n'appert pas moins que, vu leur caractère personnel, nos voisins d'Outre-Manche firent crédit au style ogival (dans le passé historique) jusqu'au milieu du seizième siècle.

Le Style Renaissance. — Trois styles de transition se rangent dans cette période. Ce sont : le style *Tudor* (1485-1558), sous Henri VII, Henri VIII, Edouard VI et la reine Marie (règnes correspondant à celui de François Ier, en France) ; le style de la reine *Élisabeth* (1558-1603, correspondant au règne de Henri II, en France), et le style *Jacobean* (1603-1625), sous le roi James Ier, en français : Jacques Ier, — du latin « Jacobus », James — (correspondant au règne de Henri IV, en France). Ces trois styles offrent des caractéristiques très distinctes, mais, avant de les déterminer, nous expliquerons la présente classification généralement observée par les Anglais.

Les appellations : *perpendiculaire*, *Tudor* et *Élisabeth* se confondent dans le point de vue anglais et voici pourquoi. Le style désigné sous le nom d'*Élisabeth* marque, ainsi que nous l'avons

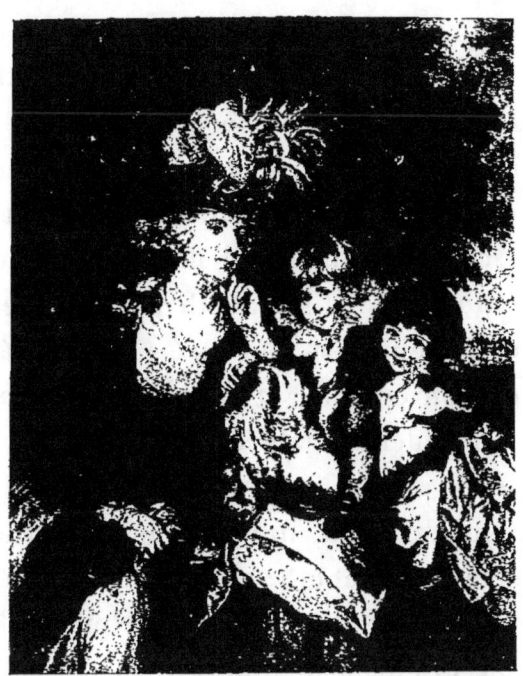

Photo. Neurdein.
Fig. 33. — Lady Smith, par J. Reynolds.

dit, le début de la Renaissance anglaise parallèle au style de François Ier, en France, malgré que le style de François Ier l'ait, en réalité, précédé. Et le mot *Tudor* est un nom propre historique, tandis que « perpendicular » désigne simplement un mode de construction; d'où, fréquemment, la confusion des deux termes. Le style *Tudor* est un style *perpendiculaire* (témoin, encore, le riche mausolée du prince Arthur élevé en 1504 dans la cathédrale de Worcester), mais le mot Tudor (en dehors de tout rapprochement dynastique) signifie les dernières phases du style *perpendiculaire*.

Historiquement, la période des Tudors s'étend de la mort de Henri VIII (1485) à celle de la reine Élisabeth (1603), mais, étant donnée l'importance artistique du règne d'Élisabeth en Angleterre, le nom de cette reine est demeuré pour représenter le style de son époque, et le mot Tudor s'attache au style précédent, malgré qu'il soit « perpendiculaire ».

On dénomme, enfin, quelquefois *Stuart* le style qui suit celui d'Élisabeth; mais Jacques Ier était le premier des Stuarts, et il apparaît préférable de l'appeler style *Jacobean* puisque la dynastie des Stuarts dura jusqu'au moment où Jacques II fut détrôné, en 1688.

STYLE TUDOR (1485-1558). — Retenons que le style *Tudor* exprime les dernières phases du style perpendiculaire déjà examiné et confondu presque avec ce dernier style, pour l'aspect dit « perpendiculaire » de ses fenêtres caractéristiques, barrées cependant dans le sens horizontal...

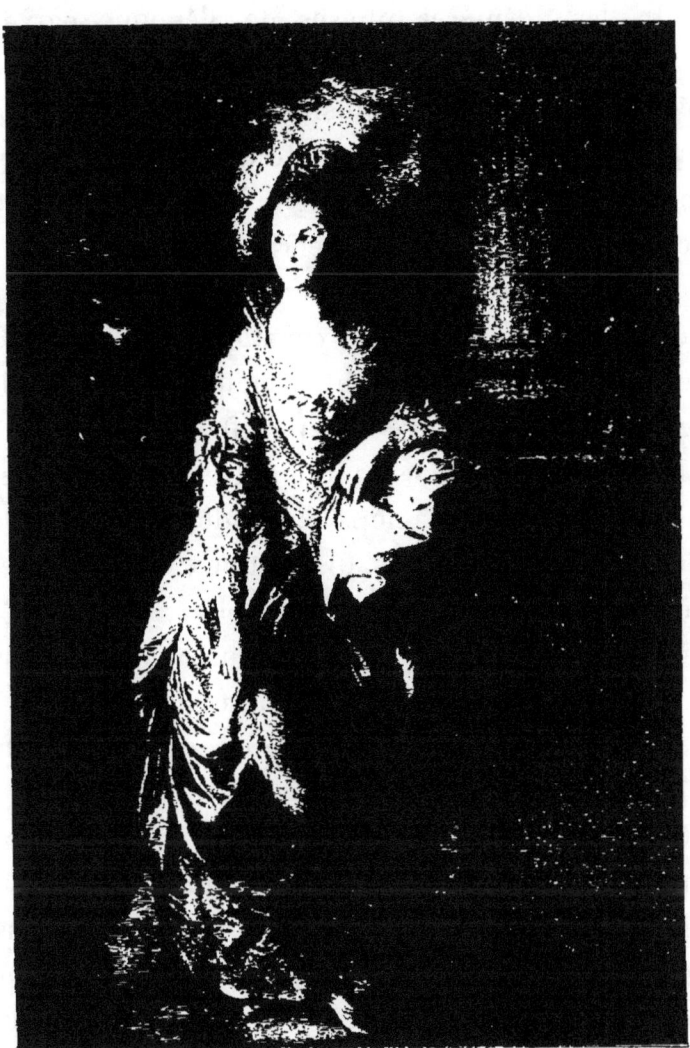

Photo. Ollivier.
Fig. 34. — Mrs Graham, par Th. Gainsborough.
(Musée d'Eimbourg.)

Or, les dernières phases de l'époque ogivale anglaise, à sa troisième période, touchent à la décadence dans la profusion, suivant, en cela, l'exemple français. Mais cette décadence demeure néanmoins inséparable de cette beauté et de cette richesse que nous avons décrites avec le style perpendiculaire, dit spécialement *Tudor*, non seulement pour des raisons dynastiques et constructives, mais à cause des tout premiers apports de la Renaissance à l'art ogival expirant.

L'architecture domestique, d'autre part, point avec le *Tudor*, en même temps que l'idée du retour au décor classique, et ces distinctions ornementales jointes à l'effet des reliefs moins plats, autant qu'à la destination architecturale, pourraient éclairer, sans doute, sur une construction « perpendicular » et particulièrement *Tudor*, signée au surplus de l'arc de ce nom.

Néanmoins, en se ralliant à la classification anglaise, le lecteur ne risquera point de s'égarer en des nuances et, pour le style *Tudor*, nous le renverrons aux exemples donnés avec le style *perpendiculaire* ou *Tudor* (pour la transition que ce dernier nom offre, entre la fin de l'époque médiévale et le début de la Renaissance).

Au surplus, voici des insignes décoratifs pour chacune des phases de l'expression gothique.

L'ornement typique de la 1ʳᵉ période est la « dent de chien » (fig. 3); celui de la 2ᵉ période est la fleur « en forme de balle » (fig.4) ; celui de la dernière période, enfin, est la rose et la fleur *Tudor* (fig. 5).

Le Style Élisabeth (1558-1603). — Le style de la reine Élisabeth, lourd et brillant, accuse la transition entre l'époque du moyen âge et celle de la Renaissance après l'indication précédente due aux premiers artistes italiens. C'est l'architecte John Thorpe qui illustra le style Élisabeth. Et la confusion de ce dernier style avec les styles perpendiculaire et Tudor nous dispensera d'insister sur un caractère nettement différencié, au delà de tout ce que la pensée peut prêter d'avan-

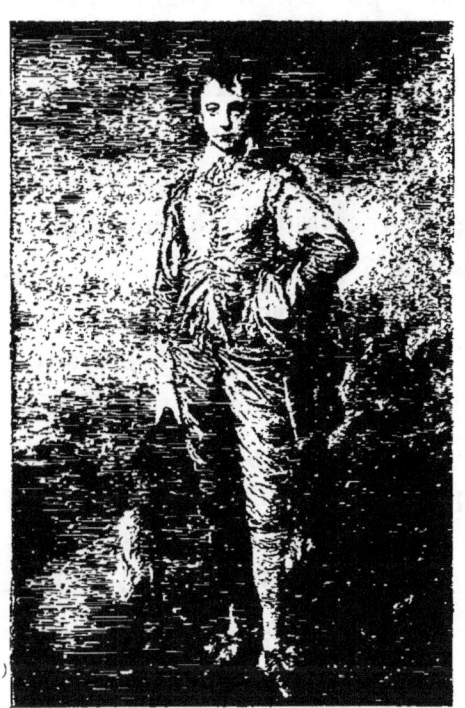

Fig. 35. — L'Enfant bleu, par Th. Gainsborough.

tages à l'influence italienne décidément implantée en Angleterre.

Le Style Jacobean (ou de Jacques Ier, 1603-1625, correspondant au règne de Henri IV, en France). — Il marque le développement du style Élisabeth et dérive, comme les précédents, du gothique pittoresque, sous l'empire de la culture classique. C'est-à-dire que, à travers une expression libre du gothique, amadoué, égayé par les fantaisies de la forme et de l'ornementation que la Renaissance indiquait alors luxueusement dans tous les pays, l'esprit de l'antiquité reprenait ses droits en Angleterre. On commença ainsi à appliquer les ordres d'architecture classique, puis les détails suivirent, que l'on mélangea et d'où émane ce style Jacobean (fig. 14), original sur des thèmes étrangers, surtout italiens et particulièrement Renaissance.

Le plus célèbre des architectes anglais de cette époque est Inigo Jones.

Avant Inigo Jones, architecte anglo-classique, le style Élisabeth, vers 1550, exprimait donc timidement l'esprit de la Renaissance, et d'ailleurs, les constructeurs du quinzième et même du seizième siècle en étaient revenus aux anciennes charpentes de l'époque romane.

Aussi bien, John Thorpe, le principal représentant du style Élisabeth, ne s'assimila guère la grâce italienne, et sa riche exubérance ne lui inspira à vrai dire qu'une fantaisie « amusante » d'amateur raffiné.

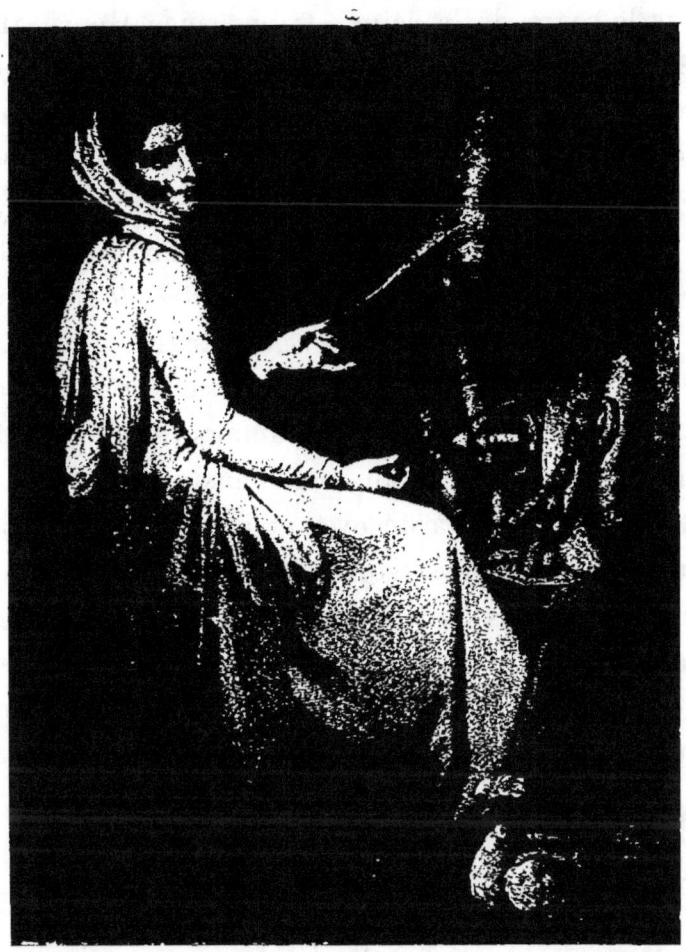

Fig. 36. — LADY HAMILTON, par G. Romney.

Inigo Jones, dit le « Palladio anglais » (1572-1651), d'origine espagnole, avait été chargé en qualité d'intendant général des bâtiments de la couronne, d'une mission en Italie, en France et en Danemark, sous le règne de la reine et du prince Henri, **afin** de réunir une collection de dessins d'après les antiquités les plus remarquables. On doit à cet artiste distingué la construction et la restauration des principaux monuments de son époque. Il s'y employa à la manière, et mieux, à l'imitation des chefs-d'œuvre italiens. Le palais de *Whitehall* (fig. 15), l'église et la place de *Covent-Garden*, le grand hôpital de *Greenwich*, agrandi plus tard par Wren, la *Chapelle de la Reine*, notamment, relèvent de son talent plus ou moins ingénieux qui condescendit, d'autre part, à décorer et à dessiner les costumes des *masques* (sorte de divertissement assez semblable à nos ballets de cour, mais moins chorégraphique et plus littéraire). Inigo Jones a laissé une quantité considérable de beaux dessins, dont la majeure partie compose le *Vitruvius Britannicus* de Campbell et enrichit les « Albums de Kent » (1727 et 1744).

Pour apprécier judicieusement le mode d'interprétation Renaissance qui prévalut en Angleterre d'après le modèle italien, il faut retenir que Inigo Jones fut (en 1621) l'instaurateur du style réglé de Palladio, alors que les architectes français suivaient les préceptes de Vignole.

LE STYLE ANGLO-CLASSIQUE MODERNE. — Le style anglo-classique comporte trois expressions réparties sur trois siècles : le style du dix-septième siècle (1625-1702), qui correspond au règne de Louis XIV, en France, mis en valeur, en Angleterre, par Inigo Jones (dont le nom chevauche l'époque Jacobean et la présente), Wren, etc.; le style du dix-huitième siècle (1702-1820), sous la reine Anne et les rois George (règnes correspondant à ceux de Louis XV et de Louis XVI); le style de la reine Victoria qui, de 1820 à 1851, témoigne du retour des expressions d'autrefois, tant romantiques que toutes autres, marquant l'âge des Renaissances, enfin, avant que ne se mélangent les styles de 1851 à 1901.

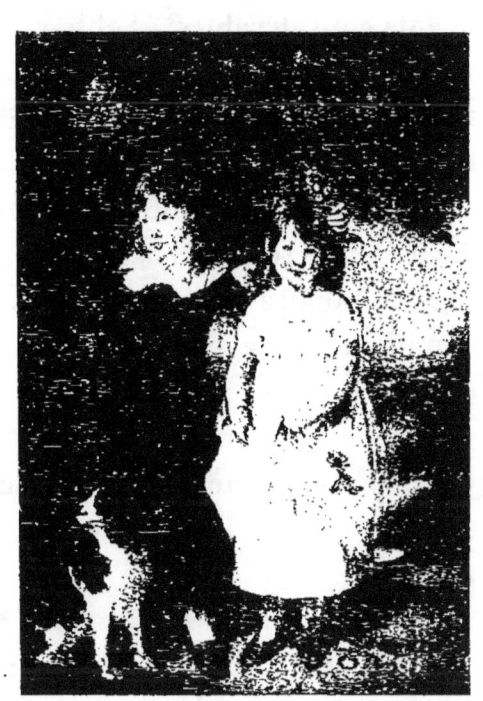

Photo. Neurdein.
Fig. 37. — FRÈRE ET SŒUR, par W. Beechey (Louvre).

En dehors d'Inigo Jones, vu précédemment, le plus célèbre architecte classique de l'Angleterre est Christophe Wren (1632-1723).

Cet artiste, d'un grand talent, apporta des changements considérables à l'abbaye de *Westminster*. On lui doit encore, indépendamment des Collèges de *Cambridge* et d'*Oxford*, l'hôpital de *Chelsea*, le *Palais d'Hampton-Court*, œuvre d'une rare distinction. La cathédrale de *Saint-Paul* (fig. 16), achevée en 1710 (son chef-d'œuvre), le *Monument* (érigé à Londres en commémoration du terrible incendie qui ravagea une partie de cette ville en 1666), relèvent encore de l'art de Wren auquel on s'adressa aussi pour reconstruire nombre d'édifices après la catastrophe, l'église de Saint-Mary-le-Bon, entre autres, dont les flèches sont particulièrement à retenir.

Malgré les critiques adressées à la restauration des tours de Westminster (qu'un des élèves du maître, d'ailleurs, aurait commise!) et à la construction de Saint-Paul, dont le dôme, qui rappelle ceux de Saint-Pierre de Rome et de l'Hôtel des Invalides, n'apparaît point choquant sur un plan gothique, ces travaux, parmi tant d'autres, attestent un mérite réel, tout au moins scientifique. Wren, qui fut professeur d'astronomie, joignit aussi à son art d'architecte une rare maîtrise de géomètre et occupa une chaire de mathématiques à l'Université d'Oxford.

Parmi les fervents du culte classique, dans le sillon d'Inigo Jones et de Wren, au dix-huitième siècle on remarque aussi W. Kent, James Gibbs, Burlington et W. Chambers. William Chambers (1726-1796), auteur de l'*Hôtel de Somerset-House*, de l'*Observatoire de Richmond*, des constructions et des *Jardins de Kew*, exagéra les influences qu'il avait rapportées de l'Inde et de la Chine où il avait voyagé, au début de sa carrière. Les jardins qu'il dessina, dans le goût oriental, sont particulièrement réputés.

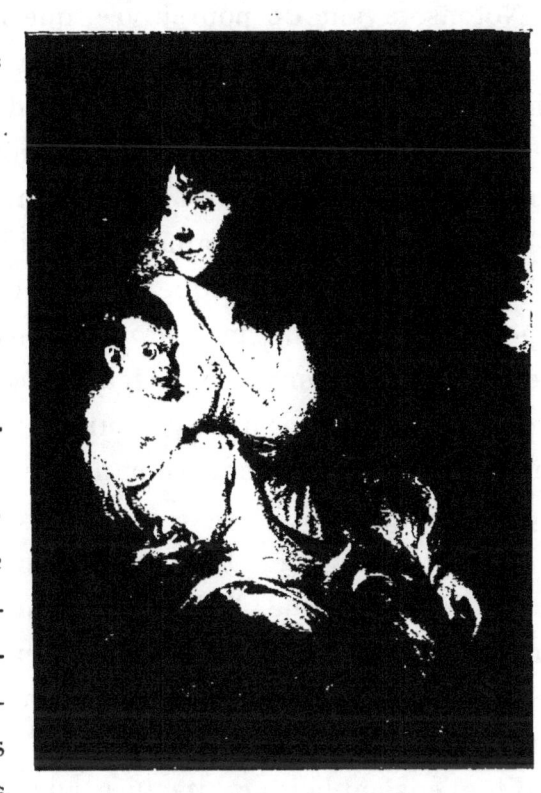

Fig. 38. — Portraits, par H. Raeburn (Louvre).

Lorsque nous parlerons du jardin anglais, si proche du « jardin paysager » des Chinois, nous ne manquerons pas d'évoquer le nom de Chambers.

Notons, avant de poursuivre, que le « rococo » n'eut guère d'écho en Angleterre, au dix-huitième siècle, du moins en architecture, car, dans ce genre, le nom seul de Gibbons est à retenir, et comme sculpteur. Comment ce style ronflant, redondant, eût-il convenu à l'âme calme de nos insulaires? En vérité, le gothique d'époque, le revenez-y, sous l'influence du romantisme, à un gothique étriqué, devait mieux convenir à leur caractère et, au reste, s'il s'adapta moins heureusement partout ailleurs; le mouvement romantique et sa conséquence fut général.

Mais, tandis qu'en France nous ne compterons qu'un Viollet-le-Duc, l'effort du retour aux idées moyenâgeuses sera extraordinaire en Angleterre.

Désormais, à travers des variations d'un intérêt plus ou moins captivant, mais sans réelle personnalité d'ensemble, l'architecture anglaise cédera le pas à la peinture qui s'annonce brillante et originale.

Le nom de Robert Adam, cependant, avant celui de Paxton, au milieu du dix-neuvième siècle, mérite déjà d'être retenu. R. Adam (1728-1792), après avoir visité l'Italie et la Dalmatie, devint en 1762, architecte du roi. Son frères James (mort en 1794), l'avait accompagné dans ses voyages d'études et fut surtout son collaborateur pour la décoration intérieure des palais et maisons qu'il construisit.

De cette association naquirent notamment, la *Terrasse* de Londres, dite « d'Adelphi » (les deux frères) et la Bibliothèque de la *Villa de Kenwood*. L'influence de ces artistes sur le goût public au dix-huitième siècle fut considérable, non moins que le nombre d'appartements enrichis par leur talent fécond.

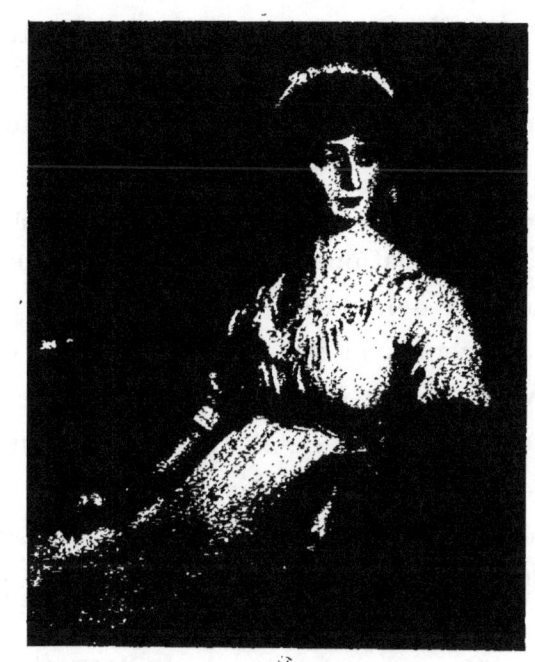
Fig. 39. — La Femme en blanc, par John Opie (Louvre).

Robert Adam a créé un style mobilier qui prend sa place après celui de Chippendale; nous l'examinerons au chapitre du meuble. Et, en tant qu'architecte (nous le confondrons ici avec James pour juger d'une unité de vues dont les deux frères ne se départirent jamais), il adopta une manière de style Louis XVI, aux lignes plus allongées et plus grêles. Son ornementation, point toujours à l'échelle des surfaces à décorer, est abondante mais manque souvent de volume. De la sécheresse, de la maigreur en résultent, mais la tenue d'ensemble a grand air.

On doit aussi à cette collaboration fraternelle des décorations genre Empire. Elles reflètent les mêmes défauts et qualités, dans un luxe véritable.

« Depuis la fin du dix-huitième siècle, observe M. R. Peyre, on avait la passion de l'antiquité qui faisait le fond de l'éducation des universités. Les jeunes Anglais sortis d'Oxford et de Cambridge allaient en foule visiter les fouilles de Pompéi... » En retard, constatons-le, d'un siècle presque sur la révélation des ruines d'Herculanum à l'art français.

« Mais, poursuit l'auteur de l'*Histoire générale des Beaux-Arts*, l'engouement exclusif a été de peu de durée, et bientôt, à côté de l'influence antique, le gothique, la Renaissance aussi, ont repris faveur, pendant que se développait un style nouveau, qu'on pourrait appeler le style industriel. »

L'avènement de ce style *industriel*, d'ordre plutôt pratique, en dit long sur les sacrifices esthétiques d'un peuple. Et, sur ce point, nous craindrions de nous répéter,

L'ARCHITECTURE

Nous parlerons ensuite de l'architecte Joseph Paxton. Nous sommes au milieu du dix-neuvième siècle. Le nom de Paxton est lié à l'utilisation des maté-

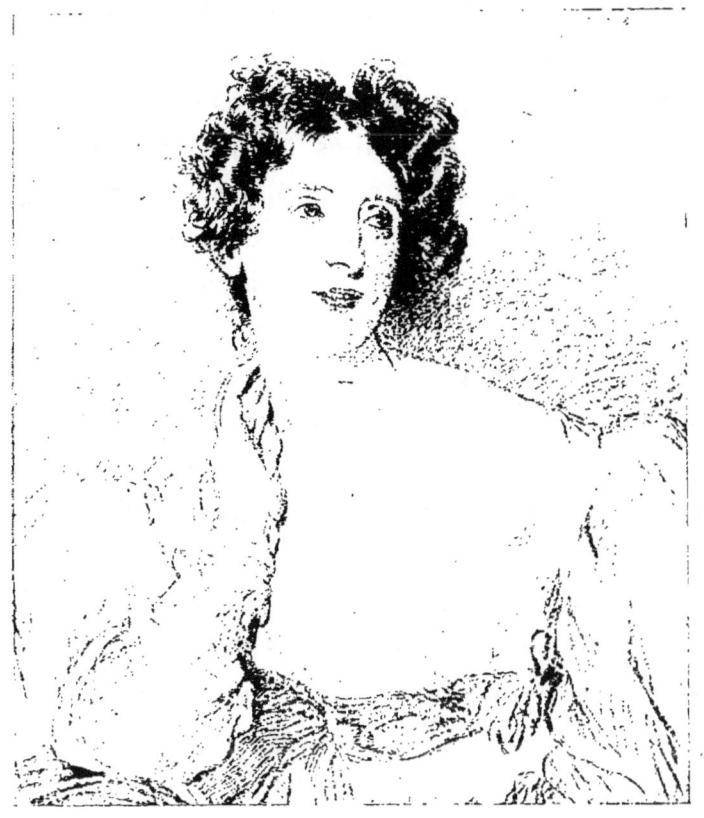

Fig. 40. — Portrait, par Th. Lawrence.

riaux nouveaux dans la construction, c'est-à-dire à la création d'une architecture originale adaptée en propre à la destination de l'édifice : le *Palais de Cristal*.

Le Palais de Cristal associa des premiers le verre et le fer. Il constitua sinon l'un des plus beaux, du moins l'un des plus curieux objets d'industrie présentés par l'Angleterre à son Exposition universelle de 1851.

Les matériaux qui entraient dans son édification, moulés, sculptés ou taillés, dans des formes si variées, si complexes et si originales, furent un argument irréfutable en faveur de l'éducation pratique des ouvriers anglais. Ils témoignaient, d'autre part, d'une hardiesse constructive à retenir, à notre époque moderne qui attend sa personnalité la plus logique de l'inspiration des matériaux nouveaux, et trouva déjà, notamment dans l'emploi du ciment armé, des portées interdites à la pierre, d'où, déjà, des formes esthétiques inédites sont sorties.

L'architecte français Victor Baltard, auteur des Halles centrales de Paris, construites en fer ainsi que la Salle de Lecture de la Bibliothèque nationale due à Labrouste, un Français encore, et aussi Dutert, auteur de la Galerie des Machines, à l'Exposition universelle de Paris (1889), suivirent la voie rénovatrice tracée par Joseph Paxton (1803-1865).

De même, la brique fut remise en faveur grâce à Vaudremer, après son utilisation, notamment par un architecte anglais renommé : sir Robert Smirke (1780-1867) (dont le père, Robert également, fut un peintre de talent, et le frère Sydney, un architecte distingué aussi) témoin le *British Museum* dû à ses plans.

De nos jours, enfin, tout comme John Nash (1752-1835) avait exprimé l'âge du *stuc*, dans son intéres-

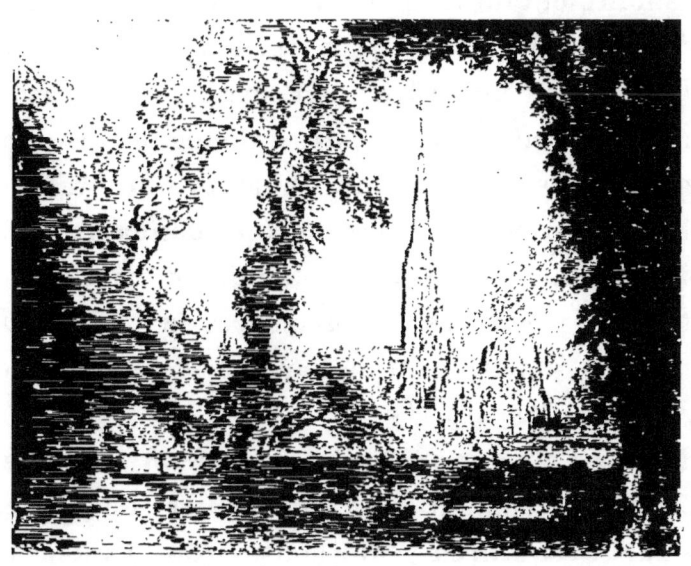

Photo. Ollivier.
Fig. 41. — Cathédrale de Salisbury, par J. Constable.

sante conception de *Regent-Street*, M. de Baudot a marqué chez nous l'âge du ciment armé que l'architecture du monde entier commence à utiliser pour le plus grand bénéfice, répétons-le, du renouvellement de la forme esthétique elle-même.

John Nash, sous l'empire de cette fièvre à laquelle la France, avec ses obélisques et ses sphinx, avec ses constructions pseudo-helléniques, n'avait pas échappé, s'exprima parallèlement à nous dans l'anachronisme et l'exotisme ainsi que Chambers (déjà vu), les Barry, les Colcutt (dont nous parlons plus loin), et tant d'autres. Exemple son : *Pavillon chinois* de Brighton et son curieux *Buckingham-Palace*. Dans un ordre moins excentrique, Nash a embelli *Saint Jame's park*, donné le plan de *Regent's park*, élevé le théâtre de *Hay-Market*, etc.

Pour en revenir à Paxton (qui donna aussi de belles publications sur la botanique horticole), on remarque parmi ses autres œuvres le *Château de Ferrières*, appartenant au baron J. de Rothschild, en Seine-et-Marne.

Et, avec Pugin (1813-1852), plutôt un technicien de l'époque romantique, à la manière de Viollet-le-Duc ; avec Alfred Waterhouse (1840-?) auteur de l'*Hôtel de ville* et de l'*Owen College*, à Manchester, du nouveau Museum d'histoire naturelle, à South-Kensington ; avec Charles Barry (1795-1860) à qui l'on doit l'*Athenæum*, de Manchester, dans le style grec, le collège des Chirurgiens dont l'élégante bibliothèque appartient au style moderne ainsi que le club des Voyageurs et celui de la Réforme, mais qui demeure surtout l'architecte du nouveau Parlement (*House of Parliament*, fig. 18), construit en 1840, dans le style Tudor ; avec Colcutt (très originalement inspiré du goût espagnol dans l'Institut impérial de Kensington). Fowke, Ander-

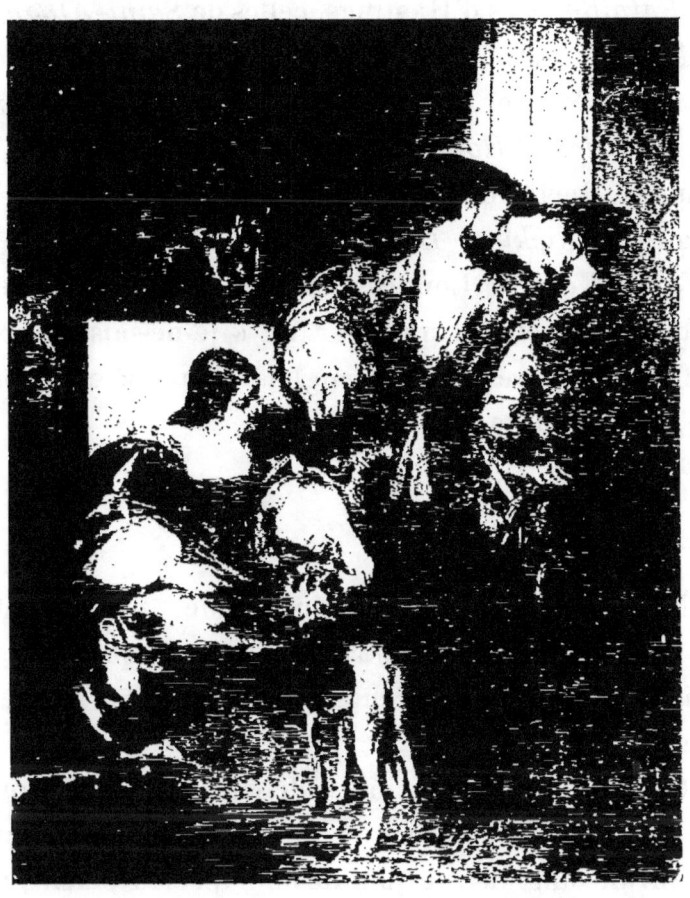

Fig. 42. — François Ier et la duchesse d'Étampes, par R. Bonington.

son, etc., se poursuit l'énumération d'une pléiade d'architectes anglais plutôt érudits.

Avant de quitter l'architecture ancienne, nous citerons au hasard de notre mémoire, l'*Abbaye de la Bataille*, près d'Hastings, celles de *Saint-Albans*, près de Londres et de *Melrose*, en Écosse (célébrée par Walter Scott); les châteaux de *Windsor*, de *Norwich*, d'*Holy-Rood; Hatfield House* (fig. 14), dans le Hertfordshire; *Kirby Hall*, dans le Worthants; *Blicking Hall*, dans le Norfolk; *York Water Gate*, à Londres, et tant d'autres édifices religieux et civils, qui, par un « je-ne-sais-quoi », reflètent encore le style anglais du passé en dépit de ses emprunts.

**

Nous interromprons notre étude, un instant, pour décrire une construction pittoresque autrefois habitée par de riches marchands à l'époque Tudor.

C'est dans l'expression indépendante, en dehors de l'ordonnance classique, que l'originalité architecturale anglaise se manifeste supérieurement, et nous lui devons en toute justice cette revanche.

Sans doute, manquant de traditions très personnelles, l'architecte d'Outre-Manche incline-t-il logiquement et instinctivement à la fantaisie puisque l'absence d'un modèle d'originalité séculaire ne lui impose aucune discipline, mais, quoi qu'il en soit,

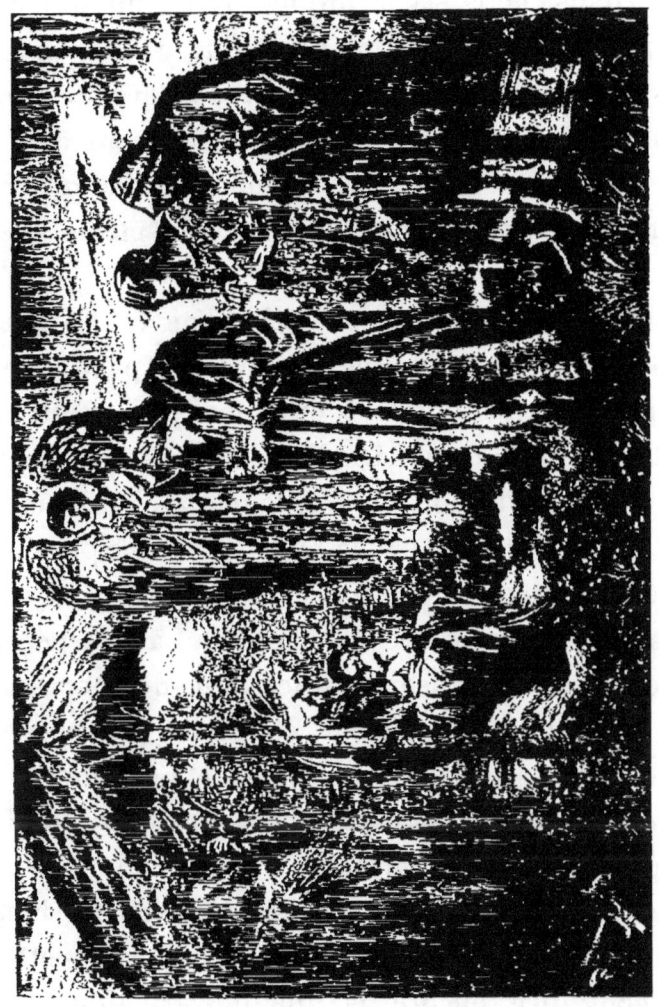

Fig. 43. — L'Étoile de Bethléem, par Burne-Jones.

sa maison de campagne, ses « cottages », dans la spontanéité de leur silhouette (comme issue d'un rêve), dans le désordre spirituel de leur conception libre, dans leur style intime, sont inimitables.

Certes, nous n'ignorons point que ces constructions rurales procèdent un peu de l'architecture hollandaise, laquelle n'offre elle-même aucun caractère classique, d'où cette communion esthétique. Et l'architecture scandinave est dans le même cas, sans démériter.

Toutefois, la communion esthétique de l'Angleterre et de la Hollande ressortit d'autre part à des influences dynastiques. N'oublions pas effectivement que Guillaume III, roi d'Angleterre (1650-1702), était le fils posthume de Guillaume II, stathouder de Hollande, et qu'il sauva l'intégrité de ce pays au traité de Nimègue.

Mais abordons notre description. La charpente en bois de notre maison (cul-de-lampe du chap. III) est apparente à l'extérieur comme à l'intérieur ; son toit est recouvert de tuiles. Mais l'imprévu des décrochements de la projection d'ensemble de ce toit, avec la curiosité d'un premier étage en encorbellement, ne saurait s'imaginer dans l'accord des profils (fig. 19) de la silhouette. Comment dire encore la qualité artistique du poteau d'angle, d'un seul bloc de chêne (formant contrefort), qui supporte notamment le pignon de cette maison ?

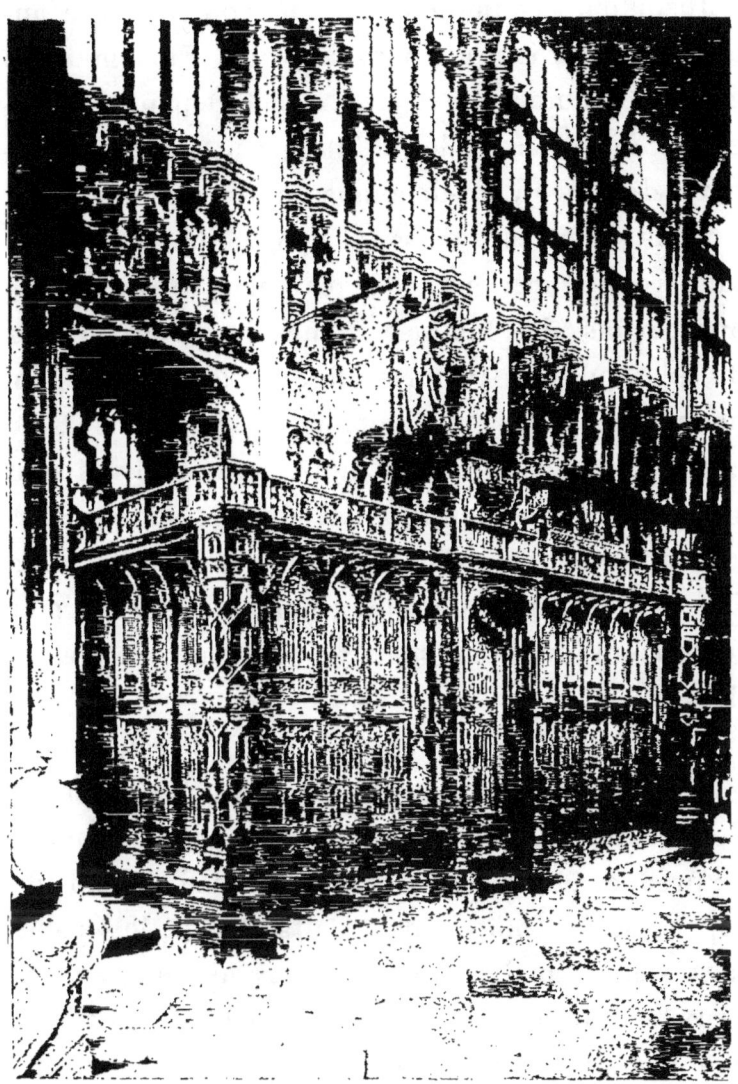

Fig. 44. — Mausolée d'Henri VII,
dans l'Abbaye de Westminster.
(Cliché « Stereoscopic Company, Ltd. », Londres.)

Jusqu'ici, néanmoins, nous n'avons observé aucune caractéristique bien anglaise. Nos maisons en bois du quinzième siècle, extérieurement, ressemblent un peu à celle-ci. Mais, sur le seuil de la porte d'accès au rez-de-chaussée, tout change.

Nous sommes saisis de nouveauté. Dans une lumière mesurée par des carreaux étroits, nous apercevons des lambris menés jusqu'aux solives du plafond. Ces lambris (fig. 20) formés de panneaux cloisonnés sont, comme la frise, en bois de chêne incrusté de bois de houx, et les solives sont sculptées et ornementées. Lorsque les lambris s'arrêteront à hauteur d'homme (au premier étage), la charpente prolongera apparemment dans le mur l'agrément du bois, mais en formant de vastes dessins.

L'esprit de dignité conféré par ce revêtement général est déjà typique. Il s'accentue au spectacle de la rampe à balustres de l'escalier qui conduit au premier étage. Cette rampe sculptée à profusion reproduit des motifs ornementaux dont le scrupuleux détail, malgré que sans grande caresse aux yeux, séduit au bout d'un ciseau merveilleux. Entre chaque balustre, en haut et en bas, des ornements déchiquètent la silhouette générale de la rampe.

Des planchers à larges lames, reflétant des lambris encadrés de pilastres clairs et sculptés,

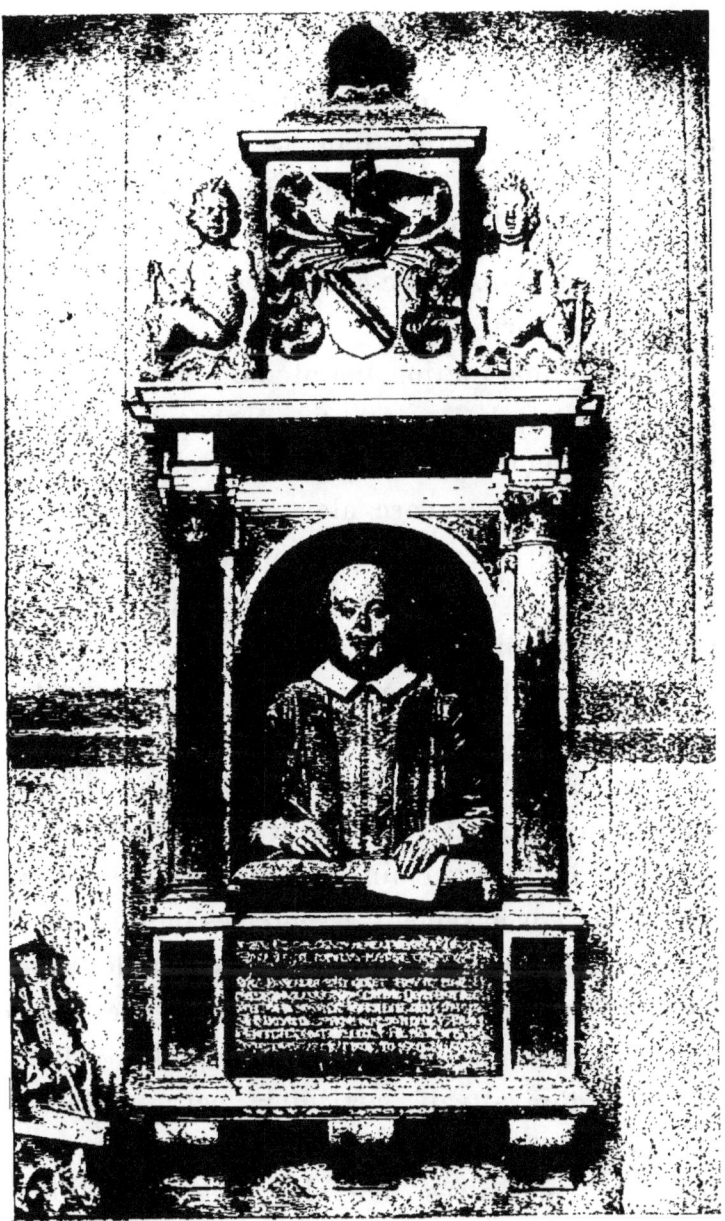

Fig. 45. — Tombeau de Shakespeare,
dans l'Eglise de Stratford-on-Avon
(Cliché « Stereoscopic Company, Ltd. », Londres.)

solidement garnis de cheminées en bois, monumentales, ornementées dans le goût de l'ensemble, complètent une vision particulière d'austérité à laquelle des meubles, choisis parmi ceux que nous indiquerons dans notre chapitre spécial, ajouteront quelque confort.

Si, par l'imagination, maintenant, nous évoquons à cette époque de prestige et de prospérité, des hôtes illustres comme Drake, Hawkins, Raleigh, groupés autour de Shakespeare alors dans toute sa jeune gloire, nous réaliserons cette physionomie à la fois robuste et grave de la vieille maison anglaise : cette vieille maison anglaise dont les voûtes sont admirablement ouvragées, — le soin des détails dans la construction anglaise est typique ; — dont les rampes et escaliers de bois sont d'une richesse, d'un mouvement comme d'un pittoresque remarquables ; dont les cheminées extérieures, composées de briques curieusement assemblées ou de torsades en pierre, offrent des profils inoubliables ; dont les gouttières à leur extrémité supérieure présentent des agréments décoratifs en plomb estampé (fig. 21), d'un attrait particulier ; cette vieille maison non moins inoubliable que ces petits marchés couverts rencontrés dans les moindres villages anglais et placés sous la dévotion d'une croix moyenâgeuse.

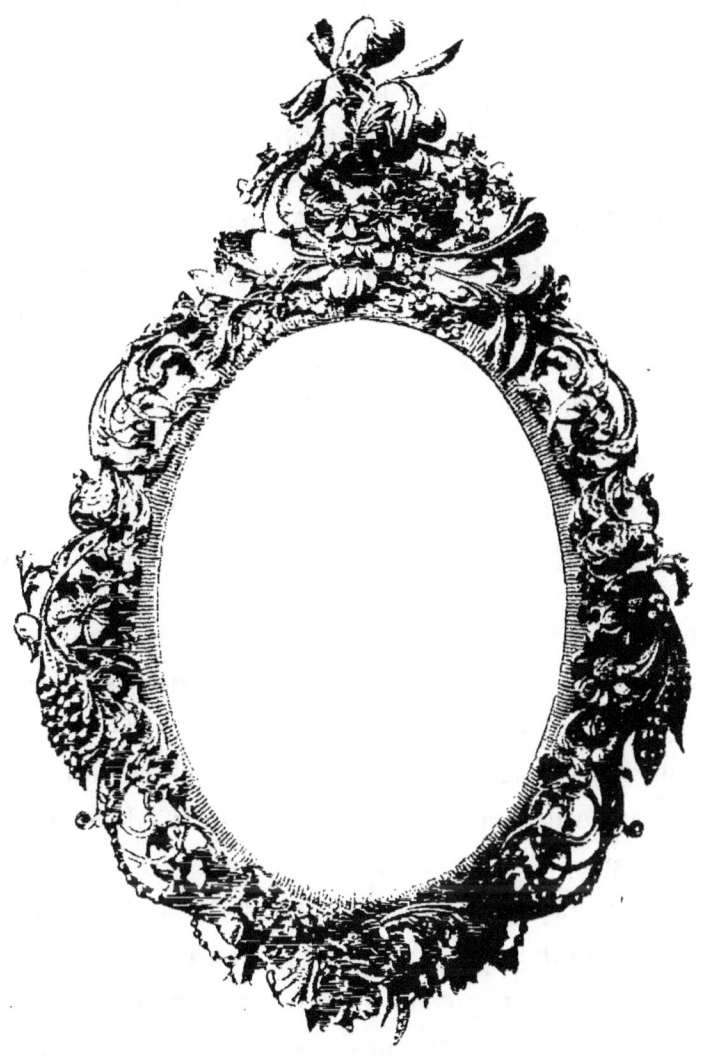

Fig. 46. — Cadre de Miroir en bois, sculpté par Grinling Gibbons [1680]. (Collection Liberty et Cie, Londres.)

Comparons, maintenant, à la demeure ancestrale la villa moderne de nos insulaires, leur « cottage » (fig. 27, 29 et 30). A la majesté précédente succédera la gaîté, la coquetterie, toute une grâce faite de lumière, de fraîcheur, de propreté. Malgré qu'on ne puisse s'empêcher de penser aux Hollandais dans ces deux exemples d'hier et d'aujourd'hui, un pur accent britannique hante néanmoins cette rusticité, cette liberté architecturale, ce pittoresque, inséparables d'une attention particulièrement respectueuse des lois de l'hygiène et des aises pratiquement satisfaites. Or, nous savons que ces dernières préoccupations ne sont pas sans apporter à la construction leur bénéfice esthétique. L'aération commande de larges baies dont profite la lumière et son irradiation sur des carrelages et des peintures claires, sur des cuivres encore. Les *bow-window* naquirent de ce besoin d'air et de clarté qui, en agrandissant les pièces, amena des motifs décoratifs.

L'avantage de ces saillies et leur agrément devaient séduire la façade du magasin anglais moderne qui, exceptionnellement d'ailleurs, flanque sa porte d'entrée de pratiques et élégants bow-window.

Les décrochements aussi pittoresques du « cottage », à l'extérieur, représentent autant d'imprévu à l'intérieur. Cela n'est point du « n'importe quoi » mais de l'impromptu, de l' « amusant », qui résultent de la couleur comme de

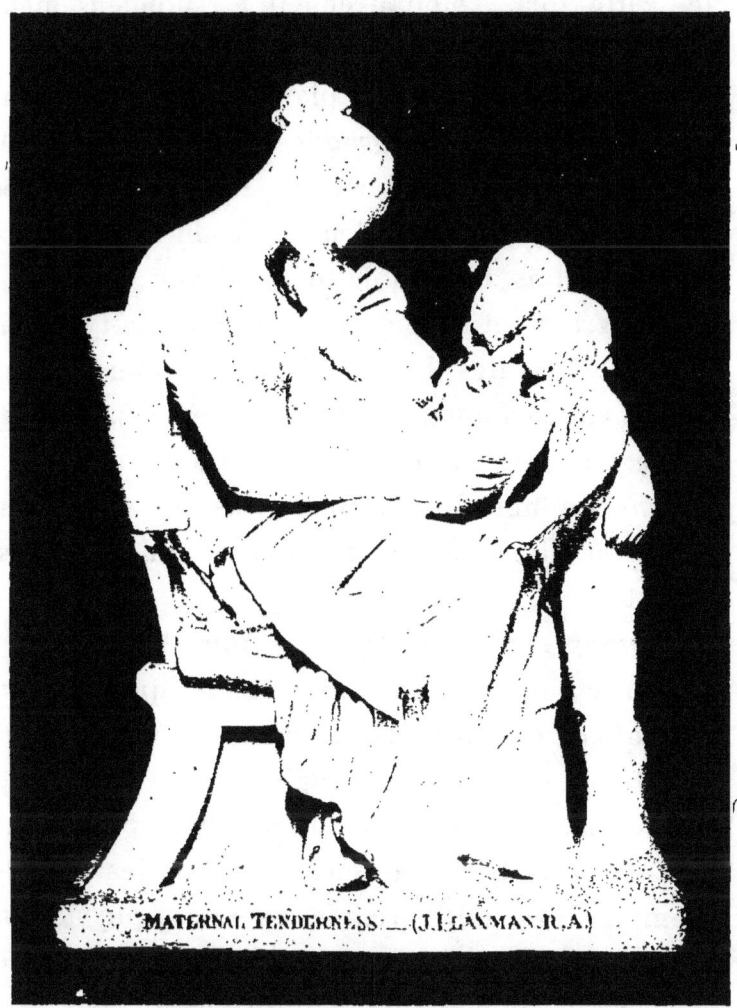

Fig. 47. — Tendresse Maternelle, par J. Flaxman.
(Cliché W. A. Mansell et Cie, Londres.)

la forme régis par le bon sens et la commodité.

C'est de l'asymétrie d'où le dogme classique a été, cette fois, volontairement et judicieusement écarté pour défaut d'appropriation.

Des fleurs vivantes, des plantes vertes, ajoutent à la mine riante de ces grandes pièces où les boiseries, les rideaux, les faïences, les cuivres et les étains chantent chacun leur chanson. Quant aux jardins anglais, ils sont de toute beauté.

Voici vraiment la maison de campagne-type. En dépit de ses airs hollandais et normand (avec notamment ses toits, porches et potences), le « cottage » demeure caractéristique. C'est la maison *franche* de nos flegmatiques voisins, la maison où ils se livrent, où ils font vraiment figure d'artistes.

Pourtant, l'amour du sport, — autre handicap, — l'emporte chez eux sur l'idéal esthétique ! Et l'on remarquera que les pays réputés comme les plus sportifs, en l'occurrence l'Angleterre et l'Amérique, sont les moins doués pour l'art. Cependant, nous direz-vous, les Grecs anciens qui furent des artistes incomparables, cultivèrent les exercices physiques. Certes, mais dans le développement de la beauté du corps ils ne poursuivaient qu'un but idéal : ils rêvaient simplement et sans intérêt pécuniaire, de s'égaler aux dieux de l'Olympe; tandis que le match et le championnat flattent bassement la vanité humaine sinon l'orgueil national, à des taux de rémunération plutôt fantastiques.

Bref, l'Angleterre, sans préjuger cependant du rang qu'on lui assigne au point de vue sportif vis-

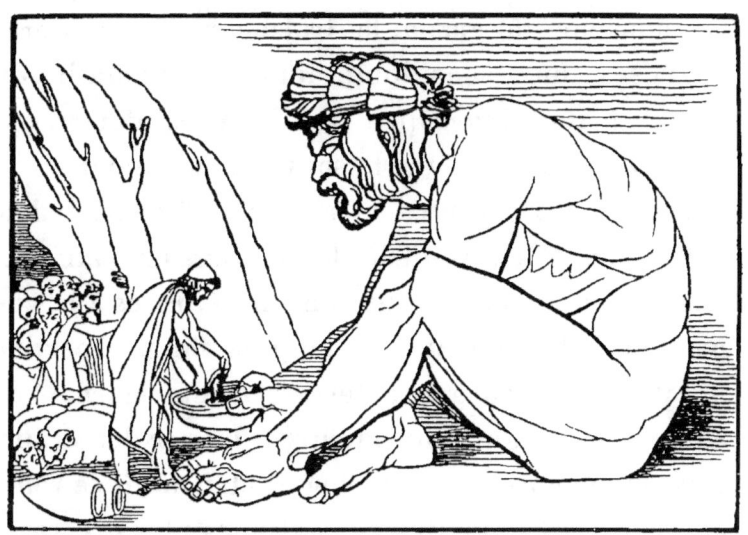

Fig. 48. — Ulysse et Polyphème, dessin de J. Flaxman.

à-vis de l'Amérique, dépasse cette nation, dans le passé et artistiquement parlant, de cent coudées, — de toute l'importance de son Histoire, enfin.

Après avoir traversé rapidement l'inévitable emplacement réservé au tennis, et détourné nos yeux du terrain factice dédié au jeu de golf, nous voici dans le jardin anglais.

Nous avons indiqué précédemment la source inspiratrice de ces jardins plantés, et nous vîmes du moins l'architecte Chambers propager sur le sol natal l'exemple du « jardin paysager », au retour d'un voyage au pays de Confucius.

Pourtant, il conviendrait de ne rien exagérer. La douceur du gazon, la fraîcheur des verdures anglaises dues sans doute autant à l'humidité du climat britannique qu'à ses brumes, demeurent bien personnelles dans le souvenir impartial.

Touffes verdoyantes et massives faisant valoir des feuillages ténus où des fleurs rares embaument ; vastes pelouses rases subitement dérobées à la vue par un vallonnement ; échappées de perspective habilement ménagées ; terrassements garnis de chutes de plantes pour mieux ordonner des éclaircies au marbre ou à la pierre ; étangs où se réfléchissent les silhouettes végétales les plus diverses ; somptueux dallages ; eaux courantes pour la douceur d'un bruissement qui se joue ; au résumé, nature délicieusement apprêtée, beauté méthodique sans en avoir l'air, dont la perfection consiste à s'associer aux localités, à étudier et à embellir le paysage offert au jardinier.

Tout en admirant à Versailles la majesté des longues allées, la régularité des charmilles, la réunion de toutes les divinités de l'Olympe distribuées dans les bosquets ou les avenues, tout en se complaisant parfois au milieu de ces souvenirs

L'ARCHITECTURE

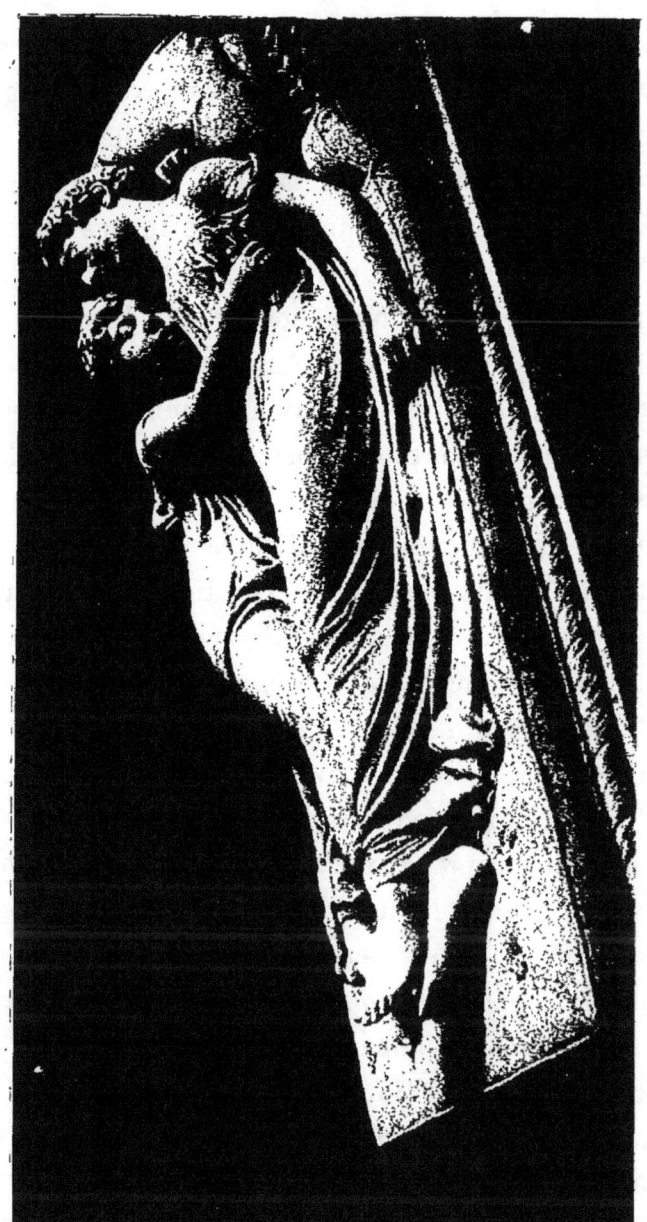

Fig. 49. — Sœurs endormies, par F. Legall Chantrey (1816).

historiques et mythologiques, on peut préférer à l'art de Le Nôtre la variété des jardins anglais (fig. 23 et 24), la sinuosité de leurs allées, la rencontre imprévue d'arbustes nains, l'attraction variée de la dentelle des frondaisons sur les fonds.

Tout le monde ne partage point, à cet égard, l'opinion sévère de Napoléon Ier qui disait : « Ces petits lacs, la plupart du temps sans eau, ces petits rochers en miniature, ces rivières immobiles, toutes ces niaiseries, sont des caprices de banquiers. Mon jardin anglais, à moi, c'est la forêt de Fontainebleau, et je n'en veux pas d'autre. »

La cité-jardin, encore une création bien anglaise, se dresse sous des ombrages que, cette fois, n'eût point renié le héros de Wagram.

La cité-jardin, cette agglomération de petites maisons pittoresques, gaîment soudées dans un accord esthétique où la verdure offre sa fraîcheur ; la cité-jardin, propice aux artistes, aux ouvriers, comme aux bourgeois solidarisés dans leurs aspirations de rêve, de travail ou de béatitude ; la cité-jardin qui dispense le chez-soi, le *home*, et fait la vie heureuse en commun, commodément et économiquement. En vérité, les cités d'Hampstead, de Letchworth (fig. 25), parmi les plus célèbres, sont des modèles qui honorent leurs créateurs et devraient bien stimuler davantage nos propres réalisations dans ce sens.

L'ARCHITECTURE 97

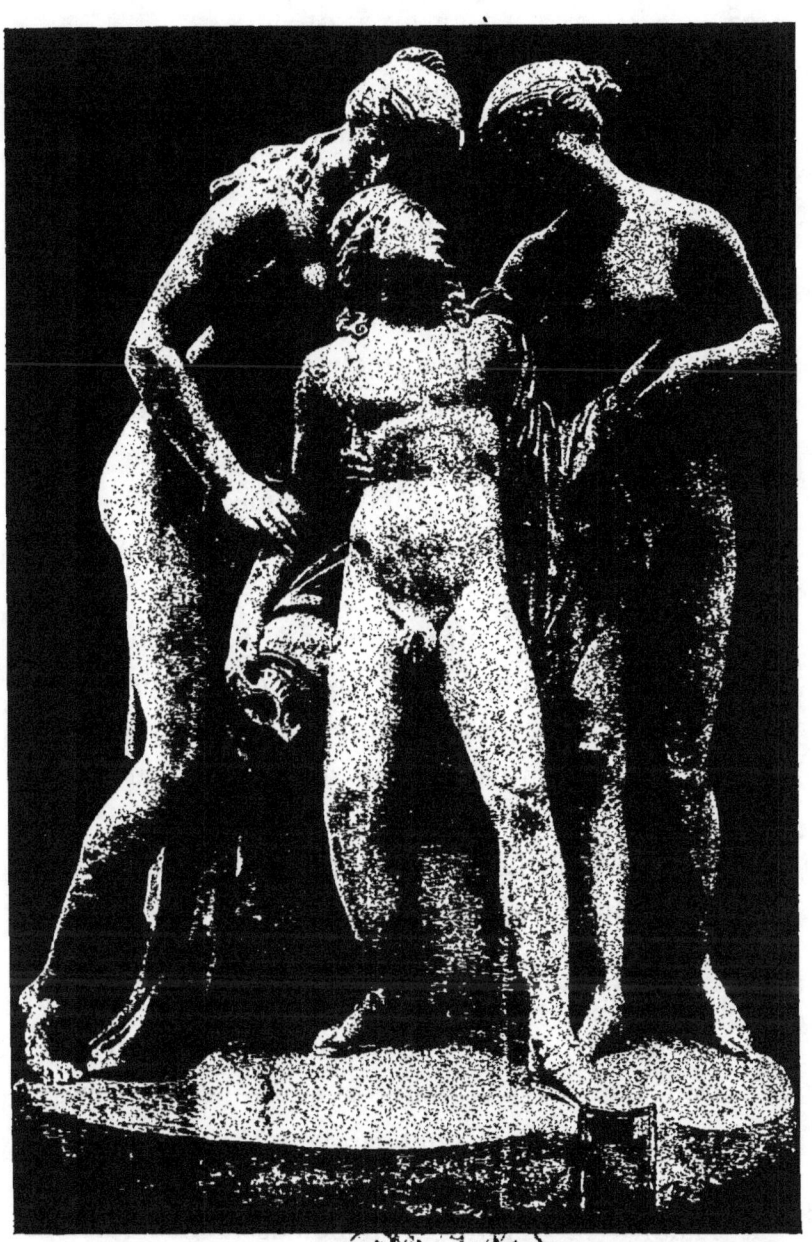

Cliché M. A. Mansell et Cⁱᵉ, Londres.
Fig. 50. — Hylas et les Nymphes, par J. Gibson.

Il nous reste à indiquer à la suite de cette évocation contemporaine, les tendances esthétiques de l'architecture anglaise moderne après que nous aurons fait ressortir que les styles les plus anglais du passé, sont les trois styles de transition entre les manifestations ogivale et classique (1485-1625).

De nos jours, les architectes anglais s'expriment encore volontiers dans le goût ogival, tandis que d'autres préfèrent le « Georgian » (style de la dynastie des George, dix-huitième siècle), et le plus grand nombre s'inspire de tous les pays du monde.

Néanmoins, les nécessités de la vie moderne, l'emploi du ciment armé, etc., créent progressivement un style monumental qui portera plus tard, sans doute, l'empreinte de son époque et de sa nationalité. M. M. Aston Webb, R. Blonfield, Lanchester, Edwin Lutyens, notamment, s'y emploient avec le plus réel mérite.

D'ailleurs, pour en revenir aux tendances esthétiques actuelles en Angleterre, celles-ci pourraient se résumer déjà en la satisfaction parfaite des besoins et de l'hygiène toujours attentivement servis. La maison anglaise comporte une « nursery » ou appartement réservé aux enfants. Ces « isoloirs », d'ailleurs délicieusement frais et riants, n'existent pas en France où la mère, ainsi

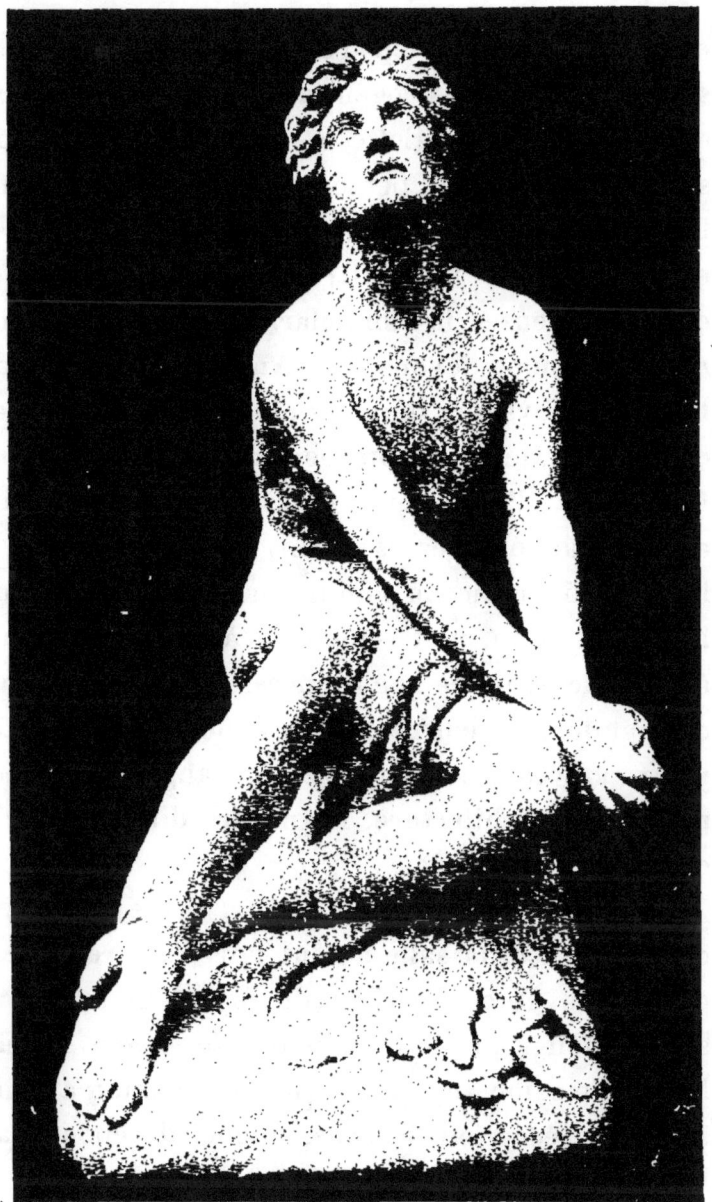

Cliché W. A. Mansell et Cⁱᵉ, Londres.
Fig. 51. — L'Enfant prodigue, par W. C. Marshall.

que nous avons eu déjà l'occasion de le dire, ne se sépare point de sa progéniture aussi *pratiquement* qu'en Angleterre. Cette « nursery », encore un symbole de l'esprit personnel anglais! Et comme la fonction crée l'organe, voici une pièce de plus à envisager dans la construction. Aussi bien, et cela compense la singularité, presque, d'une *nursery*, nous devons aux Anglais l'exemple de l'hygiène physique toujours plus accentuée, et, par conséquent, le développement de la salle de bains. Chez eux, l'impérieux souci de la commodité adaptée au progrès, s'il leur masque souvent la beauté, diversifie du moins l'aspect esthétique de leur habitation, non seulement à l'intérieur, mais à l'extérieur, parce que les nécessités de l'intérieur ont fatalement leur reflet au dehors. Si les matériaux nouveaux sont appelés à changer la physionomie de l'architecture, les mœurs différentes n'y concourent pas moins.

La preuve en est la *living-room* : salle où l'on vit de préférence, la salle à tout faire, qui réunit les agréments et occupations du foyer; ni salon, ni salle à manger, ni bureau mais *living-room*. Pareillement le salon anglais n'a rien de commun avec le salon de réception français, auquel il répond par le *parlour* réservé aux occasions solennelles ; on y séjourne. Moins compassé que le nôtre, d'un style moins soutenu, d'une dignité moins froide, plus familière enfin, le salon anglais s'inspire d'une intimité confortable qui représente un charme différent conforme à sa convenance autre. Le *hall* (fig. 26) encore, correspond à notre vestibule, mais

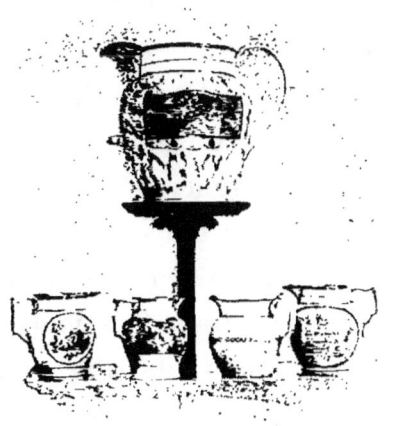

Fig. 52 — Porcelaine ancienne.
(Collection Gill et Reigate, Londres.)

avec quelle nuance! Alors que notre vestibule rassemble si volontiers en sa banalité le porte-parapluies et la banquette d'attente, le *hall* (qui distribue les pièces de l'appartement, chacune jalouse de son intimité, non plus comme chez nous orgueilleuse d'un ensemble) réserve au visiteur, dès l'entrée, un accueil de choix d'où la banalité, par conséquent, doit disparaître. C'est dans le *hall*, frontispice du *home*, que le maître de la maison prend contact avec le visiteur, étranger ou ami. Le *hall* exprime donc la caractéristique de l'hôte et n'a aucune relation avec notre insipide accès à l'appartement.

L'architecture domestique anglaise pourrait servir de modèle, mais, en revanche, c'est de la France que l'Angleterre tient ses règles actuelles de dessin, de forme et de décor, malgré qu'il lui manque l'élégance, l'amabilité du goût auxquels résistent son tempérament et son souci artistique, secondaire.

N'oublions pas que nous avons emprunté aux Anglais l'usage d'acheter des maison toutes faites, et nous savons quel bénéfice marchand nous en tirâmes au détriment de l'art. L'entrepreneur anglais se substitue généralement à l'architecte pour le commerce des maisons, et l'architecte n'est guère appelé à construire que des demeures de luxe, ou bien à tracer la façade d'un groupe de maisons en vue de la composition d'un groupe monumental, comme cela se pratique notamment à propos des squares.

C'est ici que s'insère ce style « industriel » dont nous avons parlé incidemment, remarquable plutôt par l'absence d'art et l'utilité supérieurement servie. L'architecture française, elle, prétend, dans l'excellence du but atteint, ne pas séparer l'une de l'autre de ces vertus, pour ne point faillir à l'Architecture,

Autre observation relative à l'art architectural diminué : « Les mœurs et les habitudes de la vie anglaise sont tellement uniformes que, depuis la maison du plus simple particulier jusqu'à celle du

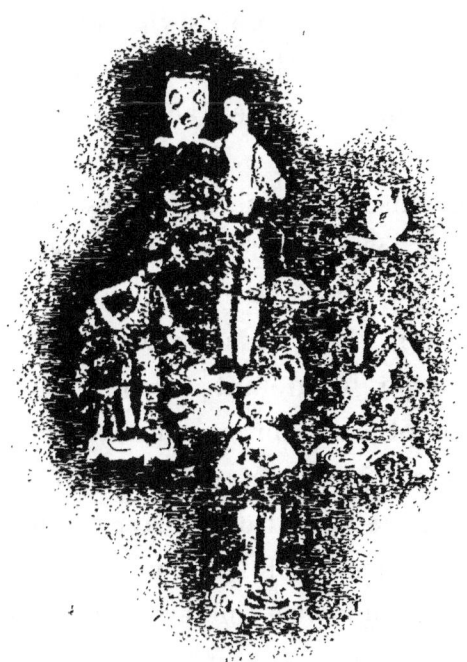

Fig. 53. — Porcelaine ancienne de Chelsea, 1760.
(Collection Gill et Reigate, Londres.)

lord le plus riche, les distributions intérieures sont toujours établies d'après les mêmes besoins, sauf le plus ou moins d'extension qu'on donne à leur ensemble, en raison de la fortune de ceux par qui elles doivent être habitées... »

Mais, a dit Shakespeare, « tous les nuages n'engendrent pas des tempêtes », et si, dans la ville anglaise, la monotonie des voies ou bien le pastiche, souvent déconcerte, nous discernons, répétons-le, un style anglais dans ce pastiche même, tellement converti à l'utilité, tellement débarrassé de l'accessoire et de la convention.

Les anciens Anglais, d'ailleurs, ont nettement influé dans leurs chefs-d'œuvre classiques, ainsi que nos gravures le démontrent, sur le goût d'importation, sur la main-d'œuvre étrangère. Les vertus comme les défauts d'une race s'inscrivent originalement au fronton d'une expression d'art. Ils ne peuvent jamais être indifférents.

Notre pensée, avant de quitter ce chapitre, envisagera une dernière fois la variété charmante de ces villas de plaisance anglaises (fig. 27, 28 et 29), de ces « cottages » (fig. 30), si gais parmi la prairie grasse, si supérieurs, en vérité, aux constructions de partout ailleurs, si supérieurs avec leurs jardins, de liberté harmonisée sous le ciel, sur le sol, et dans le paysage. N'est-ce point à la contemplation de ces maisons spirituelles et vivantes que pourrait s'adapter cette pensée du grand Will, en compensation de quelque déception dans l'ordre monumental classique anglais : « Il est des chutes qui servent de point de départ pour monter plus haut. » ?

Mais la beauté constitue un faisceau et l'heure de conclure n'a pas sonné encore.

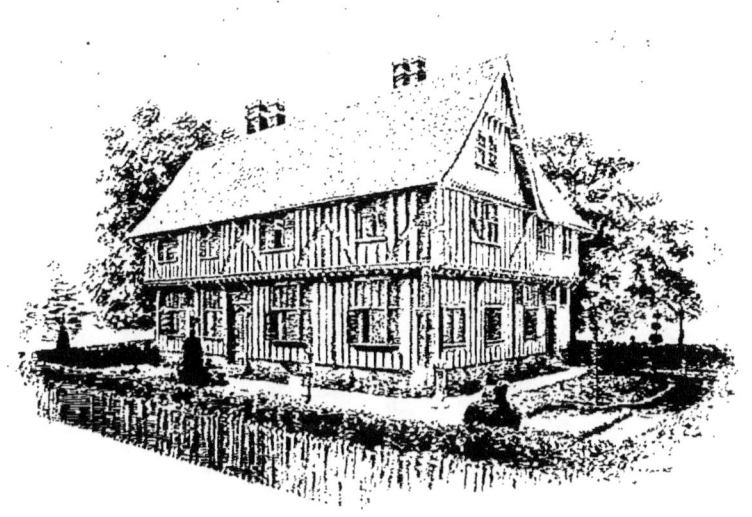

Maison de style Tudor.
(Reconstitution Gill et Reigate, Londres.)

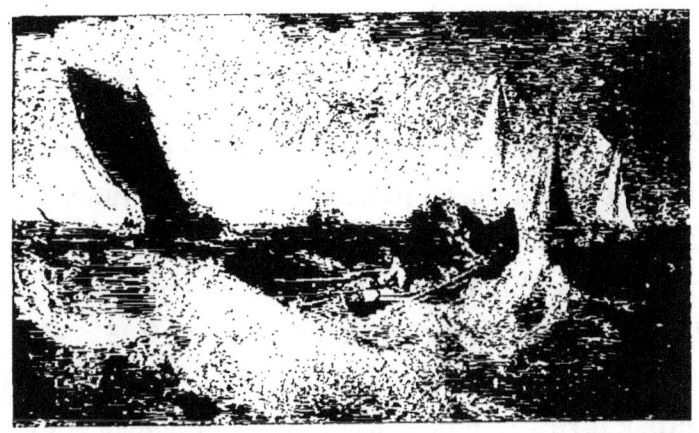

Photo. Lévy et fils.
MARINE, par J. Turner (National Gallery).

CHAPITRE IV

La Peinture et la Gravure.
W. Hogarth, J. Reynolds, Th. Gainsborough,
G. Romney, Th. Lawrence, etc.

La sublime nudité a été combattue par le puritanisme anglican, au nom de la morale. C'était proscrire non seulement l'étude de la figure humaine, restreindre le champ d'imagination ouvert à la représentation idéale, mais encore attenter à la peinture monumentale. Les sujets empruntés à la mythologie point davantage ne pouvaient convenir à une foi rigide, et comme la religion protestante n'admet pas de tableaux dans son église, elle fut servie.

Enregistrons cependant une infraction à ce veto. Charles Ier, en digne petit-fils de Marie-Stuart, commandera, au grand scandale des puritains, la décoration des édifices dépendant de la couronne, celle de l'abbaye de Westminster entre autres !

On sait avec quelle violence lord Byron anathématisa lord Elgin pour avoir *sacrilègement* volé à la Grèce et apporté à Londres les bas-reliefs du Parthénon. Un écrivain français s'est écrié à ce sujet : « Vol inutile ! Tous les trésors de la Grèce apportés à Londres n'y inspireront personne ! » Si cette sévérité a trait à la statuaire (plutôt inexistante en Angleterre), la peinture, envisagée dans son essor le plus large, n'en prend pas moins sa part.

Pourtant, la palette anglaise devait se couvrir de gloire au mépris de cet ostracisme, et peut-être bien aussi que certaines de ses vertus se développèrent favorablement dans le champ réduit où son esprit d'analyse et le brio de sa vision s'exercèrent.

Nous avons esquissé au chapitre II les étapes principales de la peinture aux plus lointaines années. Nous n'y reviendrons pas. Au surplus, les œuvres de ces temps ne nous sont point parvenues, et leur originalité s'en tient aux conjectures.

Nous indiquâmes James Thornhill (1676-1734) comme le premier représentant de l'art indigène et, avant lui, Isaac Oliver (1556-1617) dont une miniature exposée à Windsor (portrait de *Sir Philip Sidney*) nous révèle le talent. Les premières peintures sur émail de date certaine que l'on connaisse, sont celles qui enjolivent la montre et le portrait de Charles Ier, daté de 1631, mais non signé.

Avec le décorateur de Saint-Paul (Thornhill), les noms du portraitiste Cooper (1609-1676), qui fut surtout un bon miniaturiste, de John Riley (1646-1697), le peintre de Cromwell, de Jonathan Richardson (1665-1745), auteur d'un traité de peinture devenu classique, sont encore à retenir au début.

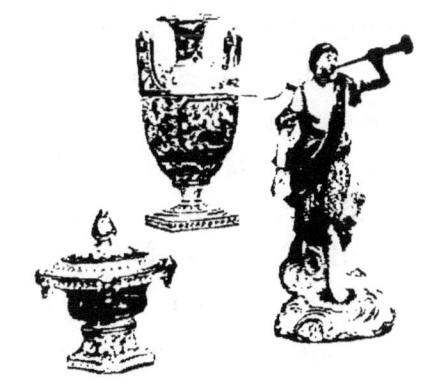

Fig. 56. — Porcelaine de Derby.
(Collection Gill et Reigate, Londres.)

Thornhill, élève de Peter Lely et de Godfrey Kneller, doit beaucoup aussi à Charles Le Brun. Sa personnalité ne brille guère dans la peinture d'histoire non plus que celle de ses deux premiers maîtres. Et le célèbre dictateur des arts sous Louis XIV n'eut point à s'enorgueillir de son disciple qui fut pour le faste de la reine Anne, de

Charles Ier et de George II, l'illustrateur qu'il avait été de la gloire du roi soleil. Néanmoins Thornhill, inaugurateur de la peinture décorative et d'histoire, genre que West devait essayer de poursuivre mais sans le faire prévaloir davantage en Angleterre, a laissé des peintures allégoriques (représentant la reine Anne et le prince Georges de Danemark) au palais de Hampton-Court, et surtout à l'hôpital de Greenwich, qui méritent d'être retenues (*Apothéose de Guillaume III et de la reine Marie*).

Mais voici poindre l'avènement de William Hogarth. La « Galerie Shakespeare », due à l'initiative d'un particulier, John Boydell, marquera le point de départ d'une école anglaise réellement originale. Nous voici parvenus à l'ère de la peinture anglo-saxonne, sinon au style anglais proprement dit. Et nous distinguerons deux périodes d'expression : l'une que l'on pourrait appeler *l'ancienne école* qui débute avec William Hogarth et va jusqu'à Joseph Turner, et la *nouvelle école* depuis l'aurore du « préraphaélisme » (avec Ford Madox Brown) jusqu'à son éclosion triomphale.

L'ancienne école commence ainsi au dix-huitième siècle, vers 1730, et se poursuit jusqu'en 1844; l'école moderne s'étend de 1844 à 1900.

Il ne faut pas demander à l'esprit positif et pratique les grandes envolées. D'autre part, les expansions idéales, les rêves de l'imagination semblent mesurés à un peuple qui, à défaut de lointaines traditions nationales, doit pour être original s'exprimer spontanément, presque en marge du passé glorieux des autres. Hogarth et les maîtres de l'école anglaise à sa suite, en sont ainsi réduits à prendre leur vol au ras du sol, au lieu de poursuivre l'élan des prédécesseurs, et c'est par le tableau de *genre* que débute la peinture anglaise, tandis que la grâce de notre art domine en Europe, après sa période majestueuse du dix-septième siècle et sa suavité précédemment indiquée par les Clouet, au seizième siècle.

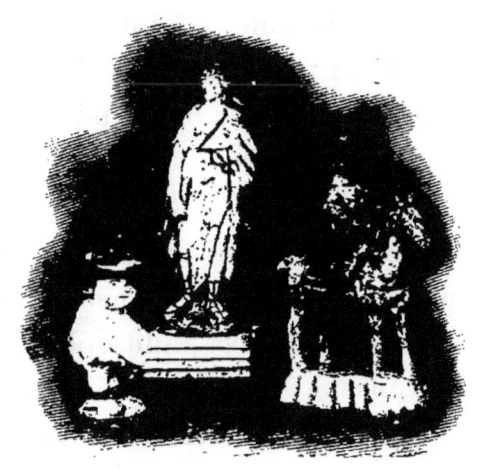

Fig. 57. — Porcelaine de Staffordshire.
(Collection Gill et Reigate, Londres.)

La palette anglaise commence à s'illuminer à nos côtés, alors que l'heure de la décadence sonne en Flandre et en Italie, après une floraison magistrale. Curieux symbole d'indépendance et d'égoïsme autant que de présence d'esprit, puisque Hogarth créa en fait l'originalité anglaise dans le mépris des écoles. William Hogarth (1697-1764) avait épousé la fille de Thornhill. Il se servit de couleurs au lieu d'user de la parole. Il fut un ennemi juré du classicisme. « Ce n'était pas son affaire de traverser les continents pour étudier l'antique, a-t-on dit justement ; la nature était son académie, et le cœur humain son modèle. » Et l'on en arrive à cette conclusion : qu'il avait l'œil de l'aigle sans en avoir les ailes.

Hogarth, instrument moralisateur (Reynolds, de même que Falconnet et Mengs, inclina à la manie d'un art philosophique) entre les mains de Joseph Addison et de ses vertueux adeptes, après la Révolution de 1688, s'inscrit entre la poésie épique ou tragique des peintres italiens et la représentation du grotesque ou du vulgaire chère aux peintres flamands. C'est un comédien de mœurs, un redresseur de torts, un censeur ingénieux et spirituel.

Citons son chef-d'œuvre : le *Mariage à la mode*, une suite de six tableaux (à la National Gallery) et, la *Vie d'une courtisane*; la *Carrière du débauché* (Soane Museum) ; la *Marche des gardes à Finchley*, (Foundling Hospital), les *Élections*, etc. ; autant de sujets satiriques et comiques (fig. 31) dans lesquels le dessinateur et le graveur apparaissent davantage que le peintre (1), mais avec une vérité pittoresque, une variété et une énergie saisissantes. A côté de Hogarth, dans le tableau de genre encore, voici David Wilkie (1785-1841) et Th. Uwins (1788-1857). De Wilkie : *Duncan Gray* ou *le Refus* ; les *Politiques du village* ; *le Roi Alfred dans la chaumière du paysan* ; la *Lecture du testament*,

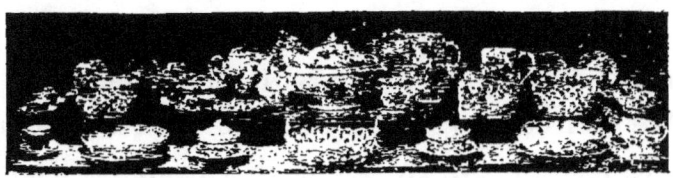

Fig. 58. — Porcelaine de Worcester (de 1765 à 1793). (Collection Gill et Reigate, Londres.)

entre autres petites toiles dans le goût hollandais, dont Géricault célébra les « expressions touchantes ».

« La vie des Anglais, semblable à celle des Hollandais, observe M. D. Maillard, devait favoriser la peinture de genre et de paysage dont s'accommodaient si bien les intérieurs bourgeois ainsi que leur humour ou leur sentimentalisme. » Nous avons indiqué, d'ailleurs, l'empressement anglais à s'inspirer de l'architecture hollandaise, et nous verrons pareillement le meuble hollandais séduire le goût anglais. Quant à Uwins, sa manière semble se ré-

1. Cependant, une récente exposition parisienne nous révéla de remarquables portraits peints par Hogarth.

sumer dans le *Chapeau de brigand* où l'on voit une petite fille, singulièrement accoutrée, sourire candidement. On prétend que l'effet de ce contraste obtint un succès prodigieux à son heure...

Le tableau de genre anglais, au reste, ne devait pas tarder à sombrer dans la banalité et la trivialité, et ce fut le portrait qui nous révéla des grands maîtres à la suite des petits conteurs de la sensiblerie, parmi lesquels il ne faut pas oublier pour leurs qualités de finesse enjouée : les W. Mulready (1786-1863), les Robert Sminke (1752-1845), les C. R. Leslie (1794-1859), les Thomas Stothard (1755-1834), les W. P. Frith, les Faed, qui furent aussi, pour la plupart, d'aimables illustrateurs.

Mais, avec Reynolds, les grands maîtres de la peinture anglaise font leur entrée sensationnelle. Joshua Reynolds (1723-1792), peintre d'histoire et portraitiste, brilla surtout dans cette dernière manière. Élève de Hudson (mais surtout de Greuze, auquel il fait penser, du moins), Reynolds compte parmi les artistes qui honorèrent le plus l'école anglaise. On retiendra que, au dire de ses contemporains, sa dignité personnelle contribua, presque autant que son talent supérieur, à relever la condition des peintres en Angleterre, et la noblesse dont les chefs-d'œuvre créés par ce pinceau témoignent, nous valut sans doute aussi l'essor orgueilleux des Gainsborough, des Romney, des Th. Lawrence.

Reynolds, malgré l'abus des allégories mythologiques qui nuisent à certaines de ses compositions, s'impose par l'élévation du style, la richesse du coloris et l'élégance. Les plus éminents person-

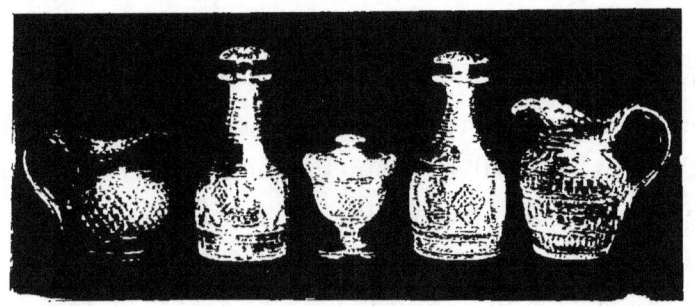

Fig. 59. — CARAFES, CRUCHES, etc., anciennes, en cristal taillé et gravé.
(Collection Gill et Reigate, Londres.)

nages de son temps furent les modèles du maître, interprète non moins indiqué pour la naïveté et le charme de l'enfant. De Reynolds : les portraits de l'historien *Gibbon*, de l'acteur *Garrick*, de la *Vicomtesse d'Althory* ; de *George III*, de *John Hunter*, de *William Chambers*, du docteur *Johnson*, du romancier *Goldsmith* ; du poète *Mason*, de *Lady Smith* (fig. 33), de la *princesse Sophia Mathilda*, de *Miss Bowles*. On lui doit aussi : *Samuel enfant, Ugolin, Hercule étouffant les serpents*,

Têtes d'enfant, l'*Age d'innocence*, les *Trois sœurs en Grâces* (fig. 32), l'*Amour maternel*, etc.

Alors que Hogarth, infidèle à ses théories sur la ligne droite (il prétendait que la beauté correspondait à la *ligne serpentine* [?]), incarne la roideur puritaine et britannique trop préoccupée de morale, l'idéal de Reynolds s'attacha à exprimer « le satiné et la fraîcheur de la santé anglaise ». Reynolds, écrit Ernest Chesneau, a le secret de toutes les distinctions, de toutes les grâces de la femme et de l'enfant. Il rend avec une aisance merveilleuse les caprices les plus fugitifs de la mode et sait leur donner le caractère éternel, celui de l'art. »

Avec Thomas Lawrence (1769-1830), la grandeur picturale de Reynolds se poursuit dignement dans le portrait. Élève d'ailleurs de Reynolds, à qui le grand artiste succéda en qualité de peintre du roi et à l'Académie, Lawrence magnifia cette emphase que Gainsborough et son maître n'avaient fait qu'indiquer. Son art fier et noble, gracieux et charmant, mais jusqu'à l'affectation parfois, s'adressa supérieurement à la beauté féminine (fig. 40). La *Princesse de Galles*, *Lady Grower*, *Walter Scott*, *Master Lambton*, *Lady Grey et ses enfants*, *Charles X*, *Pie VII*, la *Duchesse de Berry*, la *Princesse Esterhazy*, *John Angerstein et sa femme*, la *Duchesse de Suderland*, *Miss Siddons*, notamment, posèrent pour la postérité, grâce à cet éternel artiste qui, en profitant des contrastes de lumière d'un Rembrandt, et malgré qu'il ait regardé Van Dyck et Velasquez avec profit, demeurera Lawrence par la légèreté de la touche, par l'inconsistance précieuse du dessin et le charme alambiqué du geste, autant que par la fraîcheur argentée du coloris.

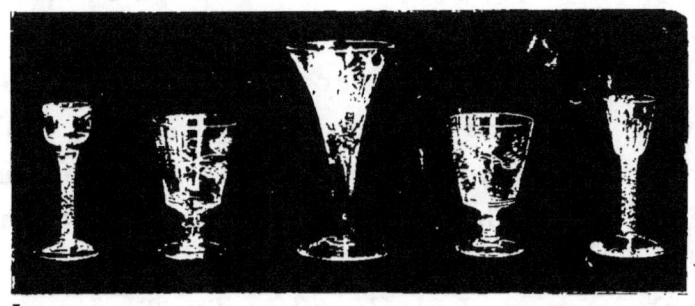

Fig. 60. — VERRES anciens en cristal taillé et gravé.
(Collection Gill et Reigate, Londres.)

Le nom de Thomas Gainsborough (1727-1788), rival de Reynolds, dans le portrait, et de Richard Wilson dans le paysage, s'ajoute (dans l'ordre de la beauté) au rayonnement précédent; il resplendit, avec la supériorité de la couleur, des mêmes qualités dont témoignent, entre autres, les célèbres effigies de *Mrs. Graham* (fig. 34), de *Miss Boothby*, de *Master Buttel*, de *l'Évêque de Worcester*, de *l'Enfant bleu* (fig. 35). Gainsborough, plus qu'aucun de ses confrères du xviiie siècle, mérite d'être regardé comme le père de la peinture anglaise moderne. Il fut l'un des pionniers de l'impressionnisme et devança la gloire de Constable en produisant le premier paysage purement anglais.

Du maître, dans cette dernière expression : la *Charrette*, l'*Abreuvoir*, *Château dans un paysage*. Cependant, ici, à côté d'un Constable, d'un Turner, le génie de Gainsborough s'efface au second plan.

Et puis, George Romney (1734-1802), Henry Raeburn (1756-1823), John Opie (1761-1807), John Hoppner (1759-1810), complètent cette brillante énumération de portraitistes à qui la peinture d'histoire fut moins souriante.

De Romney : *Lady Hamilton* (fig. 36), *Mrs. Robinson*, l'*Amiral C. Hardy*, *Lord Derby et sa sœur*. De J. Opie : la *Femme en blanc* (fig. 39, au Louvre), le comédien *William Siddons*, *Charles Fox, chef des Whigs*. De J. Hoppner : *William Pitt*, la *Princesse Mary*, le *Prince de Galles*, *Sophia Western* (cul-de-lampe du chap. IV). De H. Raeburn : *John Rennie, Walter Scott, Francis Jeffrey, Campbell*, etc.

Après, comme portraitiste, William Beechey (1753-1839) marque la décadence (fig. 37). Cet élève de Reynolds n'est qu'un reflet du maître, et son talent fêté par la cour de George III (la reine Charlotte en fit son peintre ordinaire et le créa lord) semble avoir plutôt profité de la vogue du portrait auprès de la haute société anglaise à laquelle, après la mort de Gainsborough et de Reynolds, Hoppner, Raeburn et Lawrence, ce dernier arrivé au summum de sa réputation, ne pouvaient suffire.

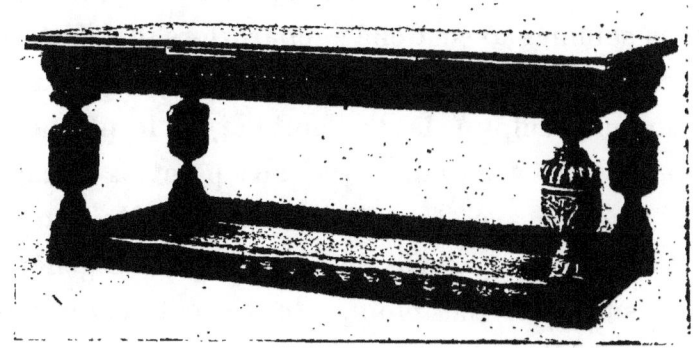

Fig. 61. — TABLE A RALLONGES, style Élisabeth.
(Collection Gill et Reigate, Londres.)

A leur suite donc, W. Beechey, naïf et vrai, d'un coloris agréable, manque un peu de souplesse, de solidité et de caractère; quant à John Jackson (1778-1831), autre portraitiste, il apparaît plutôt avoir été habile, malgré que Lawrence l'ait comparé à Van Dyck! On lui doit : *Lord Grey*, *Lady Mulgrave*, *Flaxman*, *Sir John Soane*, la comédienne *Miss Stephens*, son propre portrait, etc.

Nous soulignerons enfin, l'originalité éclatante de la facture, de la fraîcheur du ton, de la noblesse de l'attitude entre toutes reconnaissables chez ces grands maîtres anglais qui, quoi qu'on en ait dit, doivent moins aux peintres italiens qu'à Rembrandt et à Van Dyck, ces modèles hallucinants.

Certes, on pourrait reprocher à ces portraits leur caractère d'uniformité, leur beauté placide, et nous sommes avec René Ménard lorsqu'il observe que ces visages stéréotypés ne représentent « ni la grandeur sculpturale de l'antique, ni la physionomie vive et sémillante que nos peintres français ont traduite avec tant de charme... » Mais aussi, ces effigies que la passion n'anime pas, en général, n'en sont-elles pas moins, de ce fait, caractéristiques sur leur fond mouvementé, sorte de passe-partout de nature harmonisée à la figure humaine ? Combien à côté de ce genre, en lequel nos voisins d'Outre-Manche se sont surpassés, la peinture d'histoire d'un Benjamin West (1738-1820), d'un Henry Howard (1769-1847), apparaît terne ! Le sentiment de la grandeur manque ici ; ils n'en ont point hérité. Mais cela est préférable, on en conviendra, à la voie d'imitation et aux lieux communs, à cette ressemblance superficielle avec les maîtres illustres, prédécesseurs que les artistes italiens de la décadence moderne représentaient alors !

Le peintre anglais ramène chacune de ses œuvres à une anecdote, à une idée piquante ; il copie la nature mais, par tempérament, il ne l'exalte pas, à

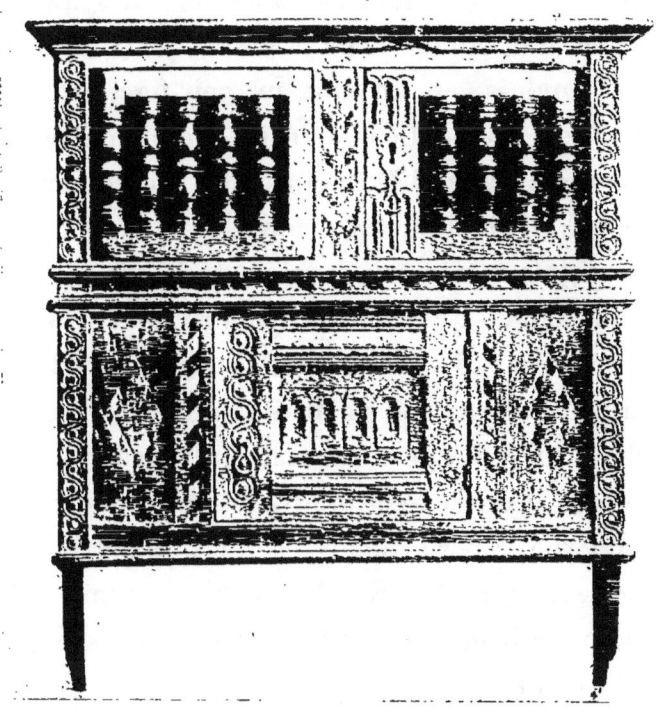

Fig. 62. — Buffet, style Élisabeth (1585).
(Collection Gill et Reigate, Londres.)

moins de s'appeler Constable ou Turner, des exceptions. En revanche, un Hogarth compte parmi les réformateurs de la peinture, et nous verrons encore après la révélation d'un Constable, un autre Anglais, Bonington, rangé aux côtés de Delacroix sur la barricade romantique, et puis Burne-Jones, porte-drapeau du « préraphaélisme » avec le célèbre critique d'art John Ruskin, dont les conceptions logiques servirent tant la cause de l'art appliqué moderne, dans tous les pays.

L'art anglais, en un mot, un peu figé, est national par cela même. Les portraits anglais ne pensent pas comme ceux d'Holbein, mais, avec ceux de Van Dyck, ils brillent extérieurement de tout l'éclat d'une palette rare au service de la fierté et de la grâce, tandis que les portraits robustes de Rembrandt vivent d'une flamme intérieure et plus humaine. Et tous ces portraits sont remarquables de diversité, d'une expression décorative, d'un sentiment, d'une exécution tour à tour admirables, suivant que l'on s'attache à l'une ou l'autre de ces qualités, faute de les trouver toujours réunies. Mais nous reviendrons avec Benjamin West à la peinture d'histoire.

On a prétendu que cet artiste « ne voyait rien par delà les règles de l'art et que, s'y conformant servilement, il ne pouvait errer... » De là, précisément l'erreur de ses grandiloquentes compositions auxquelles manque le souffle, et qui ressortissent aux arts étudiés en Europe mais qu'il s'assimila médiocrement et plutôt théoriquement. Très encensé à son époque, ami du roi George III et président de l'Académie, d'une fécondité extraordinaire, West n'a pourtant laissé que de rares œuvres à la postérité. On ne retient guère de lui qu'une : *Mort du général Wolff*.

John Martin (1789-1854), peintre d'histoire également, n'atteint encore à la grandeur que dans le sens de la dimension. Ses scènes colossales, d'une vision extravagante, du *Déluge*, du *Jugement dernier*, n'ont rien de michelangesque, point davantage que son *Festin de Balthazar* n'évoque les *Noces de Cana*. Peintre sans force, faible dessinateur mais très imaginatif, J. Martin a trouvé le meilleur de son succès dans la gravure où gagnent ses toiles, en réduction et en noir.

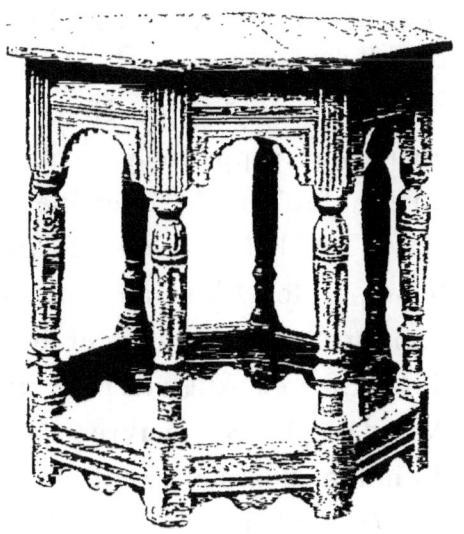

Fig. 63. — Petite table, style Élisabeth [vers 1670]. (Collection Liberty et Cie, Londres).

Sans grand élan non plus dans la pensée,

s'énoncent les Barker, les Brow, les Washington, Allston, les Mac-Lise...

Quant à William Blake (1757-1827) et à J. H. Füssli, (1742-1825) originaire de Zurich et nommé *Fuseli* par les Anglais, ils sont surtout des artistes curieusement cérébraux, théosophes et spirites en leurs sujets énigmatiques et confus.

La personnalité de Henri Howard, enfin, n'est guère plus frappante que celle de J. Martin, hantée qu'elle fut par la doctrine classique que Louis David prêchait alors, en France. H. Howard, soutenu par les Flaxman (dont nous parlerons à la sculpture), les Canova et les Winckelmann, rêva d'incarner en Angleterre le dictateur des arts sous Napoléon Ier. Ses œuvres, fâcheusement inspirées du noble exemple, firent long feu; les divinités et les héros à l'antique ne soutinrent point l'exsangue effort du peintre de *Pandore*, d'*Hébé*, de *Diane*, du *Soleil*, de la *Lune*, etc., dont le succès très vif à son heure, n'a guère persisté qu'en faveur de ses « vigoureuses *Batailles* ».

Avant de rejoindre la gloire picturale anglaise, nous soulignerons les méfaits de l'originalité faussée chez ces derniers artistes. Nouvel exemple d'idéal tronqué résultant d'une éducation esthétique improvisée.

Mais voici le retour à cette jalousie de la person-

nalité que nous avons notée initialement chez les
Anglais. Cela leur tient lieu d'école, répétons-le, et il

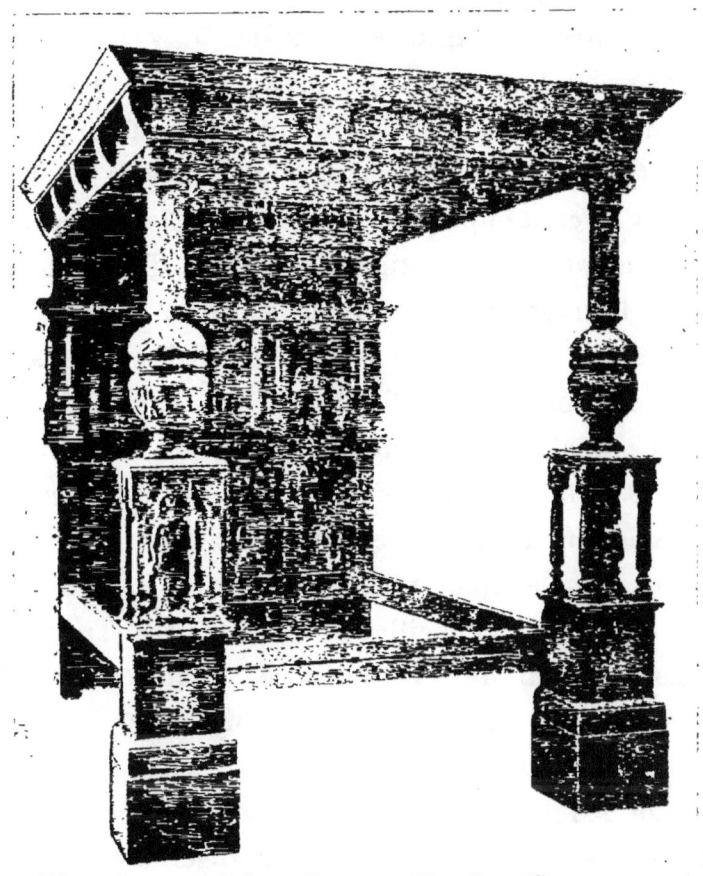

Fig. 64. — Bois de lit, style Élisabeth [vers 1590].
(Collection Gill et Reigate, Londres.)

ne faut point s'en plaindre lorsqu'il s'agit des Turner,
des Constable, ces admirables paysagistes originaux!

Les Anglais vantent surtout chez Joseph Turner (1775-1851) ce qu'ils appellent « la nature métaphysique, le mystère, la magnificence, le prestige » de ce peintre visionnaire dont les paysages, à la recherche d'un grandiose presque surnaturel, tendent à surprendre et à éblouir par leur fougueuse expansion. Chez Turner, effectivement, ce n'est point la contemplation calme d'un Claude Lorrain qui émeut, ni le sentiment poétique d'un Poussin, mais l'ivresse de la couleur et de la lumière. La puissance de Turner parfois désordonnée, sa recherche intense de l'éclat et des contrastes, sa préoccupation de l'effet à jet continu, tiennent du génie. Il faut méditer sur ses ciels incandescents ou nacrés, sur l'acier poli frappé par le soleil de ses mers, pour évaluer toute l'originalité hardie, toute l'imagination merveilleuse de ce maître. Turner ne ressemble ni aux Hollandais, ni aux Flamands, non plus qu'à Constable et à Bonington, sa fougue est personnelle.

Les Anglais venaient de découvrir dans l'aquarelle les vertus propres à rivaliser d'éclat et de vivacité de couleur avec la peinture à l'huile, et ce fut pour Turner l'occasion d'y révéler son habileté extraordinaire.

Les aquarelles du célèbre paysagiste égalent ainsi en nombre comme en qualité les toiles qu'on lui doit; ses dessins et ses gravures, au surplus, ajoutent à l'ensemble d'une beauté durable. Parmi

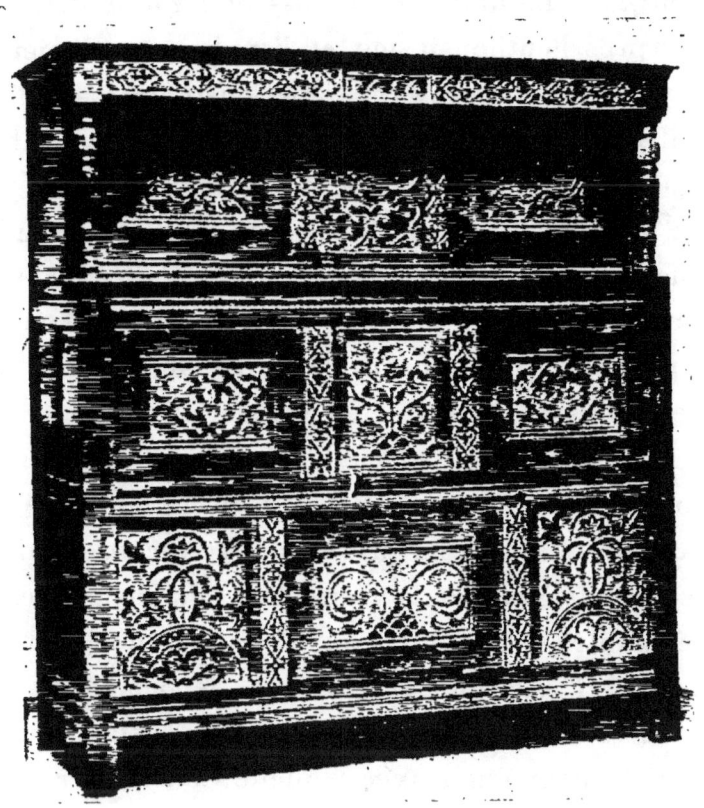

Fig. 65. — BUFFET, style « Jacobean » [1674].
(Collection Gill et Reigate, Londres.)

l'œuvre touffu de Turner, dont les marines (en-tête du chap. IV) l'emporteraient peut-être sur les paysages, citons : *les Abords de Venise; le Golfe des Baies; le Lac Averne; le Mont Saint-Michel;*

la Jetée de Calais ; l'Embouchure du Humber ; la Grotte de Fingal ; le Lac de Rotterdam ; l'Embouchure de la Seine ; Écluse et Moulin, etc.

Après l'enthousiasme et l'exubérance, voici le respect de la nature avec John Constable (1776-1837), autre paysagiste non moins célèbre. Constable, malgré qu'il ait longuement regardé Ruysdaël, mit en pratique la règle de Sterne « de ne prendre aucun souci des dogmes d'écoles et d'aller droit au cœur comme on peut... » ; et l'émancipation du « paysage » date en grande partie de l'apparition des toiles de Constable au Salon du Louvre.

Constable oppose aux rêves dorés de Turner, son amour, son observation sincère et vraie de la nature. Sans aller jusqu'à dire, avec un admirateur du temps, que la vérité des ciels nuageux chez ce peintre était telle « qu'il avait toujours envie, quand il regardait ses œuvres, de demander son pardessus et son parapluie », nous constaterons la géniale conviction avec laquelle Constable résista à la « manière » de l'époque, sans séduire par le « fini » ou par la recherche des effets surprenants, suivant en cela le serein exemple d'un Wilson.

Richard Wilson (1713-1783) qui devança chronologiquement l'idéal paysagiste de Constable avec un souvenir de Claude Lorrain, du Guaspre et des Italiens,

Comme Constable, cependant, Wilson doit davantage à la nature qu'à l'inspiration d'autrui. Joseph Vernet appréciait vivement l'art de l'auteur de *la Villa de Mécène* tandis que, théoricien sectaire, Joshua Reynolds traitait son compatriote avec animosité.

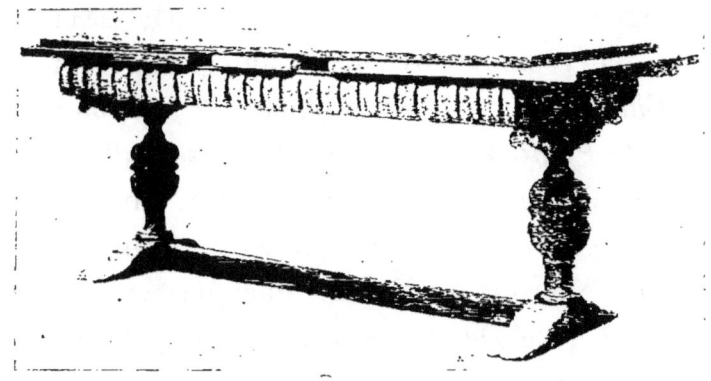

Fig. 66. — Table a rallonges, style « Jacobean » [1605] (Collection Gill et Reigate, Londres.)

D'ailleurs, R. Wilson partagea avec Constable la mésestime de ses concitoyens qui, au début de cette expression vraie, furent déconcertés. Cependant, si ce dernier maître dut attendre sa consécration en France avant de connaître la gloire chez lui, son infortuné confrère mourut méconnu.

Aujourd'hui, les compositions de R. Wilson sont fort recherchées pour leur charme, leur poésie et leur noblesse, traduits avec une chaleur et une vigueur caractéristiques.

Néanmoins, le nom de Constable domine celui de Wilson dans l'histoire de la peinture anglaise, d'autant qu'il a impressionné salutairement notre école française de paysagistes et contribué à son développement.

Constable, salué par les romantiques pour sa vision dégagée de l'oppression académique, a laissé un nombre relativement restreint de toiles, parmi lesquelles : *le Champ de blé ; la Cathédrale de Salisbury* (fig. 41); *le Printemps; l'Écluse; le Château d'Arundel; le Cottage; Ferme dans une vallée;* sans compter des vues de moulins, de rivières, de prairies, etc.

Nous citerons de Wilson quelques vues du *Pô*, de *Rome*, de *Dee ; le Matin, la Villa de Mécène; Campagne anglaise.*

Paul Sandby (1725-1809) paysagiste également, mais d'une moindre valeur, a néanmoins marqué aussi son époque, sinon par son talent, du moins en fondant l'École des aquarellistes anglais, cette École que Turner, après lui, devait réaliser avec Girtin sous le nom de *Society of painters in water colours*. George III protégea cet art limpide et charmant particulièrement illustré par les artistes anglais. On cite encore, de Sandby, des « vues » gravées avec mérite.

Les noms de John Crome (1765-1821) et d'Augustus Wall Callcot (1779-1844), ensuite, ne contribuèrent pas moins à la grandeur du paysage en Angleterre; mais, avec Richard Parkes Bonington (1801-1828), l'intérêt s'accentue.

Passons rapidement sur le talent consciencieux de Crome, où se retrouve l'inspiration hollandaise avec, cependant, un sentiment de vérité et une

Fig. 67. — TABLE, style Jacobean [1620].
(Collection Gill et Reigate, Londres.)

poésie qui valent une originalité. De cet artiste, fort apprécié par les Français lors de l'Exposition internationale de 1862 : une *Abbaye*, *Chemin nuageux*, *Clair de lune*, *Bouquet d'arbres*... Point de titres ronflants, des études simplement et des mieux venues.

La personnalité de Callcot est plus piquante. On qualifia cet élève de John Hoppner, de *Claude*

Lorrain anglais (d'aucuns décernent ce titre à Turner, et Callcot ne serait qu'un « second Claude anglais »). Pourtant il n'apparaît pas que ces épithètes s'adaptent sans flatterie au peintre de *la Tamise chargée de navires*, toile considérée comme son chef-d'œuvre. Mais Callcot fut académicien, obtint le titre de chevalier et occupa les fonctions de conservateur des collections royales. Parmi les meilleures pages de ce probe artiste, on cite encore : des vues de *Gand* et de l'*Escaut, près d'Anvers* ; *Côte italienne*, le *Golfe de Salerne*, l'*Embouchure de la Tyne*.

Nous en arrivons à Bonington (1801-1828). E. Delacroix a dit de ce peintre, mort à l'âge de 27 ans : « ... A mon avis, on peut trouver, dans d'autres artistes modernes, des qualités de force ou d'exactitude dans le rendu, supérieures à celles des tableaux de Bonington, mais personne, dans cette école moderne, et peut-être avant lui, n'a possédé cette légèreté dans l'exécution qui, particulièrement dans l'aquarelle, fait de ses ouvrages des espèces de diamants dont l'œil est flatté et ravi, indépendamment de tout sujet et de toute imitation. » Au surplus, on a appelé justement Bonington « l'Alfred de Musset de la peinture » ; ainsi, de l'ensemble de ces éloges adressés à un émule de Géricault pour l'égale foi romantique, se dégage la personnalité que nous étudions. Comme Géricault, emporté dans la fleur de l'âge, Bonington a combattu l'esprit antique que Delacroix devait mettre à mort. Il aida, en un mot, au renouvellement de l'art en France, de la France qu'il habita dès sa seizième année et où il fit ses études de peintre.

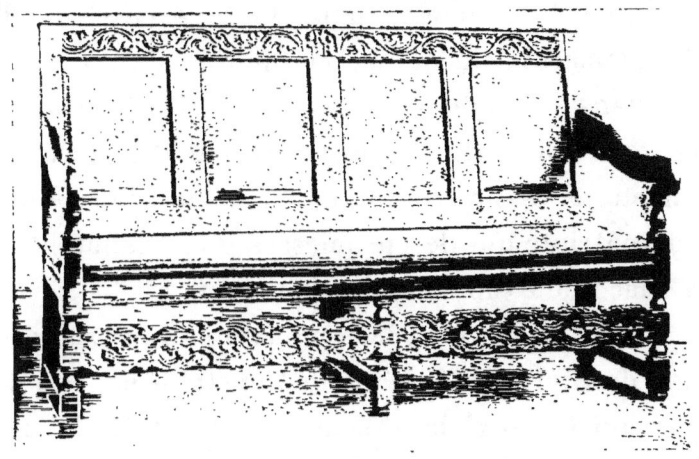

Fig. 68. — Banc, style Jacobean [1645].
(Collection Gill et Reigate, Londres.)

Par la finesse et la distinction du goût, Bonington s'apparente néanmoins à ses compatriotes Gainsborough et Lawrence. Les petites scènes de fantaisie qui lui sont dues, témoignent d'une délicatesse et d'une fraîcheur saisissantes ; la moindre impression de nature suffit pour inspirer un tableau à cet artiste ému.

On admire au Louvre, de Bonington, une charmante composition représentant *François I*er* avec

Charles-Quint et la duchesse d'Étampes (fig. 42). Parmi ses autres œuvres, tant peintures qu'aquarelles, une *Marine*; un *Grand canal de Venise*; des vues de *Lisbonne* et du *Havre*; un *Henri III, roi de France*; un *Henri IV et l'ambassadeur d'Angleterre*, accentuent nos regrets d'une fin prématurée.

Entre la louange, sans doute excessive, d'un E. Delacroix disant à Bonington : « ... Vous êtes roi dans votre domaine, et Raphaël n'eût pas fait ce que vous faites, » et la sévérité d'un Lawrence affectant de ne voir dans la jeune gloire de son compatriote que les promesses d'un débutant, il y a place pour une large admiration.

Avant d'aborder l'école nouvelle, nous saluerons une dernière fois le génie de Constable et des autres paysagistes anglais précurseurs auxquels les Jules Dupré, les Théodore Rousseau, les Troyon, les Paul Huet, emboîtèrent le pas en France. Toutefois, ces derniers résistèrent à l'exemple de Turner dont les artifices, au contraire, furent poursuivis avec préférence par ses compatriotes. D'où dériva une manière crue, un système d'irréalité dépouillé de la flamme initiatrice, malgré la valeur, incontestable encore, des Dawson, des Walker, des Henri Jutsum, des Danby.

Après ce remarquable essor de la peinture anglaise où s'avère l'absence presque de la peinture d'histoire, nous avons dit pourquoi, nous verrons pulluler le tableau de genre dans un sentiment à peu près uniforme. Ce goût pour l'uniformité répond à la faveur publique et il ne sera relevé que par la maîtrise de l'aquarelle, en quoi les Prout, les Tayler, les Colle, les Hunt, les Cox, les Girtin, les Fielding, les Lewis, parmi tant d'autres, se sont brillamment spécialisés au XIXe siècle, et où ils demeurent encore inimitables.

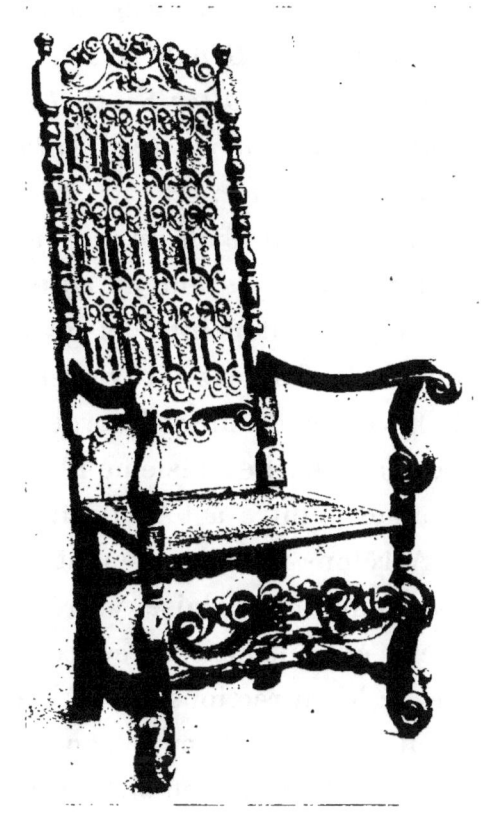

Fig. 69. — Fauteuil canné, style Jacobean.
(Collection Gill et Reigate, Londres.)

Cependant, entre l'époque actuelle et la glorieuse épopée des portraitistes et des paysagistes de l'école ancienne, l'école dite nouvelle nous apportera d'autres joies d'art. Mais auparavant, nous rendrons justice au talent de sir Edwin Henry Landseer (1802-1873) qui fut surtout un excellent animalier. De Landseer, que nous retrouverons à la gravure : le *Départ des bestiaux*, le *Retour de la Chasse*, *Sir Walter Scott et ses chiens*, la *Loutre*, *Chiens au coin du feu*, *Animaux à la forge*, la *Jument domptée*, etc.

Edwin était le fils du graveur John Landseer dont le frère Henry s'adonna au paysage et dont la fille fut également peintre et graveur, tandis que son autre fils, Thomas, grava seulement. D'autre part, le fils de ce dernier, George, se fit un nom comme portraitiste. Le troisième fils de John, enfin, figura comme peintre à l'Académie.

Arrêtons-nous maintenant, à l'école dite nouvelle. La peinture anglaise va réagir contre l'affadissement et l'inconsistance. Le manque de style lui pèse ; les directions, aussi bien sentimentales que réelles, se dérobent à son idéal. C'est ici qu'elle s'aperçoit de la nécessité des traditions, sinon pour progresser, du moins pour se renouveler.

Ford Madox Brown (1821-1892) vient alors. Il s'efforcera de lutter contre l'impersonnalité, contre ce manque d'inspiration à quoi sourit un académisme de circonstances. Il imposera la recherche du caractère, la vérité au service d'une pensée. C'est là le début du *préraphaélisme* ou doctrine du *primitivisme* dont le peintre-poète Dante-Gabriel Rossetti devait devenir le chef. F. M. Brown, consi-

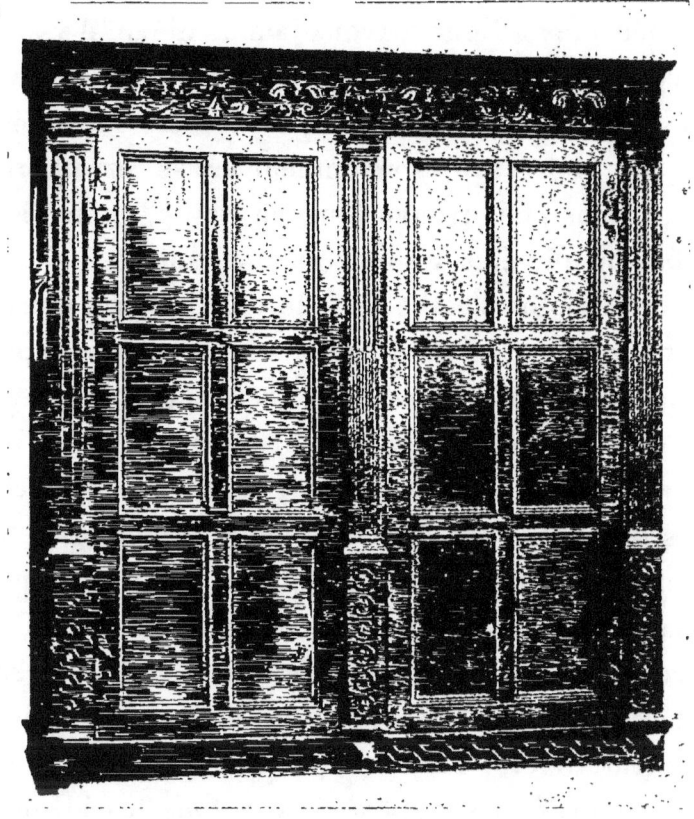

Fig. 70. — Armoire, style Jacobean [1625].
(Collection Gill et Reigate, Londres.)

déré comme le premier rénovateur de l'école anglaise, inaugura la nouvelle tendance avec son *Guillaume le Conquérant* (1844), et il affirma ensuite sa manière avec *Cordelia et Lear*, la *Mort de Tristan*, l'*Adieu à l'Angleterre*, une *Mise au tombeau*, etc.

Hunt a défini ainsi le point de départ du préraphaélisme : « Nous n'avons jamais nié qu'il y ait eu beaucoup d'art élevé et sain depuis Raphaël, mais il nous semblait que les successeurs de Raphaël avaient laissé trop souvent leur art se corrompre et que nous ne trouverions la santé, la méthode absolue que dans les œuvres anciennes. »

Or, l'histoire esthétique de tous les pays nous est témoin de ce recul singulier en faveur des expressions sinon primitives du moins antérieures, comme le classicisme, lorsque les arts périclitent ou bien lorsque la mode ordonne, par caprice. Les Grecs et les Romains, au gré des goûts différents, font volontiers office de croquemitaine. C'est, en France, David contre Boucher, Ingres contre David, Delacroix contre Ingres, les impressionnistes contre les classiques. Et, si l'art profite de ces mouvements d'idéal divers, l'historien n'enregistre guère que des expressions opposées, car tous les idéals se valent.

Voici pourquoi le *préraphaélisme* qui ne marque point un progrès en retournant aux prédécesseurs de Raphaël, n'offre guère qu'un intérêt de curiosité et de beauté rénovée à laquelle nous applaudirons d'ailleurs, alors que tant d'autres en ont ri.

Car, lorsque Rossetti, élève de F. M. Brown,

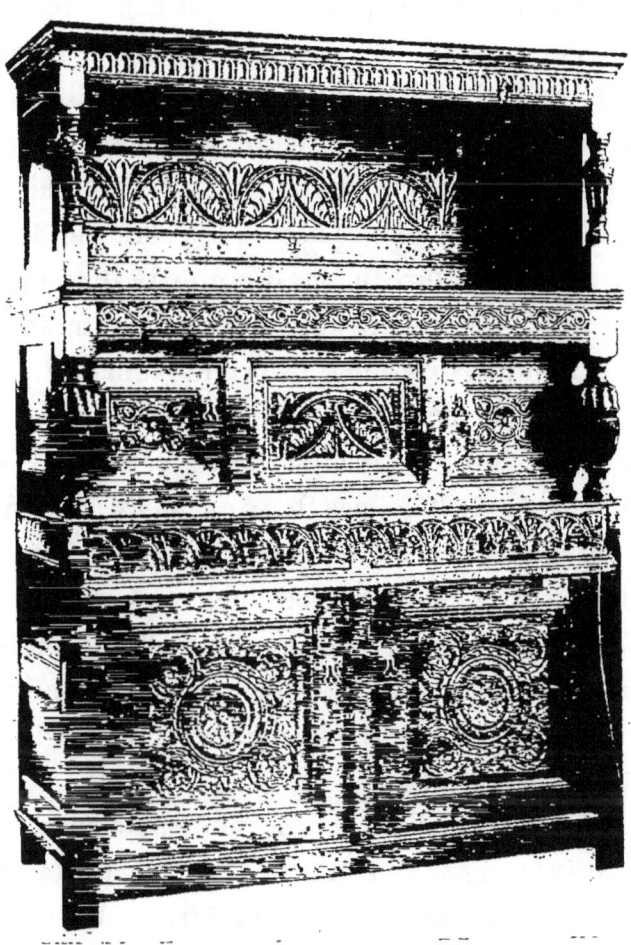

Fig. 71. — BUFFET, style Jacobean (1620).
(Collection Gill et Reigate, Londres.)

résolut, sous l'empire de l'enseignement religieux

et littéraire de l'Université d'Oxford, d'extérioriser des figures vraies dans un rêve expressif où communiaient une idée philosophique et une conception de formes et d'idée puritaines pour réaliser une sorte de foi esthétique, il fut accueilli par des sarcasmes. Mais John Ruskin, le célèbre critique du dix-neuvième siècle, veillait, et c'est lui qui, ramenant à la formule précise « de restaurer le sentiment de la nature et la dignité de la pensée en peinture » les aspirations par trop complexes du début, leur assura une base solide affirmée par des œuvres réellement méritoires.

Autour de F. M. Brown, de Rossetti, de William Hunt et de Millais, ces deux derniers chefs de file joints aux précédents, on remarque parmi les adeptes de la nouvelle religion romantico-idéale : Watts, Leighton, Herkomer et enfin Orchardson, Alma-Tadema et Burne-Jones, le plus grand représentant de ce mysticisme pictural excessivement entaché de littérature.

Tandis que Millais, après une délicieuse *Veillée de sainte Agnès*, retourne aux portraits et aux paysages qui ont fait sa réputation, Burne-Jones trouve la sienne dans sa fidélité au préraphaélisme.

Avant de revenir à ces deux maîtres et de parler d'Alma-Tadema, dont l'œuvre n'est pas moins attachant, nous noterons les mérites de William Holman Hunt (1830-1896). On lui doit : *l'Ombre de la Mort, le Triomphe des Innocents, Notre-Dame, le Bouc émissaire, Llyn-Sdwal* (dont Ruskin célébra la beauté en harmonie avec la doctrine dont il était le champion), etc. Dans les dernières années de sa vie, cet interprète distingué de l'art

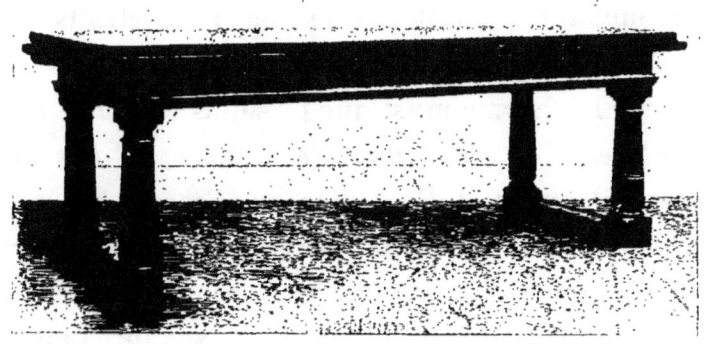

Fig. 72. — TABLE (de réfectoire) A RALLONGES, époque de Cromwel [vers 1655]. (Collection Gill et Reigate Londres.)

chrétien se consacra particulièrement à l'aquarelle où il donna des paysages remarquables.

Quant à D.-G. Rossetti (1828-1882) il a signé notamment : *Beata Beatrix*; *la Charmille bleue*, *le Rêve de Dante*, *la Ghirlandata*, indépendamment d'une quantité d'ouvrages de littérature et de poésie qui ajoutent à sa réputation.

Avec George-Frédéric Watts (1818-1904) l'intérêt ne fléchit pas. Le dessin, chez ce peintre renommé, est savant et d'une certaine puissance, peut-être un peu maniéré au service d'une couleur plutôt froide, mais d'une grande délicatesse. Malgré la valeur des colossales compositions dont il orna la galerie du nouveau palais du Parlement, et celles plus importantes encore qu'il exécuta pour l'Ecole de Droit de Lincoln'Inn, Watts, qui fut aussi sculpteur, se recommande plutôt par ses beaux portraits (celui de *Tennyson* est considéré comme son chef-d'œuvre) et par le charme mystique de sujets comme : *Paolo Malatesta et Françoise de Rimini; la Fée Morgane, Orphée et Eurydice,* un *Essaim d'Amours s'envolant dans le ciel.* Frédéric Leighton (1830-1896) vient dignement s'ajouter aux précédentes notabilités. Peintre et sculpteur, savant, Leighton surtout dilettante, apparaît à son heure comme le représentant officiel de l'art classique anglais. Il ne versa dans le préraphaélisme qu'en dilettante encore, avec : *l'Esprit des sommets, Vierges sages et Vierges folles, Prophète dans le désert, les Daphnéphores, le Retour de Perséphone*; tandis qu'Hubert Herkomer (1849-?), d'origine allemande, notamment avec ses remarquables portraits traités au lendemain de la réforme préraphaélite dans la facture serrée, sobre et scrupuleuse, à la mode, affirme de strictes qualités professionnelles. Témoin : *la Dame en noir, Miss Catherine Grant* (la

Dame en blanc). Aussi bien, le même goût pour l'expression des visages, impressionne dans la *Dernière assemblée* par exemple, qui représente les invalides de Chelsea. La palette d'Herkomer au surplus, est claire et harmonieuse.

William Orchardson (1835-?), auteur délicat de *Ronde de jeunes filles*, d'*Hamlet et Ophélie*, précède enfin élogieusement, dans notre rapide vision des préraphaélites, Alma-Tadema.

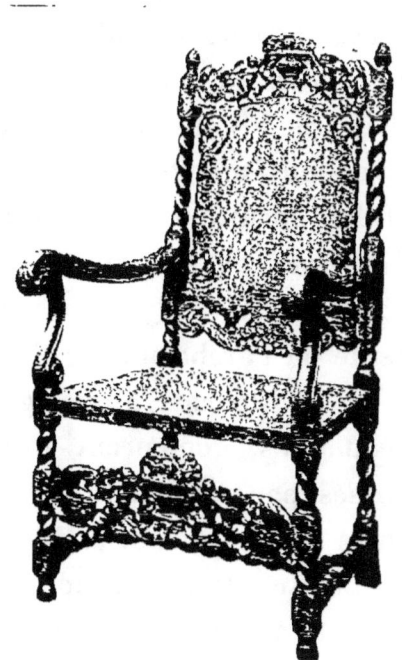

Fig. 73. — Fauteuil canné.
Époque « Carolean » [Charles II, 1660-1685].
(Collection Liberty et Cⁱᵉ, Londres.)

Laurens Alma-Tadema (1836-?), d'origine hollandaise, excelle dans les sujets empruntés à l'histoire et à l'antiquité. Il compose avec soin, goût et richesse et dessine scrupuleusement. L'érudition, au surplus, déborde dans ses scènes un peu froides mais d'une brillante coloration. D'Alma - Tadema : l'*Audience chez Agrippa*, un *Bain romain*, la *Visite d'Adrien chez le potier*, la *Danse pyrrhique*, les *Roses d'Héliogabale*, etc.

Les noms de sir John Everett Millais (1829-1896) et d'Édouard Burne-Jones (1833-1898) closent le chapitre des disciples de Rossetti et de Ruskin. Avec son *Isabella*, inspirée d'une scène de Keats, Millais brusqua les traditions académiques, et l'*Enfance du Christ, Mariana, Ophélia, Ferdinand et Ariel*, poursuivirent l'expression dissidente où l'archaïsme se devait de s'allier au réel. Œuvres délicates, étranges ou profondes qui, néanmoins, demeurent inférieures aux portraits laissés par cet artiste distingué, celui de Ruskin, entre autres, remarquable. Arrêtons-nous, enfin, au peintre de la légende, à Burne-Jones. Burne-Jones n'a point demandé son inspiration au doux moine de Fiesole. Son regard voilé de mysticisme et de religiosité rétroactifs, s'est tourné vers Botticelli qui illumina son âme sentimentale. L'auteur délicat des *Sept journées de la Création* semble presque avoir reçu de Sandro le secret de sa ligne suave et étirée, du style de ses draperies, de toute cette préciosité caractéristique qui, à sa suite, est devenue bien anglaise. De Burne-Jones : les *Quatre-Saisons, le Miroir de Vénus, l'Amour et Psyché* l'*Étoile de Bethléem* (fig. 43), le *Chant d'amour* entre autres images teintées d'un symbolisme sacré jusque même dans des sujets extra-religieux et volontiers choisis en dehors de l'ultramontanisme, suivant le goût général de l'école préra-

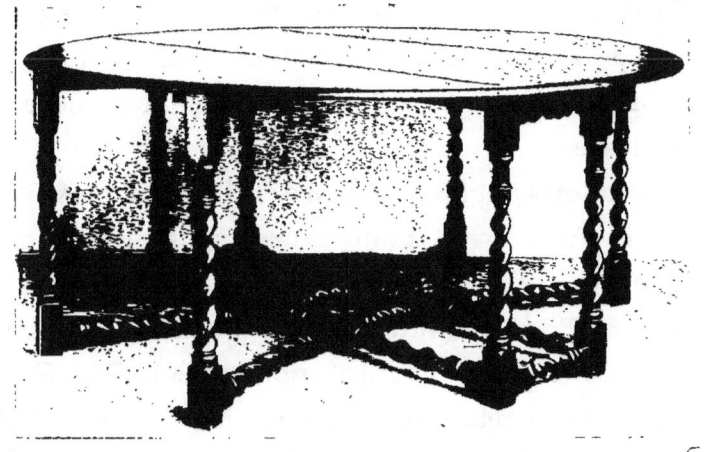

Fig. 74. — TABLE RONDE. Époque « Carolean » [Charles II, vers 1666]. (Collection Liberty et Cⁱᵉ, Londres.)

phaélite. Après cette rapide présentation de ses adeptes les plus connus, nous quitterons la palette préraphaélite. Aujourd'hui, le goût a évolué, et nous ne dépasserons pas la limite que nous nous imposâmes, en traitant de l'époque présente quelque irrésistible que soit l'attraction de la personnalité d'un Frank Brangwyn, entre autres.

Au résumé, malgré le vif intérêt de l'école anglaise nouvelle, où l'on remarquera la « vertueuse » répudiation du nu, c'est (non moins restrictive à cet égard) l'école ancienne qui l'emporte par des qualités d'originalité et d'illusionnisme caractéristiques. La tenue superbe des portraitistes de la grande époque anglaise n'a été égalée que par un Van Dyck, sans doute avec des qualités parfois superficielles de facture, avec une monotonie des moyens qu'ignora le peintre flamand, mais dans une égale noblesse.

Le coloris anglais, d'ambre et d'argent, de velours aussi, au service d'une grâce et d'un sentiment décoratif si délectables, sur des fonds de paysage typiques, a produit une impression mondiale, répétons-le. En France, notamment, M. Ferdinand Humbert et ses élèves, M. Jacques-Émile Blanche, entre autres, méditèrent longuement et avec profit sur les Reynolds, Gainsborough et Lawrence.

Et nos aquarellistes ne doivent pas moins à l'exemple britannique.

Avant de souligner la valeur des graveurs anglais dont le mode d'interprétation répondait tellement à la placidité de leur caractère et dans la pratique de laquelle ils nous précédèrent, nous parlerons des illustrateurs.

Les illustrateurs anglais, moins nombreux qu'en France, méritent d'être comparés aux nôtres. Les

Sydney-Hall, les Gregory, les Caton-Woodville n'ont peut-être point notre légèreté spirituelle ni notre fantaisie, mais leur science, un peu froide, serait parfois supérieure. Cependant, en les Walter Crane et les Caldecott, dans l'humour associé à

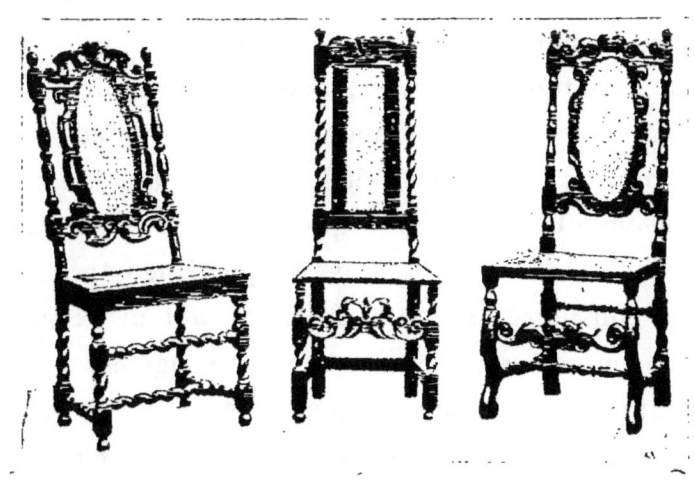

Fig. 75. — CHAISES CANNÉES, époque « Carolean » [Charles II, 1665]. (Collection Gill et Reigate, Londres.)

la qualité du dessin, nous trouverons souvent nos maîtres.

On doit à Walter Crane (1845- ?) des illustrations de livres d'enfants d'une ingéniosité délicieuse, et Randolph Caldecott (1846-1886) brilla dans le même genre, avec non moins de talent. Le célèbre journal amusant anglais « Punch » a recueilli le meilleur, peut-être, de la verve joyeuse et vigoureuse de ce maître. Tandis que les belles images de W. Crane évoquent un moyen âge décorativement anglicisé, celles de R. Caldecott renouvellent, non moins à « l'anglaise », l'esthétique japonaise.

Mais si nous touchons au dessin gai ou satirique, il nous faut remonter à l'ancêtre, à Hogarth dont nous parlâmes précédemment. Hogarth, moralisateur, châtieur de vices, mania le crayon (et le burin) avec une éloquence mieux adaptée à son abondance. Il a tout flétri, habilement, consciencieusement ; tantôt avec gravité, tantôt caricaturalement. On a écrit justement que Hogarth devait être considéré davantage comme auteur comique que comme peintre, et nous nous rangeons à cette opinion, encore que Hogarth fasse *penser*, éloge certainement supérieur à celui que l'on décerne à un peintre dont les figures semblent *respirer*.

A côté d'un Hogarth, des caricaturistes comme Rowlandson et Gillray apparaissent bien pâles, parce qu'il leur manqua la profondeur de l'observation.

Thomas Rowlandson (1756-1827), malgré le tour poétique de son imagination et l'intérêt surtout de ses études de mœurs, malgré qu'il déborde d'adresse, d'imagination et de causticité, non plus que James Gillray (1757-1815), son rival inférieur, n'atteint à la visée comique mais pénétrante d'un Hogarth.

Gillray, dont les spirituelles attaques contre Napoléon Ier égalent celles de Rowlandson, Gillray, dont le crayon tourna en ridicule George III et sa cour. Rowlandson et Gillray, au résumé, polémistes acerbes dont la valeur incontestable s'amoindrit cependant, lorsqu'on la juxtapose au modèle du genre.

Après John Leech (1817-1864) qui donna des dessins extrêmement remarquables au « Punch », le nom de George Cruikshank (1792-1878) doit être aussi évoqué

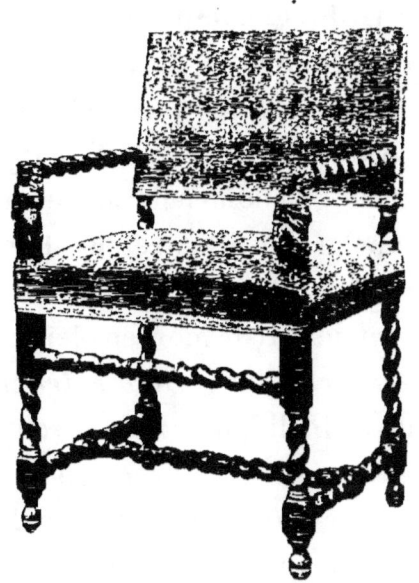

Fig. 76. — FAUTEUIL, époque « Carolean » [Charles II, 1660-1685].
(Collection Liberty et Cie. Londres.)

ici en matière de caricature. S'il n'est point supérieur à Rowlandson, cet artiste se montre particulièrement anglais, tant il sut, d'accord avec sa philosophie satirique, pratiquer la morale utilitaire. Les ouvrages de Dickens, ceux d'Ainsworth, ont été illustrés avec esprit et finesse par

Cruikshank dont les livres pour enfants sont encore à citer.

Pourtant, dans ce dernier genre, Kate Greenaway (1846-1901) excella particulièrement. La grâce naïve de ses compositions inspira notamment Louis-Maurice Boutet de Monvel, le délicat dessinateur français des *Chansons et rondes*.

Aubry Beardsley (1874-1898) termine en beauté cette digne nomenclature des maîtres du rire d'Outre-Manche. Les illustrateurs humoristes modernes doivent beaucoup à la révélation du graphique spécial à ce jeune artiste mort en pleine vogue et dont les *Wagnériens* et *Lady Gold entrant à Drury-Lane*, entre autres brillantes séries, firent le tour du monde.

Nous ne prendrons pas congé du genre gai sans indiquer que les Anglais et les Hollandais nous devancèrent dans cette expression, et nous ferons remarquer au surplus, que si Carle Vernet dessina des *charges* inoubliables sur les Anglais, l'art comique de ces derniers influa singulièrement sur sa propre personnalité. Ce sont les pareilles promenades en cabriolet, la répétition à satiété de cet idéal de cheval étique, noueux, efflanqué, attelé au même « cab » chaviré en arrière ; les semblables effets comiques.

Si nous n'avons point à nous étonner d'avoir été précédés dans le rire par les Hollandais et les Fla-

mands, tant leur école de petits maîtres pétille de
malice, nous manifesterons quelque surprise d'avoir

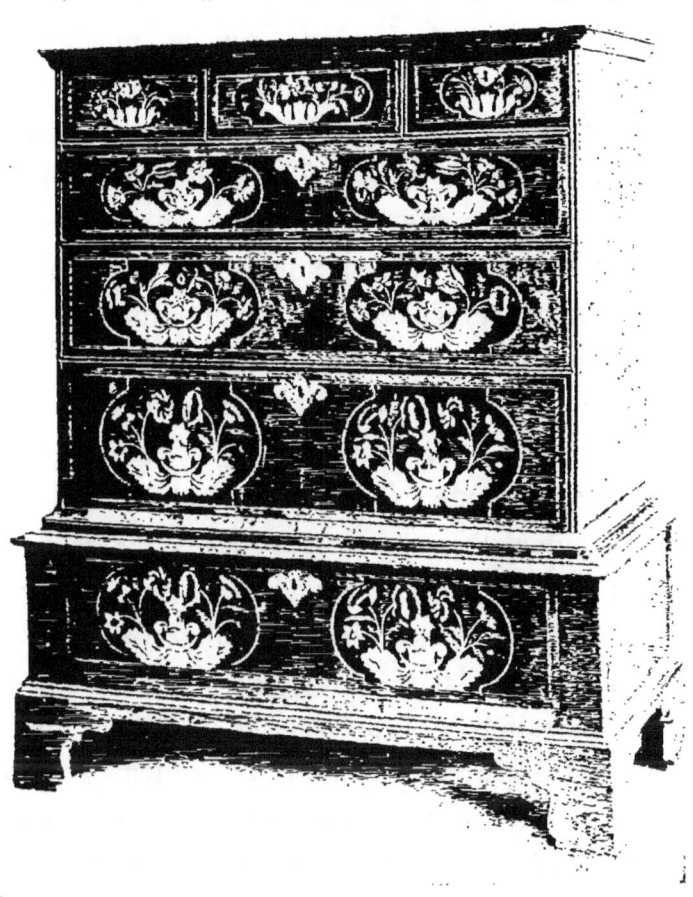

Fig. 77. — Bahut, style Queen-Anne (1700).
(Collection Gill et Reigate, Londres.)

été devancés dans le comique par les Anglais, à
qui nous sommes redevables pourtant de la créa-

tion typique du « clown ». Le clown, pitre inimitable, de spécialité anglaise, a-t-on excellemment dit, « parce qu'il personnifie ce penchant extraordinaire pour l'excentricité, qui est un des symptômes de la mélancolie anglo-saxonne ».

Ainsi le peuple « le plus spirituel de la terre » doit-il s'incliner devant l'exemple précurseur de John Bull, au pays du *spleen* !

Et le mode caricatural anglais (de même que celui de la peinture) s'avère aussi personnel par la qualité même de son ironie et de son humour.

Dickens résume parfaitement cette verve à froid particulière à ses compatriotes, et tandis que nous écrivons, l'image de l'ancienne hôtellerie anglaise, si caractéristique avec ses petits carreaux aux fenêtres et sa vaste enseigne en fer forgé, offre à nos yeux le cadre d'une véritable aquarelle en action de M. Cecil Aldin ! (Cul-de-lampe du chapitre premier.)

Un cavalier bouffi, obèse, le chef paré d'une perruque très blanche, pour le contraste amusant d'une figure très rouge, un cor de chasse en sautoir, arrive précédé de chiens aboyants. Une nombreuse domesticité vêtue d'écarlate l'accueille obséquieusement. Habits trop longs, trop galonnés, bas blancs, souliers à boucles. La monture, superbe, est frémissante ; le cavalier, très chic.... Notre rêve s'évanouit.

Parmi [les] dessinateurs anglais modernes, auxquels nous ne ferons allusion qu'en passant, il faut mettre hors de pair M. Arthur Rackham. M. A. Rackham est un fantaisiste de génie, très fêté d'ailleurs aujourd'hui dans l'illustration du Livre français. Ses dessins à la plume, extrêmement habiles, sont à la hauteur de la composition, d'une rareté d'expression, d'une imagination riche et imprévue dans un tour ornemental hallucinant.

Le sens du comique, chez M. A. Rackham, réside en la vérité physionomique, en la forme rigoureusement dessinée, altérée seulement en vue du grotesque. Ce grand artiste réalise aussi facilement le cauchemar que le rêve; c'est dire qu'il est aussi aisément gracieux que hideux. Et, en tant qu'inspi-

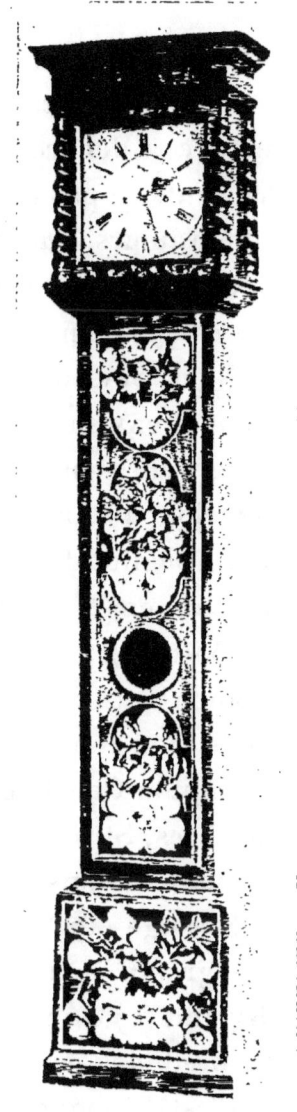

Fig. 78. — Horloge à gaine, style Queen-Anne.
(Collection Gill et Reigate, Londres.)

ration, enfin, il ne parle que sa langue natale.

Mais les dessinateurs anglais nous obligent encore à déborder notre cadre. Comment, effectivement, ne pas reconnaître le vigoureux talent des illustrateurs d'*actualités* qui, dans leurs journaux spéciaux et durant la guerre de 1914, retracèrent les étapes de notre commune victoire ?

Nous reviendrons ensuite strictement à notre plan et envisagerons maintenant, d'un coup d'œil, la gravure en Angleterre. L'art de la gravure se développa tardivement en Angleterre, et elle y jouit bientôt d'une grande faveur. Ses précurseurs furent des étrangers et notamment Nicolas Dorigny (1657-1746), notre compatriote, que le roi Charles II manda à la cour d'Angleterre pour reproduire la collection tout entière des cartons de Raphaël à Hampton-Court. Entre temps, des artistes anglais célèbres, Strange et Ryland, notamment, se perfectionnaient dans le genre.

Strange (1723-1795), élève de Lebas, a reproduit un grand nombre d'artistes italiens, tandis que Ryland (1732-1783) se montra surtout un habile interprète des œuvres de Boucher.

C'est l'époque (dix-huitième siècle) où le prince Rupert importait chez nos voisins la gravure à la *manière noire* dont la découverte est due à Ludwig von Siegen, en 1642, tandis que la gravure *au pointillé*, presque au même moment, pénétrait en

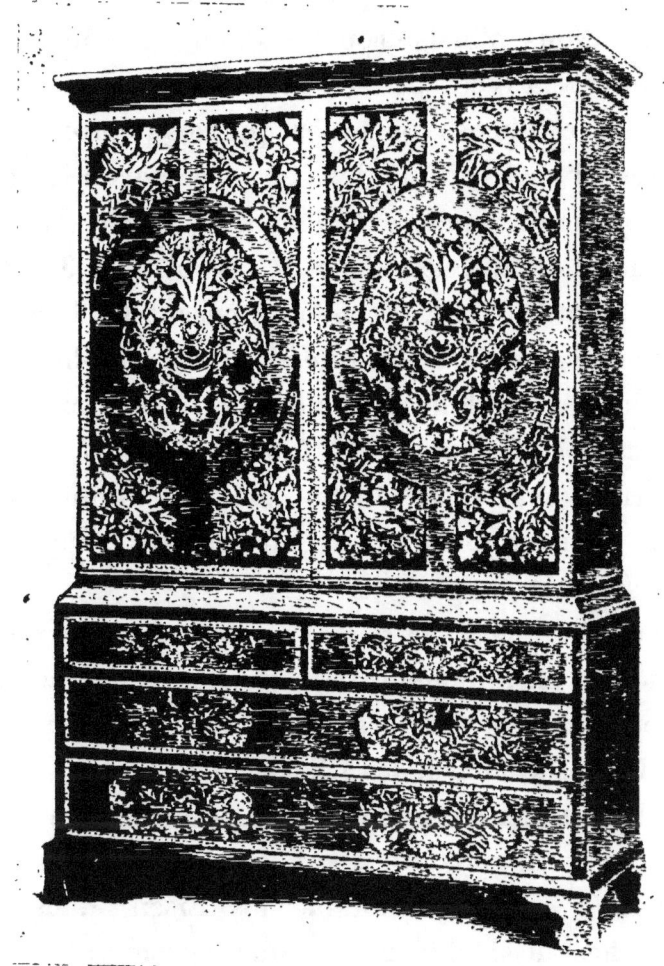

Fig. 79. — Armoire-commode, style Queen-Anne (1700).
(Collection Gill et Reigate, Londres.)

Angleterre, grâce au burin du Florentin Bartolozzi.

Et ce furent ces deux derniers modes d'expression qui séduisirent particulièrement le goût anglais. Nous n'insisterons pas sur la valeur des planches gravées par Hogarth, comparables à ses dessins et plus savoureuses que ses peintures, et, après Vivarès (né à Lodève en 1709, mort à Londres en 1782) qui rendit excellemment les paysages de Claude Lorrain, les noms de Woollet (1735-1783), de Shenton, Hall, Vernon, accusent brillamment l'épopée de l'art en question, au dix-huitième siècle. Art dont le rayonnement se poursuit avec Raimbach, Cousins, W. Linton, Ingram, Ward, E. H. Landseer et surtout son père John, parmi tant d'autres burins qui atteignirent souvent à des sommets inégalables.

Les Reynolds, les Gainsborough, les Lawrence, ont été parfaitement traduits par leurs compatriotes, « à la manière noire » où les Grun, les Ardel, les Richard, les Richard Earlem, se surpassèrent. Dans « l'aquatinte », d'autre part, les graveurs anglais s'égalent à nos Debucourt et Jazet, à nos Gravelot, à nos Eisen, dans des planches aussi vigoureuses que charmantes, aussi habiles que précieuses.

Moins sûrs dessinateurs peut-être, que les graveurs français, les graveurs anglais sont souvent aussi brillants coloristes, et leur sens du pittoresque est très particulier. Parfois, malheureusement, en raison d'une intervention fréquente des procédés mécaniques, leur exécution trop attardée au détail, apparaît monotone malgré une maîtrise généreusement déployée.

Quant à la gravure sur bois, surtout depuis les travaux de Th. Bewick, à la fin du dix-huitième siècle, elle a atteint pour ainsi dire à la perfection.

La gravure anglaise a reproduit à profusion

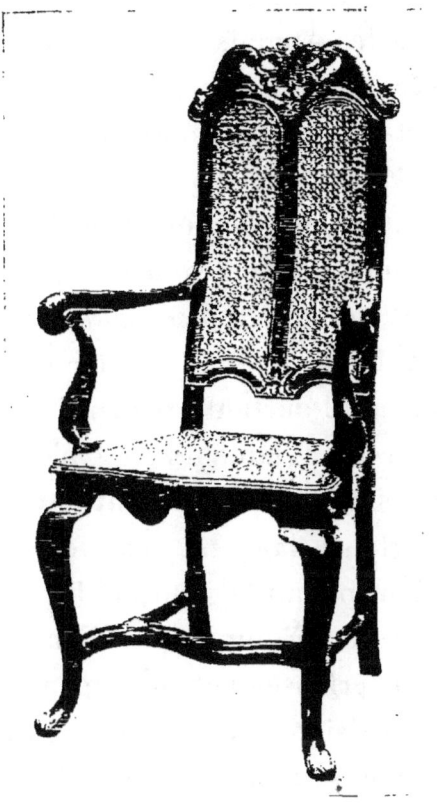

Fig. 80. — FAUTEUIL CANNÉ,
style Queen-Anne, vers 1700.
(Collection Gill et Reigate, Londres.)

ces courses de chevaux dont le public britannique est si friand. Ces *steeple-chases*, ces *jockeys*, ces pur sang; tout ce monde de *gentlemen-rider* et de *lads* groupés autour des paris, du sport, de l'entraînement et du chic, sous couleur d'améliorer « la plus noble conquête de l'homme ».

On a prétendu, avec un certain fond de vérité, que les Anglais avaient rencontré leur meilleur succès, — sauf remarquables exceptions, — dans les arts de moindre envolée.

Et de fait, en peinture, c'est l'aquarelle et la miniature qui dominent et l'anecdote ou le portrait, tandis qu'en gravure c'est la manière noire, la taille-douce, le *keepsake*, en sculpture, le portrait en buste et, en architecture, la maison de campagne. Pourtant, existerait-il donc des arts secondaires ou mineurs ? Et n'est-il pas plus exact de constater généralement la supériorité artistique anglaise dans ses manifestations intimes ? Aussi bien, n'était le soupçon d'un art ramené en Angleterre à un but essentiellement pratique, on n'oserait sérieusement envisager l'abâtardissement d'une expression d'idéal quelconque. L'art n'est point exclusivement question d'intelligence et, nécessairement, la science réfléchie ou positive n'influe point sur lui. D'autre part, « le génie de l'art, même pieux, est peut-être aussi distinct du sentiment religieux qu'il l'est de la science et de l'industrie... »

Ces considérations affranchissent, en somme, les compatriotes de Shakespeare de ce doute qui plane fatalement sur tout ce qui échappe à l'utilité, au *business*. Et nous n'examinons ici, au reste, que des exceptions conformes aux règles et caprices d'une beauté indomptable, mais réservée si l'on veut à une élite, en Angleterre.

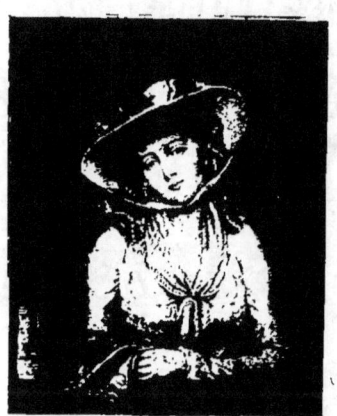

Photo. Neurdein.
Sophia Western, par John Hoppner.

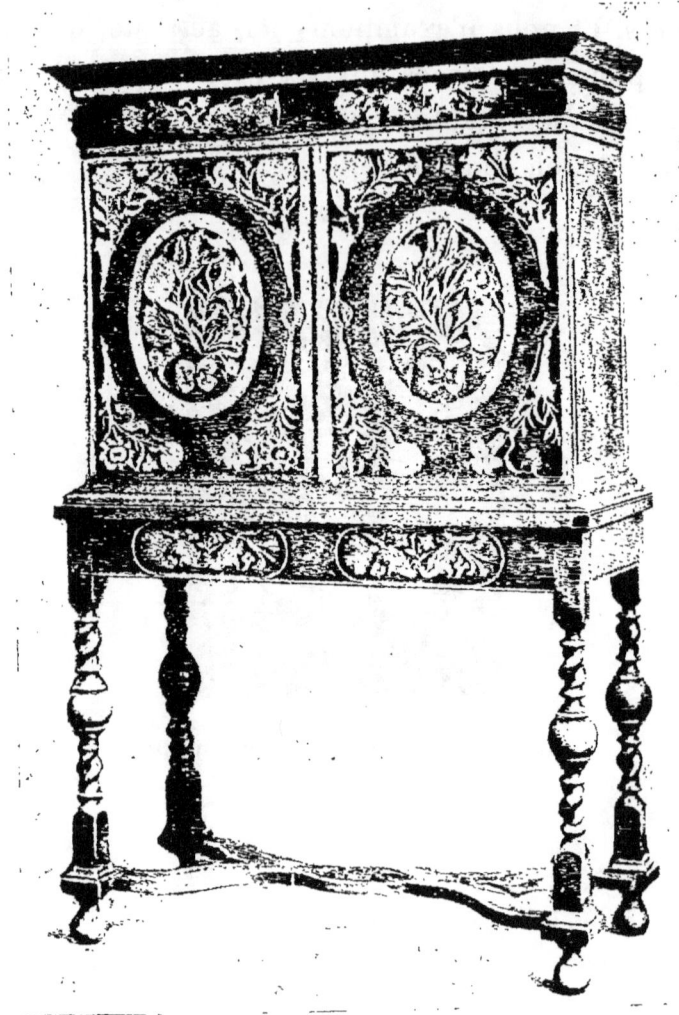

Fig. 82. — Cabinet, style Queen-Anne.
(Collection Gill et Reigate, Londres.)

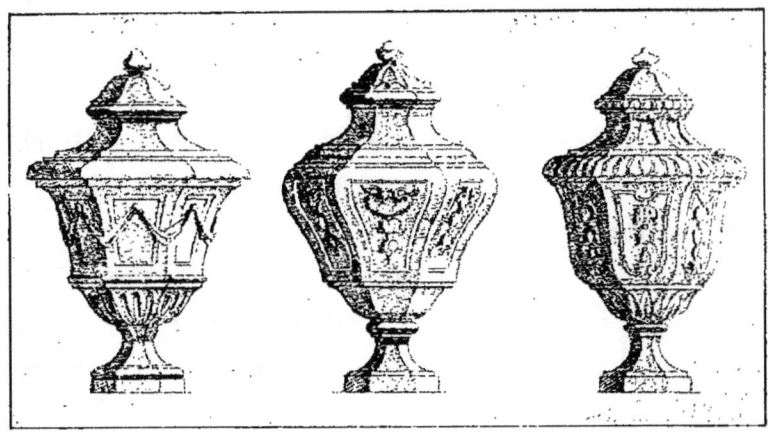

Vases, dessinés par James Gibbs (style Georgian).

CHAPITRE V

La Sculpture. — J. Flaxman, etc.

La représentation plus tangible de la plastique humaine, la vérité plus palpitante, en dépit de la couleur absente de la forme en relief, devaient contredire particulièrement à l'expression et à la manifestation statuaire, au nom de la discipline religieuse. Voici pourquoi ce chapitre sera court.

Si les Anglais excellent dans la sculpture décorative en bois et pierre. il semble qu'un juste milieu manque à la mesure de leurs distribution et répartition ornementales. Il apparaît qu'ils ignorent la sobriété, et oscillent ainsi entre la nudité et la surcharge du décor. Sans doute que le mot « richesse » s'entend différemment à Paris qu'à Londres et que, dans cette dernière capitale, il signifie profusion.

On croirait encore que les Anglais confondent volontiers la correction avec le guindé, de même qu'ils rougissent, par pudibonderie, de la représentation du nu divin.

Le corps humain s'arrête hypocritement au buste... *Shocking !* Et, pour cette raison, les bustes abondent chez la pudique Albion qui ne craignit pas d'affronter le ridicule des représentations statuaires... en chapeau et en redingote !

N'est-ce point que la vérité naturelle, exprimée par l'art cependant, les offusquerait physiquement autant que symboliquement notre exubérance décorative sous la Régence et sous Louis XV ?

Rappelons-nous le souci d'impassibilité chez l'Anglais, et nous comprendrons davantage ses préférences esthétiques pour le charme fin, mais un peu froid, — d'où il dégagea la sécheresse, — de notre Louis XVI.

Le Louis XVI ne manifeste pas comme le « rococo »; la peinture ne s'exprime point humaine comme la sculpture, ni même la nudité plane comme la nudité en relief.

Toujours est-il que l'utilité matérielle de la sculpture fut premièrement démontrée par le luxe adapté au monument et que les suggestions initiales du ciseau s'indiquèrent pratiquement au culte des morts.

Car les ancêtres de la sculpture anglaise ne sont guère que des marbriers attardés à la décoration des dalles et plaques funéraires, en bronze et pierre où, parmi des inscriptions gravées, on aperçoit l'image des trépassés.

Ce n'est que longtemps après, que la statuaire, sans oser pourtant aborder encore la forme vivante, tend à sortir de la voie rudimentaire, avec notamment le *Tombeau du comte Richard de Beauchamp*, pour l'église de Warwick.

D'ailleurs, faute de traditions toujours, et en

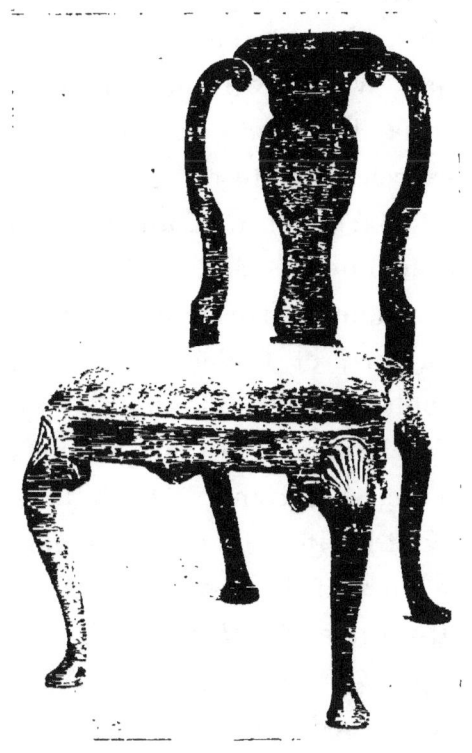

Fig. 84. — CHAISE, style Queen-Anne [1710]. (Collection Gill et Reigate, Londres.)

raison de l'obstruction, d'ordre moral, faite à l'étude de l'académie, on saisit les causes d'infériorité de la représentation fondamentale en sculpture. Une statue de chevalier, coulée en bronze, par William Austen, marque seulement, par la suite, l'essor de l'art qui nous occupe, après son exercice timide et accessoire. Et les noms obscurs de Barthélemy Lambrespring, de John Bourd, notamment, méritent à peine d'être retenus, entre la venue du Torrigiano et de Rovenazzo, sculpteurs italiens, et l'éclosion d'une statuaire réellement anglaise, avec Flaxman. Pietro d'Antonio, dit *il Torrigiano* (1472-1522), importa seulement en Angleterre, sous Henri VIII, la fougue et l'habileté qu'il avait héritées de son pays natal.

On voit de ce maître, à Westminster, le superbe *Mausolée de Henri VII et d'Elisabeth d'York* (fig. 44). Quant à la participation artistique de Benedetto da Rovenazzo (1480?-1550?) en Angleterre, il semble qu'elle prévalut dans l'ornementation.

Toutefois, malgré le noble exemple d'importation, suivi de plusieurs autres qui n'ont point laissé de traces, une école anglaise ne se dégage point, et après avoir cité le célèbre Gibbons, au dix-septième siècle, nous devrons passer au dix-huitième siècle pour voir surgir une réelle expression nationale.

La personnalité de Grinling Gibbons s'impose donc maintenant, mais surtout dans la sculpture

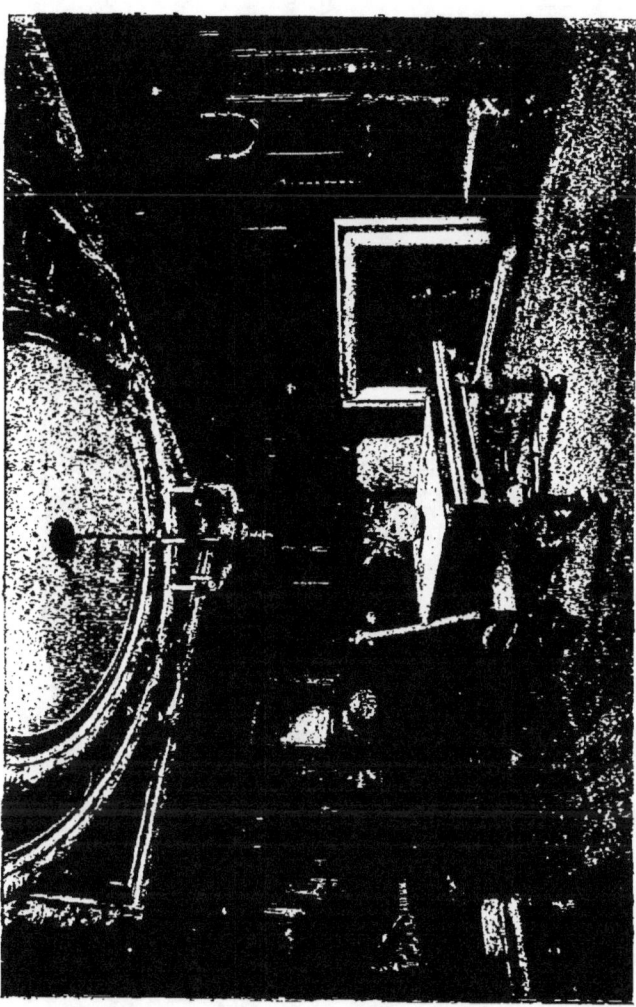

Fig. 85. — Salle a manger, style Queen-Anne. (Collection Liberty et Cⁱᵉ, Londres.)

sur bois (fig. 46). G. Gibbons naquit à Londres en 1648 (quelques historiens anglais prétendent qu'il vit le jour à Rotterdam) et mourut en 1721. Protégé par Charles II et Jacques II, Gibbons pro-

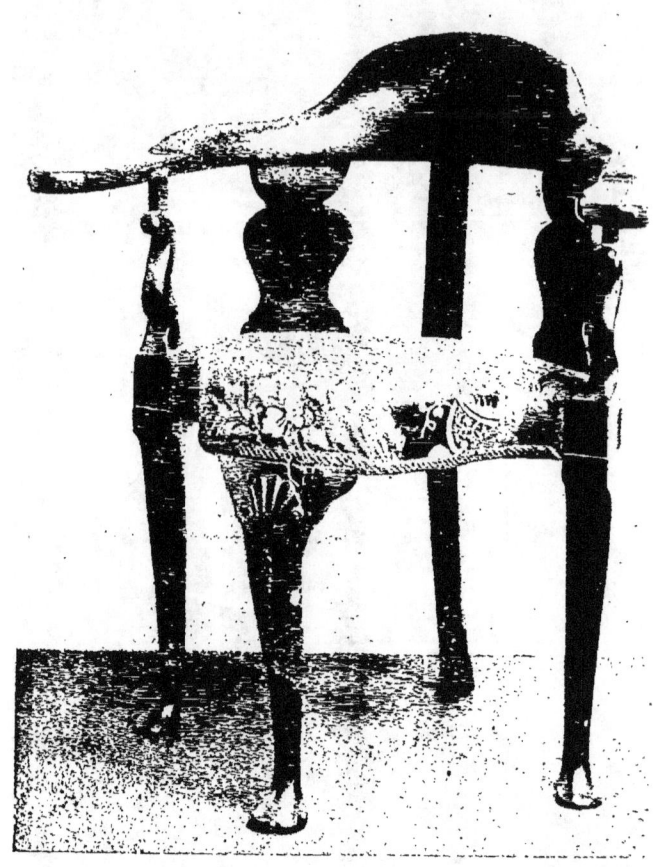

Fig. 86. — FAUTEUIL DE BUREAU, style Queen-Anne.
(Collection Gill et Reigate, Londres.)

duisit, à la fin de sa vie, dans le goût de Robert de Cotte.

L'exception d'un artiste anglais s'inspirant, d'ailleurs exceptionnellement aussi, du style « rocaille » propre à notre Régence, est, au surplus, à noter. Mais Gibbons accorda le délicieux tarabiscoté avec son tempérament d'insulaire (ou d'« insularisé ») et, en dehors des travaux décoratifs qu'il donna pour la chapelle de Windsor, ses ornements pour le chœur de Saint-Paul et pour le palais d'Hampton-Court, méritent notre admiration. La matière préférée de l'artiste était le bois de tilleul en lequel il exprima ses sujets emblématiques, merveilleusement fouillés.

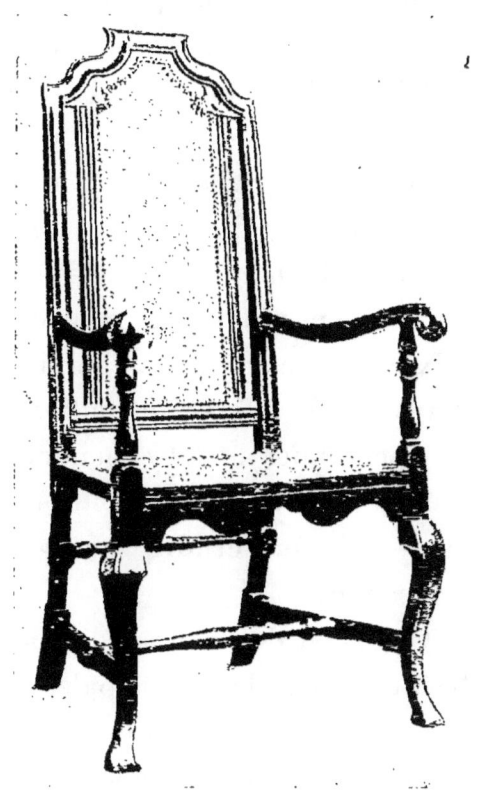

Fig. 87. — Fauteuil canné (1698). (Collection Gill et Reigate, Londres.)

Le chef-d'œuvre de Gibbons demeure la grande

salle du château de *Petworth*, et la statue en bronze de Jacques II qu'il exécuta (dans le jardin particulier de Withehall), vaut encore d'être citée.

Puis, nous voici au dix-huitième siècle, avec le célèbre Flaxman, dont l'influence en Angleterre s'égala à celle d'un Canova, en Italie, d'un Winckelmann en Allemagne, d'un Thorwaldsen en Danemark.

John Flaxman (1755-1826) s'affirma parfaitement anglais en réagissant contre le style maniéré du dix-huitième siècle auquel il substitua, dans son pays natal, le style grandiose de l'antiquité. Son art personnel ne fut cependant que correct, figé et sans grâce. Il répondait, tel quel, au tempérament d'un sculpteur érudit, sans génie mais d'un talent consommé.

Ce grand dessinateur d'Homère, d'Hésiode et de Dante — car les principales œuvres de Flaxman sont, en réalité, des dessins : l'*Œuvre des Jours* et la *Théogonie*, l'*Iliade* et l'*Odyssée*, l'*Enfer*, le *Purgatoire* et le *Paradis* — a donné, comme sculpteur, les statues et les bas-reliefs du Théâtre de Covent-Garden, les monuments de Chichester et de Westminster, parmi lesquels on remarque ceux du poète *W. Collins*, du *comte de Mansfield*; les mausolées de *lord Kove*, de *Abercrombie*, etc., et les statues de *Washington*, de Mrs *Morley* (cathé-

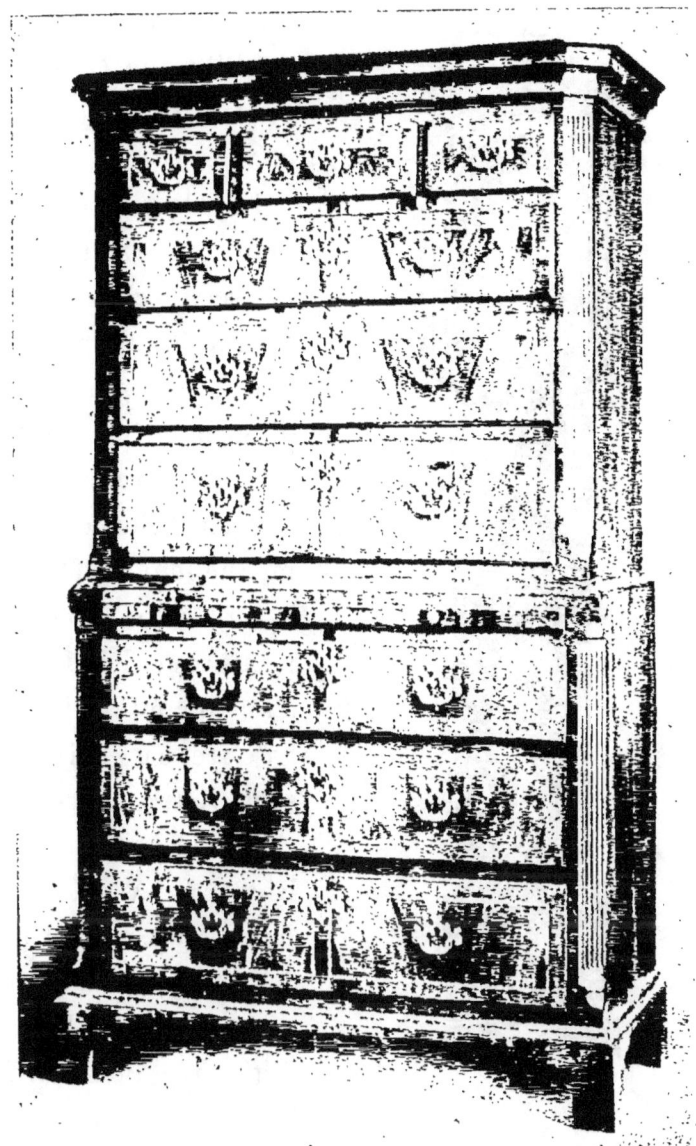

Fig. 88. — Commode, style Queen-Anne.
(Collection Gill et Reigate, Londres.)

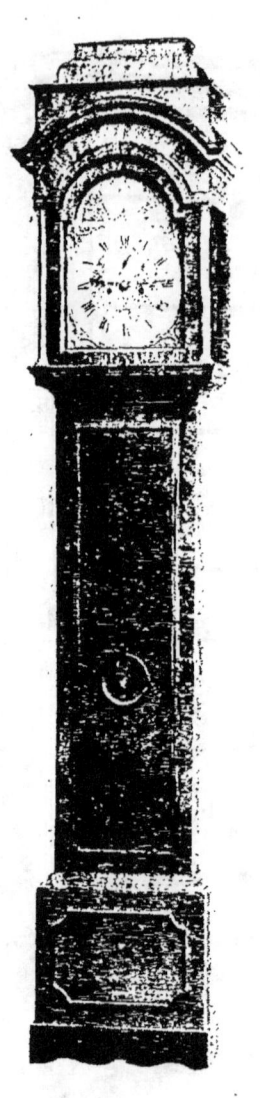

Fig. 89. — HORLOGE A GAINE, style Queen-Anne [1710]. (Collection Gill et Reigate, Londres.)

drale de Gloucester), de *Joshua Reynolds*, de *Pitt*, une *Tendresse maternelle* (fig. 47), etc.

Les dessins de Flaxman, au trait précis et sec, schématiques et glacés, d'une convention fatigante mais d'une belle imagination (fig. 48), furent gravés par Th. Filori et l'Allemagne leur fit fête.

En vérité, à côté de l'austère Flaxman, chef incontestable de l'école anglaise de sculpture, la grâce chaste et poétique d'un Richard Westmacott (1775-1856), nous séduit davantage. Mais cet autre sculpteur britannique n'a point bu à la source grecque, quitte à démériter aux yeux de la tradition officielle! Pourtant, sa *Psyché*, pour le duc de Bedford, et son *Cupidon* (ces deux statues aujourd'hui à Woburn) ne valent pas moins

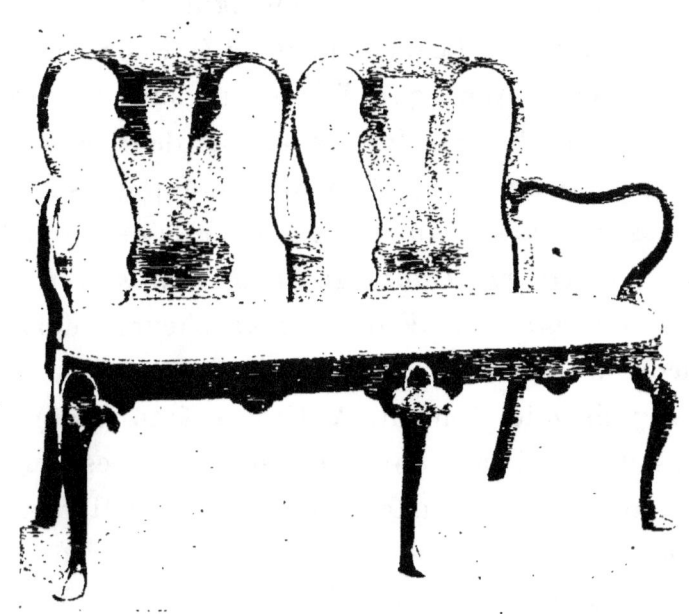

Fig. 90. — Canapé, style Queen-Anne [vers 1705.]
(Collection Gill et Reigate, Londres.)

selon nous, que la *Nymphe dégrafant sa ceinture*, du même.

Le fils de Westmacott, Richard, dit le Jeune (1799-1872), sacrifia aussi avec talent à la sculpture. mais, s'il poursuivit avec *Vénus et Ascagne*, *Vénus portant Cupidon*, etc., le genre aimable qui avait fait la réputation de son père, il devait exceller surtout dans les sujets religieux. Les beaux tombeaux de l'*Archevêque Howley* (cathédrale de Canterbury), du *comte Hardwicke* (à Wimpole), d'*Ashburton*, notamment, sont signés de lui.

Avec Francis Legatt Chantrey (1781-1842), c'est plutôt la statue qui l'emporte sur le grand nombre de bustes dus au ciseau de l'artiste et malgré un groupe justement vanté pour sa délicatesse : *Sœurs endormies* (cathédrale de Lichfield) (fig. 49). *George Canning*, *Sir J. Banks*, *William Pitt*, *George IV*, *Wellington* (à cheval), doivent encore à Chantrey, leurs dignes effigies.

Et puis voici John R. A. Gibson (1791-1866) qui réussit aussi avantageusement dans les sujets mythologiques qu'historiques, dans le goût et avec la grâce un peu molle de Thorwaldsen et de Canova. Exemple : *Hylas et les Nymphes* (fig. 50). Sa statue de la reine *Victoria*, supportée par la Justice et la Bienveillance, à Westminster, est encore à retenir, avec les statues de *Huskisson* et de *Robert Peel*.

C'est enfin William Calder Marshall (1813-?), auteur de la *Création d'Adam*, d'*Ophélia*, de *Paul et Virginie*, de l'*Enfant prodigue* (fig. 51), de la statue colossale de *Peel*, à Manchester, et de celles de *Campbell* et de *Cowper*, etc. C'est Ingrain, Alfred Stevens (*Monument de Wellington*, à Saint-Paul),

Ouslow Ford, Thornycroft, Macdowel, Sheemakers, Brock, et les peintres David Wilkie, Watts, Leighton, etc., dont l'effort résumé ne confine guère à une élévation de grand style.

Nous nous arrêterons à l'époque moderne, autant

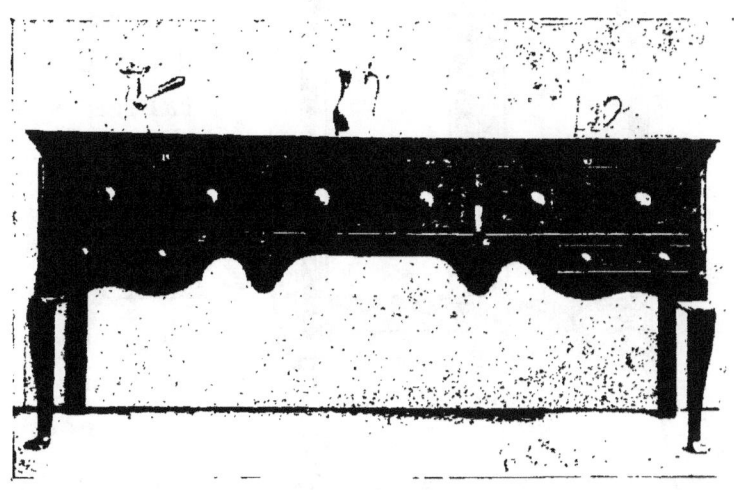

Fig. 91. — Dressoir, style Queen-Anne [1705].
(Collection Gill et Reigate, Londres.)

pour demeurer fidèle à notre programme chronologique que pour résister à la prétention d'une histoire de l'art.

Bornons-nous donc à distinguer un mode anglais parmi ces expressions sculpturales du passé, sans préjuger d'un progrès qui, d'ailleurs, s'annonce aujourd'hui sous la poussée vigoureuse d'une nature plus libre, plus vivante et plus pensante.

Mais, lorsque le mot progrès s'adresse à un art, il prend une signification péjorative, étant donné que les chefs-d'œuvre véritables sont éternels à quelque époque qu'ils aient été conçus. Et la sculpture anglaise, nous le répétons, très peu florissante, n'atteint en propre, à aucun sommet.

Son genre est la raideur, le geste étroit comme l'expression, atone; une forme châtiée jus-

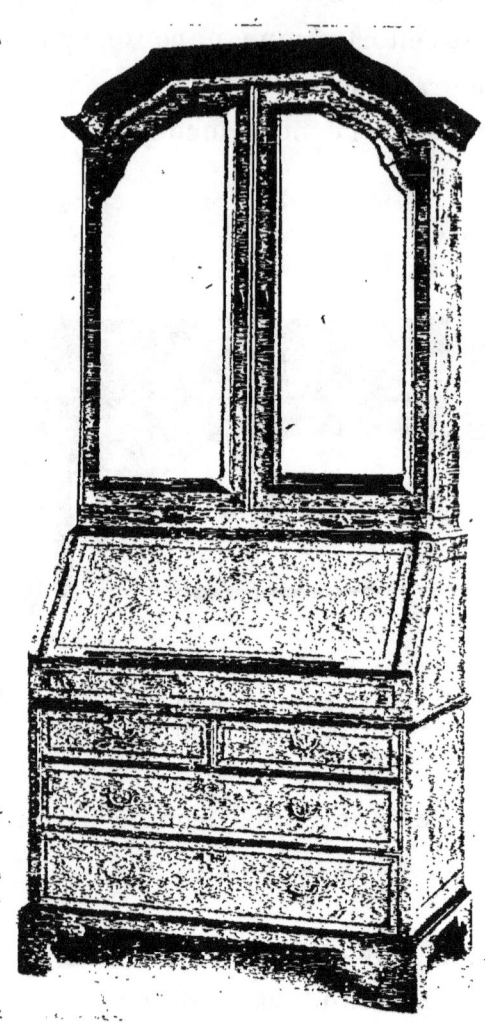

Fig. 92. — Bureau-Bibliothèque (fermé), style Queen-Anne [1710].
(Collection Gill et Reigate, Londres.)

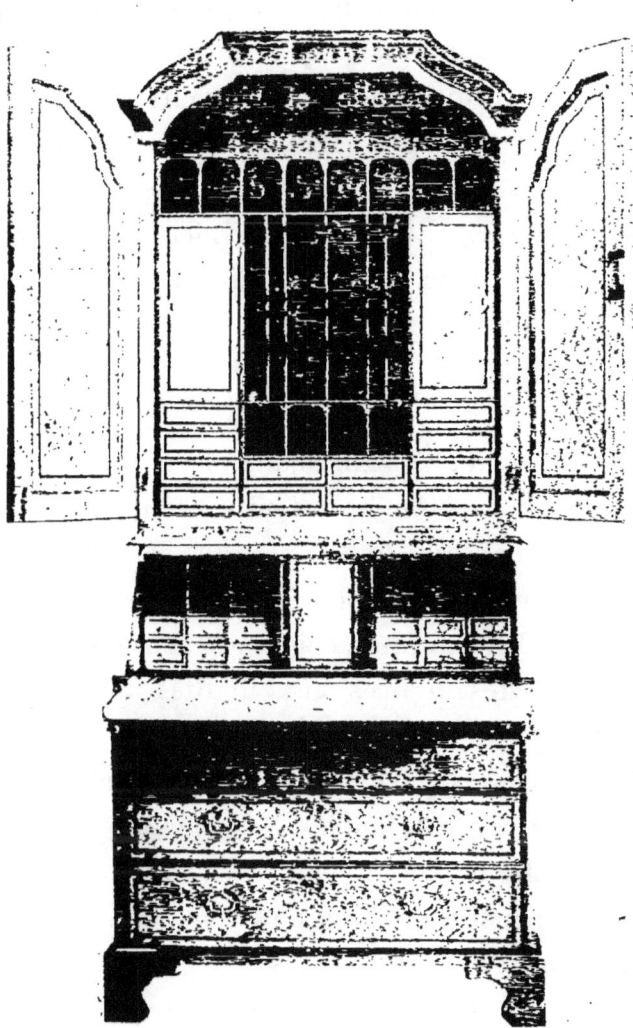

Fig. 93. — Le Meuble précédent, ouvert.
(Collection Gill et Reigate, Londres.)

qu'à la maigreur ; une imagination contrainte. Voici de l'art antique dégénéré, dont un peuple sans enthousiasme ne saisit que le dogme compassé, que la vertu traditionnelle et rigoureuse tellement adaptée à sa propre rigidité, à sa pudeur. « Ne trouble pas la source qui t'a désaltéré », prononce Shakespeare... Et la France même, et tous les peuples d'Europe, vers le milieu du dix-neuvième siècle, n'ont-ils pas troublé la source antique d'où découlèrent tant de leurs faux chefs-d'œuvre classiques ?

En revanche, les églises anglaises contiennent de beaux ouvrages en bois fouillé, celle de Barnak, entre autres, sans doute parce que cet art pratique, patiemment traité, répond mieux avec la gravure, au flegme britannique, et qu'il dispense de la représentation des figures aux nudités fâcheusement suggestives.

Lorsque nous parlerons de l'ébénisterie, nous reviendrons sur le talent des sculpteurs sur bois anglais, appliqué notamment au meuble. Et, comme ceci compense cela dans notre but impartial, nous insisterons sur cette maîtrise.

A propos du sujet que les figures allégoriques, dues au ciseau de R. Westmacott, représentent au fronton du British Museum : *les Progrès de la civilisation*, Paul Viardot s'écrie sans ménagement

LA SCULPTURE

mais avec quelque à-propos : « ... Que les Anglais aient choisi ce sujet pour le placer sur la porte principale des *docks* de Londres, ou de l'arsenal maritime de Woolwich, ou de l'observatoire de

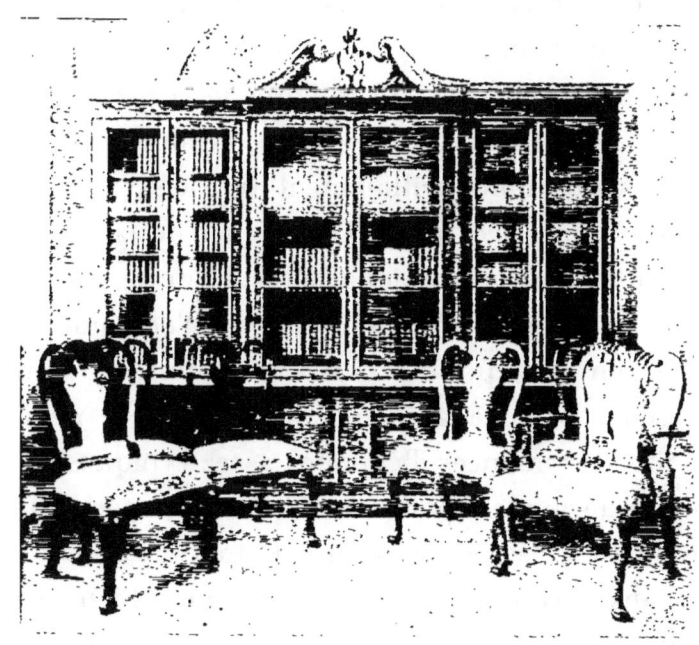

Fig. 94. — Fauteuil, chaises, bibliothèque, style Georgian (vers 1730).
(Collection Gill et Reigate, Londres.)

Greenwich, ou du *Northern Railway*, rien de mieux ; c'est là qu'ils peuvent établir la suprématie du présent sur le passé, le progrès continu qu'opère l'humanité dans les sciences et leurs applications. Mais, dans les arts, où le talent est un don personnel, où l'artiste, en mourant, ne peut pas plus transmettre son génie que son âme, la Londres moderne espère-t-elle avoir vaincu l'Athènes antique ? Quelle étrange manière, hélas ! de prouver les progrès de la civilisation que de mettre l'art anglais en regard de l'art grec !... »

Cependant, après l'originalité de la peinture anglaise qui fit somptueusement école au XVIIIe siècle, pour se continuer brillamment avec le style « Burne Jones », et après aussi l'excellence de la gravure, en dépit de l'impersonnalité sculpturale que nous venons de parcourir, nous aurons l'occasion, plus loin, en juxtaposant l'architecture et le meuble anglais, de dégager sinon des styles très nets du moins des nuances d'époques assez typiques. L'art appliqué anglais porte ses nettes caractéristiques, et un style est l'expression d'un tout.

Sans dire enfin que l'art peut aussi bien se manifester avec intérêt par un ensemble frappant de médiocrité que par un accord de beauté, il ne messied pas de goûter les défaillances d'un art vis-à-vis de la mentalité d'un peuple, surtout lorsque ce peuple n'apporte de prétentions à sa valeur esthétique que dans la mesure de ses inclinations, goûts et dons.

D'ailleurs la richesse comme la pauvreté offrent, artistiquement, un caractère propre, un pittoresque aussi séduisant, un style si l'on peut dire. Et il suffit, déjà, pour illusionner sur un style, que le paysage diffère et que la pensée se formule esthétiquement dans une ambiance et une langue étrangères.

N'oublions pas, enfin, qu'en Angleterre, géographiquement d'abord, le génie de l'art doit céder le pas au génie du commerce. Et que ce dernier idéal, s'il déconcerte un peu notre sujet, chante une autre supériorité nationale.

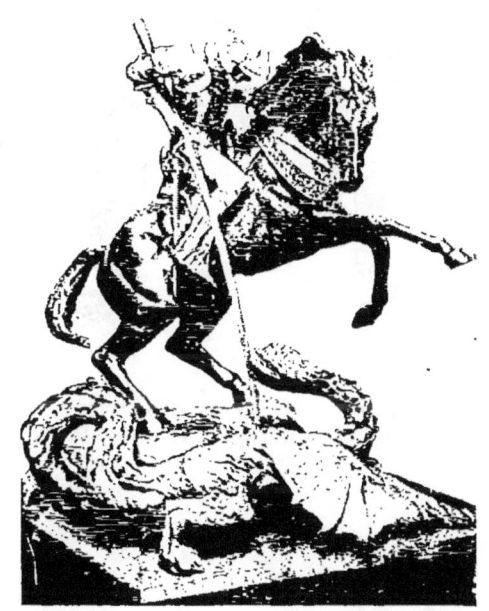

Saint Georges et le Dragon (statuette),
par M. Alexandre Fisher.

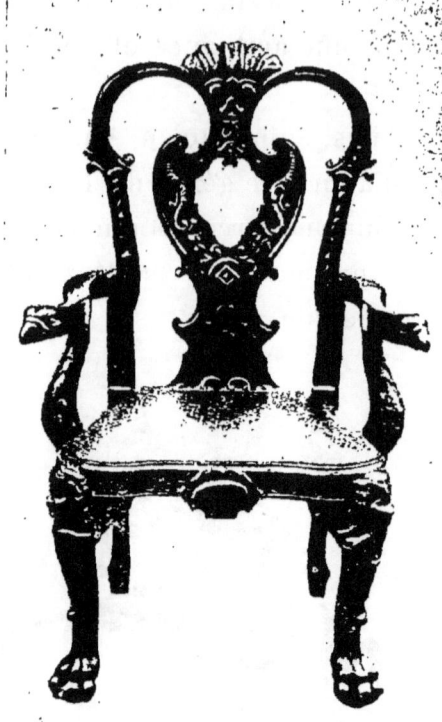

Fig. 96. — Chaise « Hogarth ».
(Collection Waring et Gillow, Paris.)

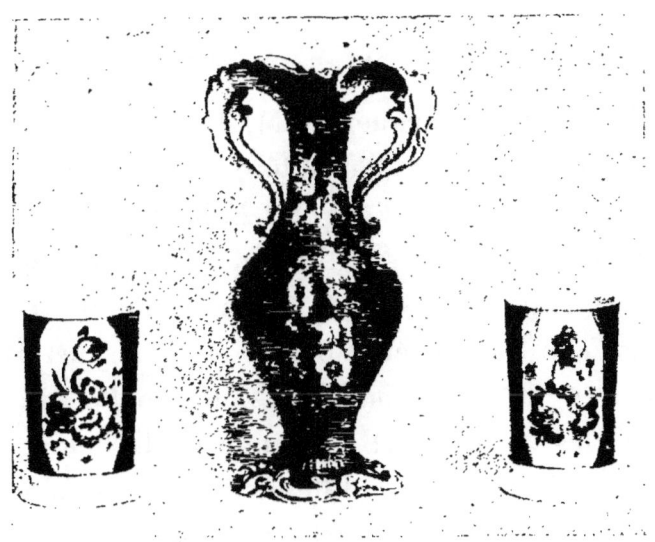

PORCELAINE DE ROCKINGHAM.
(Collection Gill et Reigate, Londres).

CHAPITRE VI

Les arts appliqués : céramique, dentelle, etc.

Nous allons étudier maintenant, à travers les expositions internationales, le goût anglais vis-à-vis de son accord artistique et commercial.

Lors de la première Exposition internationale tenue à Londres en 1851, et qu'abritait le fameux Palais de Cristal dû à l'architecte Paxton dont nous avons précédemment parlé, ce fut la Société royale des Arts, des Manufactures et du Commerce qui assuma l'organisation.

Pourtant, remarquent MM. G.-Roger Sandoz et Jean Guiffrey, dans leur intéressante *Étude sur les Arts et Industries d'art aux Expositions*, «... malgré la réunion de son titre, des mots *art* et commerce, malgré l'existence d'une section des Beaux-Arts, elle (la Société Royale des Arts, des Manufactures et du Commerce) aida mal à rapprocher les artistes et les industriels, puisqu'elle excluait la peinture. » Elle justifiait ainsi (singulièrement) sa détermination : « La sculpture fournit ses artistes à l'industrie pour décorer une pendule, pour sculpter un meuble, l'architecture se combine avec l'industrie du potier, du fondeur, et donne les profils et les dessins de toutes décorations ; la gravure s'exécute sur des cuivres et s'imprime avec une presse : ces arts sont industriels. Tout au contraire, la peinture transmet sur la toile un ordre d'études, de sujets, de passions qui sont étrangers à l'industrie. » Elle ne figura, en effet, qu'au titre d'auxiliaire, avec les vitraux et les porcelaines peintes...

Et nous nous rangeons à l'avis des auteurs qui concluent, de cette subtilité d'exception, à une certaine étroitesse de vues.

Or, c'est le moment, en Angleterre, où John Ruskin « impose à l'attention ses nobles théories sur l'art et dirige le goût du peuple vers l'idéal ».

Et précisément, à cette heure où le célèbre champion des préraphaélites (déjà cité à la Peinture) préconise l'expansion et la démonstration de l'art et du beau, voici que la peinture, dont les ressources ne se bornent point au tableau, non plus qu'au vitrail et aux porcelaines peintes, est victime d'une mesquine restriction!

Mais, dans son beau Rapport général sur l'Exposition de Paris, où la France en 1855 voulut donner un digne pendant à l'Exposition de Londres, Michel Chevalier fait judicieusement ressortir les avantages recueillis par notre pays au contact de l'Angleterre industrielle.

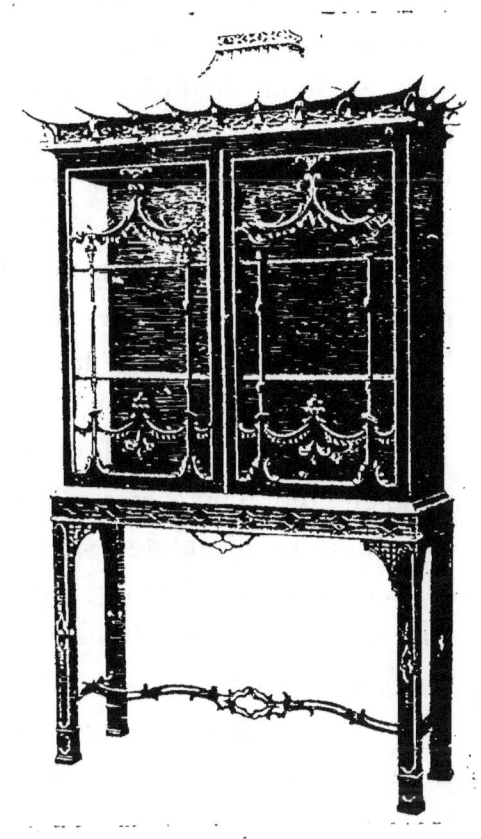

Fig. 98. — VITRINE, style Chippendale.
(Collection Waring et Gillow, Paris.)

Il dit notamment : « Nous avons conduit les Anglais dans la voie du beau ; par un échange mutuel et fort heureux ils nous mènent vers l'utile. »

Bienfaisante communion, en vérité, que celle du beau et de l'utile d'où devait pratiquement naître l'art appliqué. C'est-à-dire la beauté non plus réservée exclusivement, dans l'opinion, aux arts plastiques, au tableau et à la statue, la beauté diffusée, condescendante aux plus infimes expressions : la réhabilitation, enfin, des arts fâcheusement qualifiés de *secondaires* ou de *mineurs*.

Il est curieux de noter, lors de l'Exposition universelle et internationale que la Grande-Bretagne, mise en goût par le succès des deux grandes manifestations de 1851 et de 1855, ouvrit sept années plus tard, l'importance croissante de l'art industriel en France vis-à-vis de l'appréhension du rapporteur français, P. Mérimée.

Cet esprit distingué signale que la France sera bientôt dépassée par l'Angleterre dans l'art industriel, « parce qu'il existe une relation intime entre toutes les parties de l'art, et que, partout où surgit un grand artiste, se forment des ouvriers habiles et intelligents. Là, en effet, où coule un grand fleuve, il est facile de creuser des canaux d'irrigation, et le courant majestueux qui porte à la mer des vaisseaux de haut bord, alimente sans peine une infi-

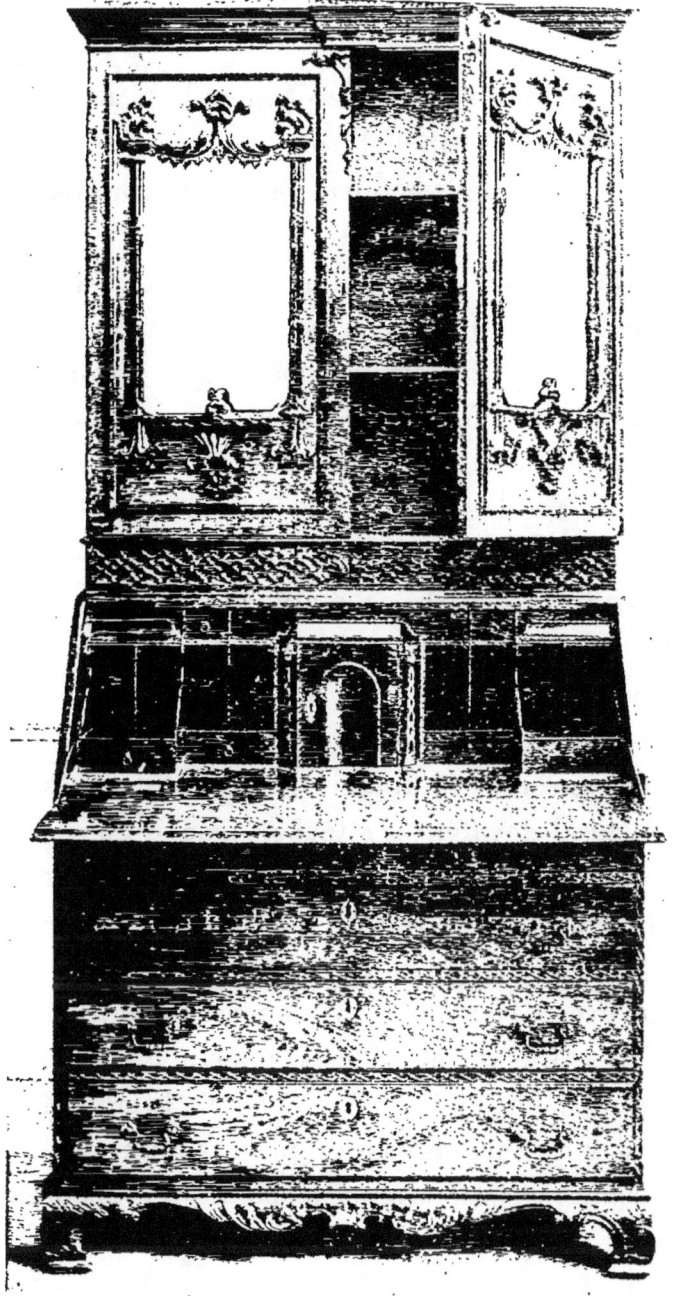

Fig. 99. — Bureau-Bibliothèque, style Chippendale [1745].
(Collection Gill et Reigate, Londres.)

nité de rigoles, répandant partout la fécondité. De Raphaël et de Michel-Ange procède Benvenuto Cellini : le grand peintre, le grand sculpteur ont produit le grand orfèvre. »

Cette critique est d'autant plus intéressante ici, qu'elle détermine les vertus propres à chacune des deux nations, française et anglaise. Le Beau venant à l'Angleterre industrielle sous les auspices de la France artiste. L'accord nécessaire entre deux forces et spécialités pour réaliser l'art appliqué, ce beau qualifié d'utile déjà par Socrate ; ce beau utile qui s'étend de la statue à l'aiguière ciselée sans démériter, grâce au talent employé ; l'industrie rehaussant son but commercial par les apports du goût.

Les conseils des Ruskin et des William Morris, d'ailleurs, devaient s'attacher magistralement en Angleterre à réaliser cette harmonie qui, en France, s'épanouit supérieurement à la fin du dix-neuvième siècle, avec Emile Gallé.

En préconisant des intérieurs « joyeux et commodes », Ruskin et Morris avaient excellemment défini la tâche de l'art usuel, depuis le moindre pot jusqu'au meuble en passant par la tenture, le tapis, la céramique, la ferronnerie, etc., qui concourent à la grâce de l'habitation, à ses aises servies esthétiquement.

Si un de Laborde, en France, avait joué un rôle parallèle à celui des distingués apôtres anglais, il ne faut point chercher à isoler chacune de ces actions, ni assigner un ordre de prééminence à l'influence qu'ils exercèrent, puisque celle-ci fut, autant dire, simultanée.

Néanmoins, répétons-le, la France mit en œuvre et réalisa, avec un goût supérieur, la pensée des Anglais.

Mais, notre exemple de rénovation artistique se fit jour presque

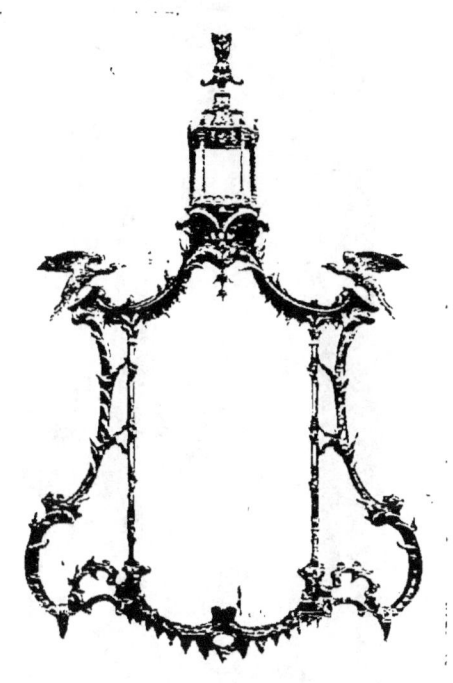

Fig. 100. — Miroir, style Chippendale. (Collection Waring et Gillow, Paris.)

aussitôt à l'étranger, et ses progrès n'y furent pas moins considérables que chez nous.

« En Angleterre où la statuaire n'a jamais existé, écrivent MM. G.-R. Sandoz et J. Guiffrey, c'est dans la décoration intérieure et le mobilier que le mouvement se fait surtout sentir. Ruskin, dans ses

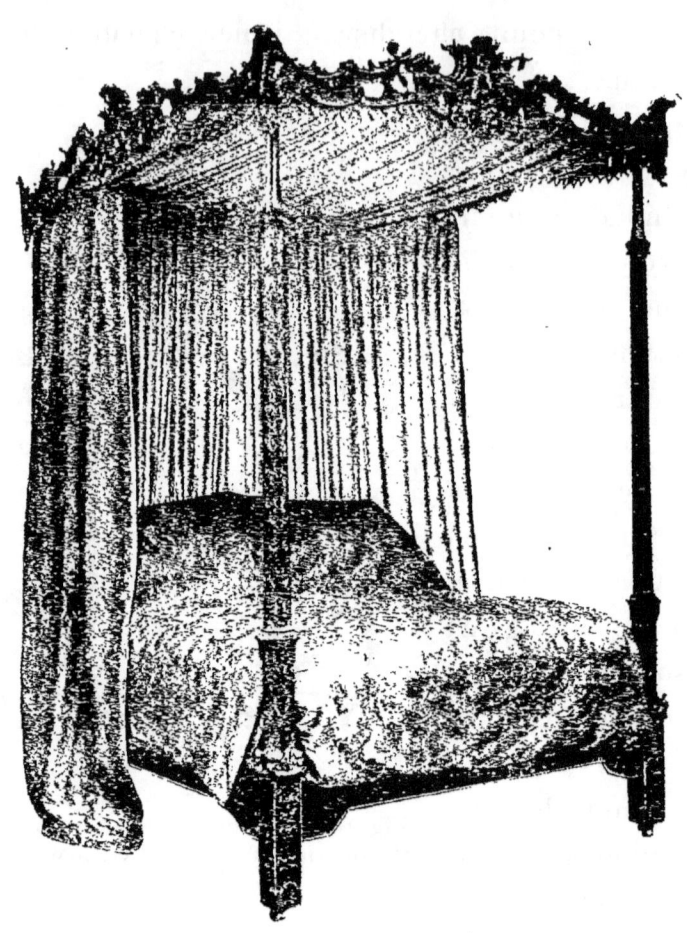

Fig. 101. — Lit, style Chippendale [1750].
(Collection Gill et Reigate, Londres.)

Pierres de Venise (1851-1853), a prescrit ainsi son esthétique : « 1° N'encouragez jamais la fabrication

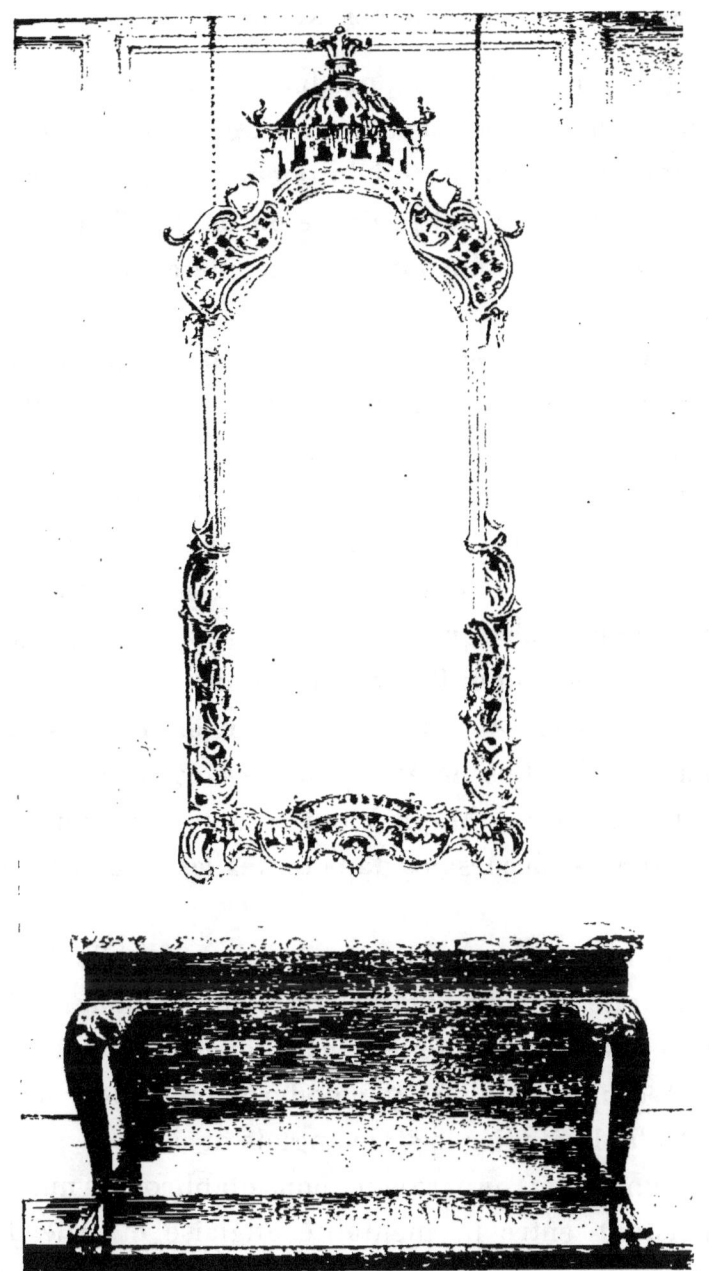

Fig. 102. — Table et Miroir, style Chippendale [vers 1755].
(Collection Gill et Reigate, Londres.)

d'un objet dans la production duquel l'invention n'a pas de part; 2° n'exigez jamais un fini minutieux pour le fini lui-même, mais seulement s'il tend à un but pratique ou noble ; 3° n'encouragez jamais une imitation ni une copie d'aucune espèce... »

La voie tracée par Ruskin fut admirablement suivie par Burne-Jones, Walter Crane, William Morris (les peintres préraphaélites déjà vus), et s'ils s'inspirèrent excessivement, au début, de leur style national *Tudor*, le bon sens anglo-saxon leur fit vite abandonner les formes inutiles ou vraiment archaïques pour prendre à la nature tous les éléments dont ils avaient besoin.

Industriels et commerçants britanniques surent suivre de tels maîtres, et les célèbres firmes « Liberty » et « Maple » ont créé aujourd'hui d'importantes succursales dans toutes les grandes capitales.

Mais, si nous nous empressons d'indiquer l'activité du goût anglais à nos jours, nous anticipons sur notre objet, car, avant de noter la préoccupation d'un style moderne, nous devrons au préalable étudier le style anglais ancien.

Cependant, auparavant, nous établirons la nuance existant entre la mentalité anglaise et celle des Américains, en matière d'art.

On a tendance à réunir les deux peuples dans une égale réprobation vis-à-vis de l'idéal, en raison de leur langue commune et de leurs analogues aspirations essentiellement commerciales. Le passé

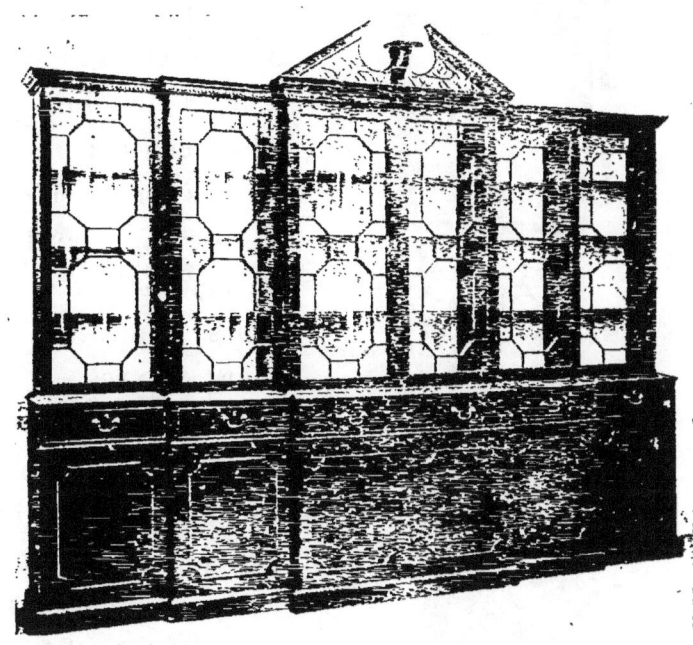

Fig. 103. — Bibliothèque, style Chippendale (1755).
(Collection Gill et Reigate, Londres.)

esthétique de l'Angleterre, ainsi que nous venons déjà d'en juger, associé à son histoire, proteste contre cette confusion.

L'Anglais et l'Américain mêlent bien, parfois, « confortable et luxe », mais, malgré que l'art soit indépendant du luxe, l'Américain ne saurait admet-

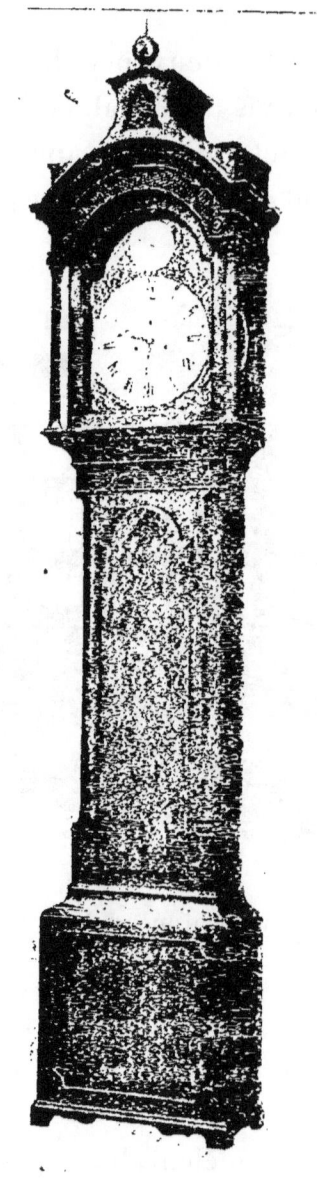

Fig. 104. — Horloge a gaine, style Chippendale [1760]. (Collection Gill et Reigate, Londres.)

tre l'un sans l'autre. Chez les Américains, a-t-on dit exactement, tout est énorme, disproportionné et incohérent dans le faste même. Obligés à l'origine d'être durs pour eux-mêmes et pour les choses, ils ont conservé une rudesse caractéristique dans leurs goûts et dans leurs œuvres.

Les raffinements du confortable ne constituent pas la civilisation, et les Américains, peuple neuf, sans traditions esthétiques par conséquent, ne font même, aujourd'hui encore, aucun effort vers l'expression d'un rêve. Du moins, sans contester à quelques talents américains leur

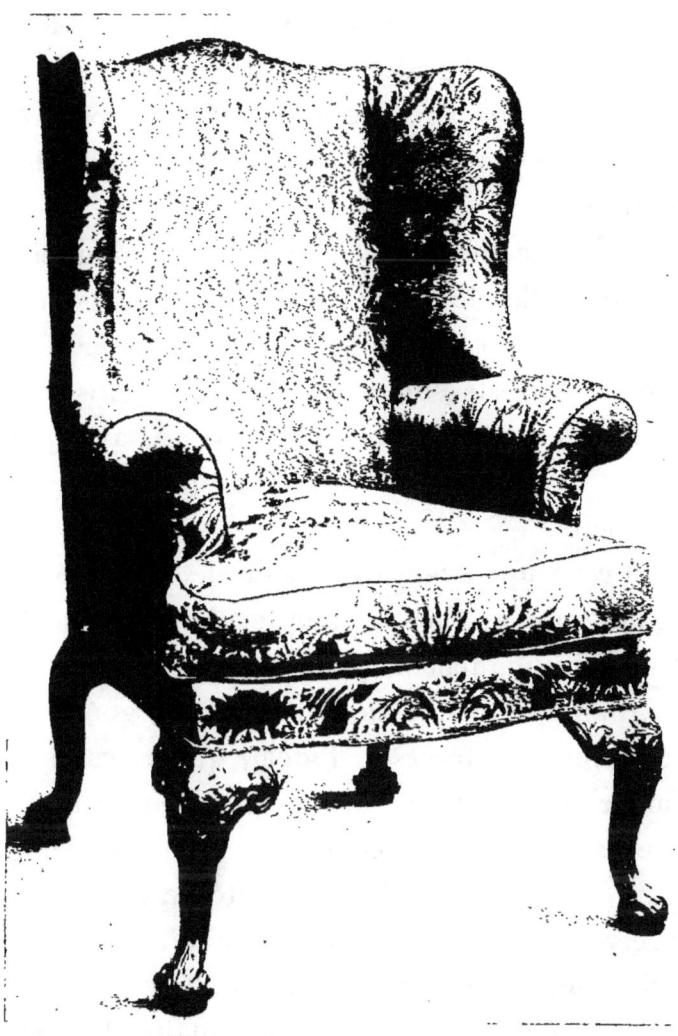

Fig. 105. — FAUTEUIL, style Chippendale [1745].
(Collection Gill et Reigate, Londres.)

mérite individuel, aucun résultat d'harmonie ne s'avère dans leurs avenues rectilignes, non moins que dans leurs gratte-ciel, tandis qu'en revanche les derniers perfectionnements du progrès et du bien-être physique marquent indubitablement leurs œuvres.

Certes, la mentalité anglaise se rapproche un peu de celle des Américains, pour le goût et la réalisation de ces derniers avantages matériels; mais encore, entre les deux manifestations observe-t-on toute la nuance des besoins satisfaits avec plus ou moins de mesure ; du désir pratique à la soif d'excentricité.

« Préoccupé avant tout de l'utile, il (l'Américain) ne fait pas les choses pour le plaisir de les faire, il les fait uniquement pour le but qu'il se propose. Or, dans toute question d'art et de goût, il y a l'élément désintéressé : l'idéal, que caressent avec amour aussi bien le public à qui l'œuvre s'adresse que l'artiste qui l'exécute. Ce besoin d'idéal, termine Victor Legrand, la volonté ne suffit pas à le créer ; il naît graduellement par une sorte de courant sympathique qui va du public à l'artiste inspiré, et de l'artiste à un public capable de partager ses impressions... »

Nous n'insisterons pas davantage sur la séparation qui s'impose au nom de l'art du passé entre les

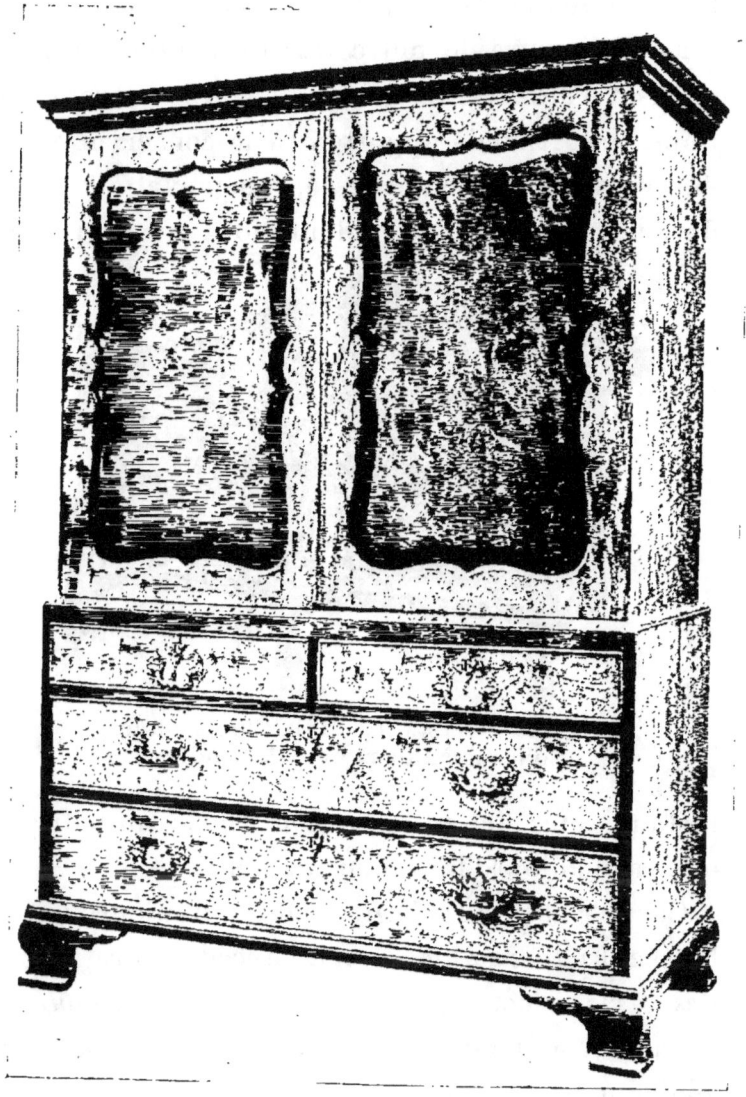

Fig. 106. — Commode-Armoire, style Chippendale [1760].
(Collection Gill et Reigate, Londres.)

fils d'Albion et les citoyens du Nouveau-Monde. Au fur et à mesure de notre travail l'abîme se creusera, et d'ailleurs, en dehors de leurs propres créations, les Anglais apportent à la conservation de l'universelle beauté ancienne, à son exaltation moderne, même, un soin dont nous avons pu, un

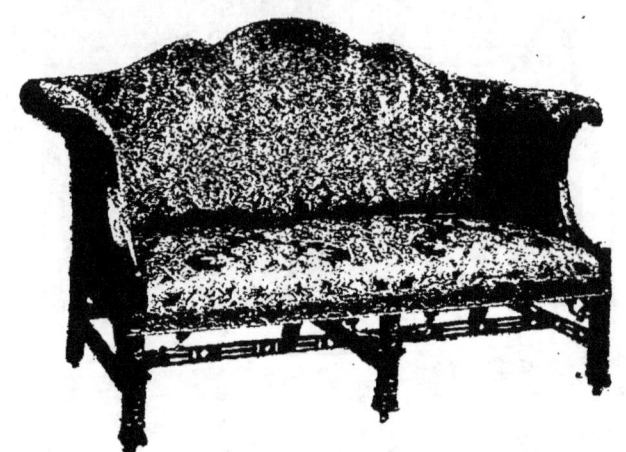

Fig. 107. — CANAPÉ, style Chippendale.
(Collection Liberty et Cie, Londres.)

instant, être jaloux, et dont nous prendrions ombrage aujourd'hui, pour un peu...

Car le *South Kensington*, devenu aujourd'hui le Musée *Victoria and Albert*, précéda notre *Musée des Arts décoratifs*, et l'*Ideal Home Exhibition* devança, malheureusement aussi, une exposition analogue en France.

Et, puisque nous parlons musées, le *British Museum* renferme une des plus merveilleuses collections qui soient, ainsi que la *National Gallery*, sans compter tant d'autres chefs-d'œuvre épars (les

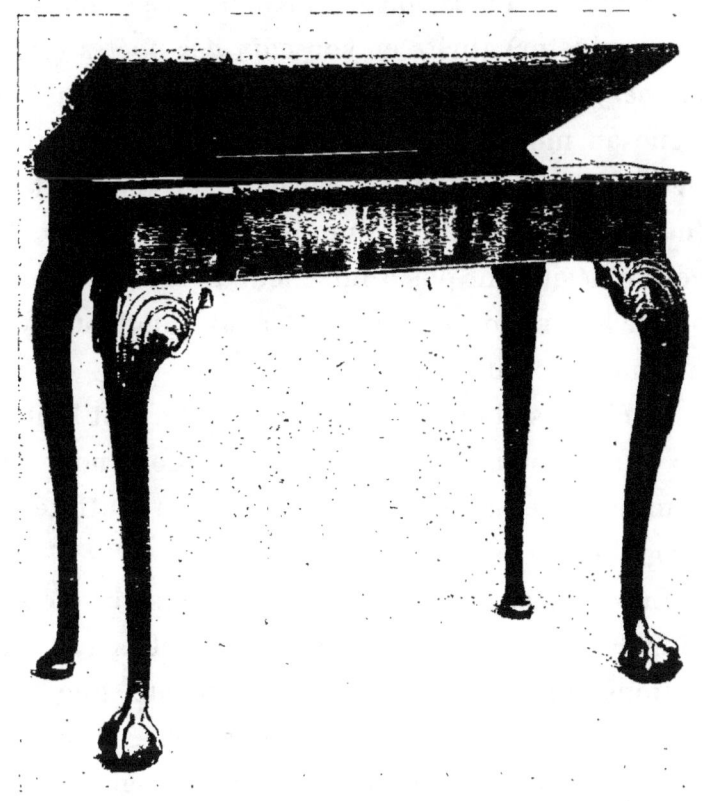

Fig. 108. — Table a jeux, style Chippendale [1745].
(Collection Gill et Reigate, Londres.)

collectionneurs anglais sont plus nombreux que partout ailleurs) qui éclairent de leur beauté rayonnante, empruntée à tous les arts comme à tous les temps, Londres la ville d'affaires par excellence pourtant, Londres le premier *marché* du monde, Londres, aux monuments noirs et tristes !

Même, le Panthéon de l'Angleterre (Abbayé de Westminster) abrite en son *coin des poètes* (*Poet's corner*) le tombeau d'Hændel. Hommage qui souligne au moins le goût musical des Anglais qui, à défaut d'une production caractérisée dans cet art, (malgré l'importance d'un Byrd, d'un Henry Purcell) n'hésitèrent pas à faire leur le célèbre compositeur allemand, du fait qu'il avait longtemps vécu à Londres où il mourut.

Après ces considérations qui renforcent l'intérêt de l'expression esthétique en question, nous parcourerons les applications de l'art à l'utilité, en Angleterre.

En matière d'orfèvrerie, nos voisins d'outre-Manche se montrèrent longtemps rebelles aux innovations de la Renaissance, de même que nous les vîmes longtemps résister à ce style, et auparavant, l'orfèvrerie religieuse du moyen âge demeure difficile à apprécier en raison des rares modèles conservés.

Mais, pour la qualité d'exécution, les œuvres d'orfèvrerie des trois derniers siècles égalent celles des artistes du continent.

L'orfèvrerie, de même que le bijou anglais, est plutôt massive et abondamment sculptée, avec un fini souvent merveilleux. Point de sobriété de goût ni de moelleux, mais une grande richesse dans un poids imposant.

Quand Henri VIII offrit à François Ier, lors de l'entrevue du Camp du Drap d'or, le riche collier

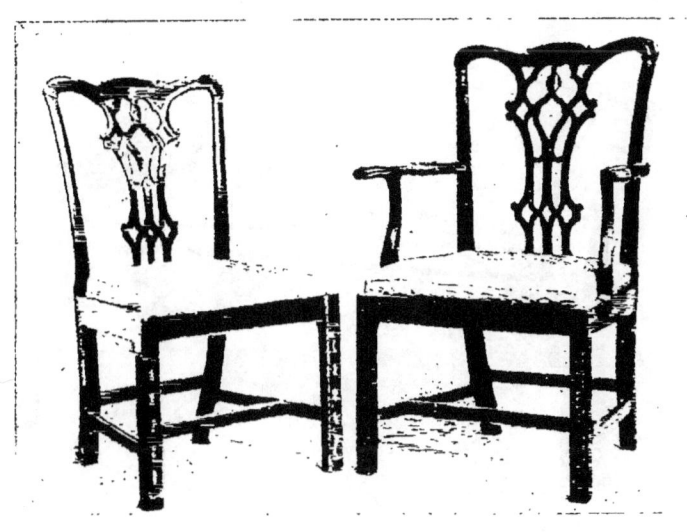

Fig. 109. — Chaise et Fauteuil, style Chippendale.
(Collection Gill et Reigate, Londres.)

qu'il portait à son cou, celui-ci à son tour détachant de son habit un bracelet plus riche encore, l'attacha lui-même au bras du roi d'Angleterre.

Mais ce geste lointain et magnifique échappe esthétiquement à notre comparaison... et le *Koh-i-noor*, diamant ayant appartenu à la reine Victoria, ne nous en impose pas davantage, artistiquement, avec son poids de 103 carats.

L'or blanc est dit « anglais », et l'on trouve associé au nom du français Ruolz, vers le milieu du dix-neuvième siècle, celui de l'inventeur anglais G. R. Elkington. De cette collaboration ingénieuse naît le métal argenté, premier pas vers l'imitation,

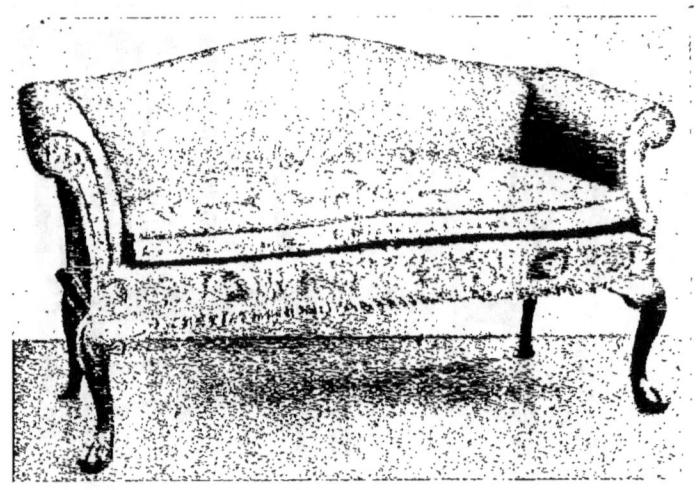

Fig. 110. — CANAPÉ, style Chippendale [1750].
(Collection Gill et Reigate, Londres.)

vers l'altération fallacieuse et pratique de la matière noble.

Rien à dire spécialement de l'orfèvrerie, malgré les noms éminents de Pierre Platel et de Paul Lamerie. En somme, cet art que Charles Ier se plut à encourager, suit à la fois nos formes et celles de la Hollande, avec parfois le décor chinois, de même que le meuble, en même temps qu'elle partage avec la France le sort de sa matière précieuse, au gré de sa prospérité et de ses révolutions.

En revanche, nous allons apprécier une éloquente céramique anglaise.

La faïence anglaise est d'origine hollandaise, de Delft, exactement, d'où e nom de *delft* qu'elle a conservé encore de nos jours. De même, les grès façonnés dans des moules de cuivre, à la manière allemande, furent révélés à l'Angleterre par un céramiste natif de Nuremberg, installé à Staffordshire, dont le fils inventa d'autre part, le « cailloutage » ou alliage de silex calciné à la pâte des faïences, pour augmenter sa transparence et sa finesse, supprimer

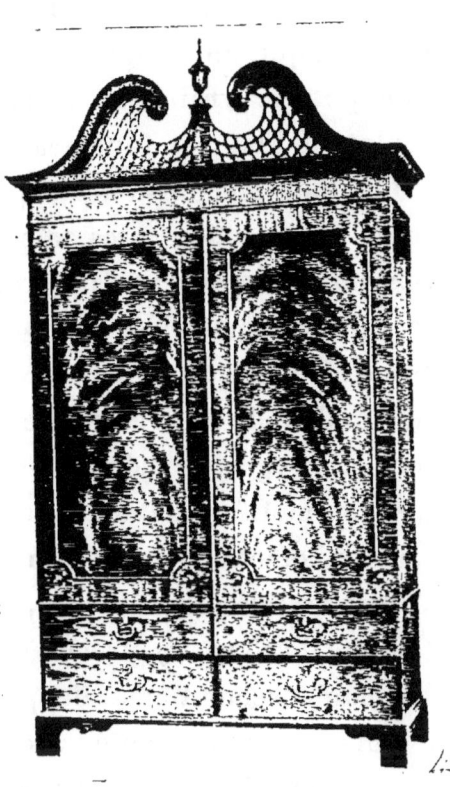

Fig. III. — Armoire, style Chippendale [1755]. (Collection Gill et Reigate, Londres.)

l'enduit d'émail stannifère précédent et lui permettre de recevoir immédiatement un vernis transparent.

Mais voici Josiah Wedgwood (mort à Etruria, en 1795) qui, aidé d'un compatriote, Bentley, créera une poterie vraiment anglaise, dont le célèbre sculpteur Flaxman fournira les modèles.

On distingue plusieurs expressions dans les produits en question : les faïences de couleur crème (*cream colour*) qui s'intitulèrent plus tard «poteries à la reine»; les poteries rouges et noires, les pâtes marbrées et les biscuits, grâce auxquels nous vîmes éclore une multitude de camées, de bas-reliefs, de médaillons, d'une grande délicatesse, avec la fine silhouette de leurs motifs se détachant en blanc sur un fond coloré, uni et mat, bleu, vert ou noir. Motifs inspirés de l'antique, selon le genre de prédilection de Flaxman (en-tête du chap. II), précis et sec, qui accompagnent harmonieusement aussi des pièces de forme célèbres.

Puis, après avoir noté la découverte du procédé de décoration céramique dit par *impression*, dû à John Sadler, de Liverpool, procédé qui accentua la vogue des faïences fines désignées dans le commerce sous le nom de « porcelaines anglaises », nous signalerons, à côté des œuvres de Wedgwood fabriquées à Etruria (village créé par le célèbre céramiste, près de Newcastle-under-Lyme) les faïences fines anglaises de Leeds.

Ce furent les frères Green qui innovèrent, vers le milieu du dix-huitième siècle, les curieuses et remarquables pièces aux décors en relief et découpées à jour, signées : « Leeds Pottery ».

Autres faïences anglaises : à Longport, Hanley, Chelsea (fig. 53), Lane-End-Whieldon, etc.

Dans la porcelaine, l'Angleterre ne se distingua pas moins originalement, mais davantage, pourtant, dans la porcelaine fine et la porcelaine tendre. Voici la manufacture de

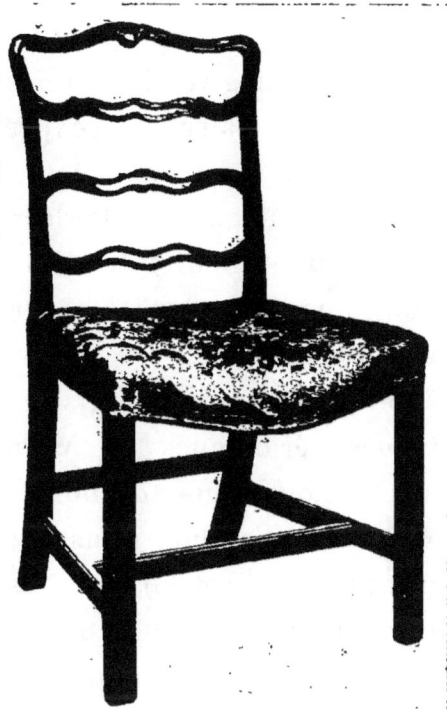

Fig. 112. — Chaise, style Chippendale [1755]. (Collection Gill et Reigate, Londres.)

Derby d'où sont sorties aussi de jolies statuettes (fig. 56), et celles de Caughley, de Plymouth, de Staffordshire (fig. 57), de Stoke-upon-Trent, de Worcester (fig. 58), de Rockingham (en-tête du chap. VI), connue aussi sous le nom de Wall, son directeur, et dont le beau ton d'ivoire rehaussé de reliefs d'or, a fortement inspiré nos usines françaises de Vierzon et de Limoges. Voici enfin une fabrication porcelainière à la marque d'*Herculanum* tout comme celle de Wedgwood se réclamait d'*Etruria*. Cet exposé sommaire de l'expression céramique anglaise suffit à déterminer une nette caractéristique, mais davantage pour le décor serons-nous attirés vers la personnalité de celui de Wedgwood, tandis que la matière garde généralement une saveur bien particulière.

Si, après avoir enregistré l'effort industriel des usines céramiques de Minton, au dix-neuvième siècle, nous nous tournons ensuite du côté de la verrerie artistique, nous admirerons les cristaux massifs (fig. 59 et 60), pour lesquels l'Angleterre est renommée, et, dans l'ensemble, une utilité parfaitement sentie et sans ménagement de la matière.

Ce sont les Anglais qui, ayant découvert la fabrication du cristal, perfectionnèrent la taille et, par l'invention de la taille à facettes, donnèrent au cristal un éclat auquel le verre ne pouvait atteindre.

De la fragilité du verre, nous glisserons maintenant à la délicatesse de la broderie et de la dentelle.

« Habiles dessinateurs et habiles brodeuses, dit E. Lefébure, se sont trouvés réunis pour fonder, du huitième au douzième siècle, la grande réputation de l'*opus anglicum*... »

Et l'on croit que le point dit d'*Angleterre* fut

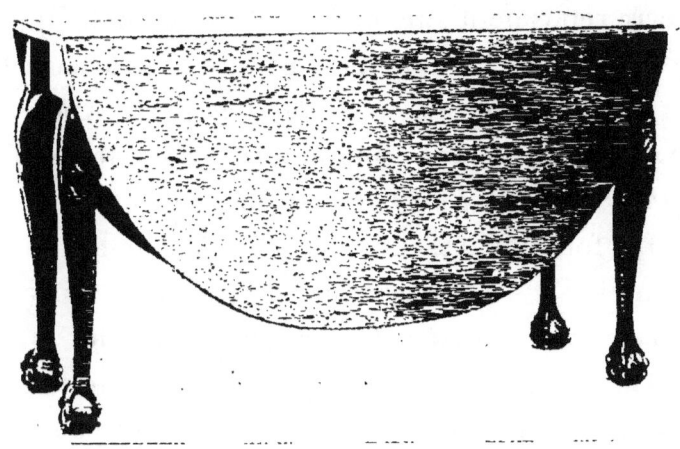

Fig. 113. — Table à abattants, style Chippendale [1760].
(Collection Gill et Reigate, Londres.)

inventé au pays de Shakespeare (d'où son nom persistant malgré son exécution exclusivement belge) et que sa fabrication passa en Belgique, faute d'ouvrières. Mais il apparaît plus probable que ces dentelles ayant été proscrites d'Angleterre à cause de leur luxe, durent être exécutées économiquement en Belgique d'où, en fraude, elles revinrent au pays d'origine.

Le point d'Angleterre ou *application* a été longtemps imité en France, à Mirecourt dans les Vosges, et, avant les *applications* d'Angleterre, la Belgique fabriqua des *dentelles* dites d'Angleterre, qui se distinguaient des guipures de Flandre par l'exécution du fond ; c'est-à-dire que les dentelles d'Angleterre reposaient sur fond de réseaux tandis que les guipures de Flandre étaient sur fond à barrettes.

Nous ajouterons que l'*application* d'Angleterre n'est qu'un dérivé économique des dentelles d'Angleterre, au dix-huitième siècle sans doute.

Le fond de réseaux, exécuté à la main dans la dentelle d'Angleterre, nous amène à parler du même fond réalisé à la machine : du tulle.

Un certain Hammond, originaire de Nottingham (comté de l'Angleterre centrale), passe pour avoir réalisé initialement, en 1768, sur un métier à bas, un tulle inspiré du réseau bruxellois. Ce tulle aurait été perfectionné par deux compatriotes d'Hammond : Heathcoat et Lurdley, grâce à un métier nouveau qu'ils baptisèrent : *à bobin*.

Puis, après les guerres franco-anglaises, Napoléon Ier fit venir de leurs pays d'origine les métiers à tulle dont l'essor avait été interrompu et qui se répandirent bientôt en France.

Pourtant, comme la ville française de Tulle donna son nom à la matière en question, n'y a-t-il pas lieu de supposer que les premiers essais de fabrication du tulle eurent lieu dans le chef-lieu de la Corrèze avant ceux de Nottingham?

D'ailleurs, dans cette ville anglaise on exécuta, en 1807, des dentelles d'Espagne, et de la Valenciennes, des Malines, du Chantilly, etc., dus encore à l'in-

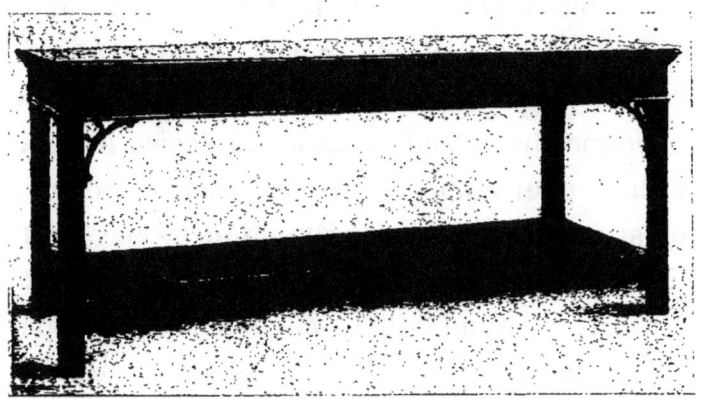

Fig. 114. — TABLE, style Chippendale [1755].
(Collection Gill et Reigate, Londres.)

dustrie de Nottingham, achèvent de nous dérouter.

Mais voici, parmi les dentelles lourdes, au crochet (*crochet lace*), celle d'Irlande et, parmi les broderies, une broderie dite anglaise, sans oublier une dentelle d'Hamilton, en Écosse.

C'est encore d'Irlande, de Limerick, que proviennent des tulles justement vantés et les dentelles à roues de frivolité « Tatings ». Alors que Youghal et New Ross nous procurent les fines guipures à l'aiguille, avec fleurs en relief, connues sous le nom de « Jesuit's lace ».

Au résumé, il appert que cette délicate et précieuse expression n'est point indifférente en Angleterre et, quant à sa technique, elle est aussi parfaite que partout ailleurs.

N'oublions pas que quelques snobs français s'habillent aujourd'hui (de même qu'ils se font blanchir!) à Londres. Les tissus anglais sont réputés ; la coupe du vêtement masculin, voire le **costume tailleur pour dames**, offre une correction **typique**, mais cette correction britannique s'accorde-t-elle bien avec la souplesse d'allure française? Il est vrai que si le costume tailleur anglais habille (1) parfaitement la rigidité féminine anglaise, c'est à la France que les « ladies » les plus « select » font appel pour la confection de leurs robes floues, de leurs froufrous et franfreluches.

Volontiers, d'ailleurs, les nations empruntent entre elles ; ici la qualité d'utilité, là celle de la beauté, plus ou moins bien adaptée mais certainement convertie à l'originalité qui s'en empare. De telle sorte que l'impersonnalité créatrice bénéficie de l'appropriation paresseuse ou native, acclimatée.

---

1. On observe curieusement que si les Anglais excellent à habiller leurs « babys », ils n'apportent aucun goût dans la confection du jouet. Celui-ci est demeuré presque barbare.

LES ARTS APPLIQUÉS 209

Sous le Directoire, nos Merveilleuses embrassèrent subitement les modes anglaises. Et, sous cette impulsion de coquetterie qui n'admettait que l'élégance de Londres, les couturières traversèrent le détroit pour y étudier le nouvel art.

Les douillettes brodées de velours, les spencers

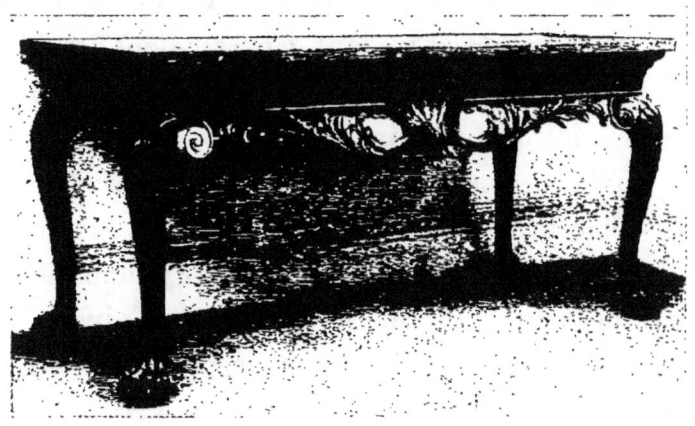

Fig. 115. — TABLE, style Chippendale.
(Collection Gill et Reigate, Londres.)

bordés de poil, les dolmans, datent de cette vague d'impersonnalité qui ramena curieusement la décence dans le costume féminin de l'époque.

Auparavant, déjà, au milieu du dix-septième siècle, l'Angleterre envoyait à nos élégantes des gants en point d'Angleterre sous lesquels la main, le bras et les bijoux gracieusement apparaissaient.

Les costumes moyenâgeux que portent encore aujourd'hui les gardiens de la Tour de Londres (*bee-*

featers) ont bien été dessinés par... Holbein le Jeune !

Après cette digression où nous vîmes chanceler l'originalité qui nous intéresse, nous reviendrons aux arts utiles en Angleterre.

Du tissu, dont nous vanterons la qualité artistique lorsque l'art appliqué moderne viendra sous notre plume, nous passerons à la tapisserie. La tapisserie anglaise provient généralement des Flandres, de l'Espagne et de la France, mais elle connut aussi une propre personnalité. Importée par W. Sheldon, vers la fin du règne de Henri VIII; la tapisserie de haute lice devait permettre à Jacques Ier de fonder à Mortlake (comté de Surrey) une célèbre fabrique anglaise. Sir Francis Crane dirigea la manufacture de Mortlake dont le peintre Cleen ou Cleyn de Rostock inspectait les travaux. Les sept fameux cartons de Raphaël conservés à Hampton-Court représentent magnifiquement cette belle fabrication, sous Charles Ier.

Autrefois, en Angleterre, on appelait les tapisseries : *arras*, du nom de la ville française où on les fabriquait. Et, comme vanter de tels joyaux serait superflu, nous nous rabattrons sur l'histoire et la légende. On appendait ces tapisseries à une certaine distance du mur, et c'est dans cet espace que Philippe d'Espagne se cacha durant l'entrevue de la reine Marie et d'Élisabeth, c'est à travers une tapisserie que Hamlet tue Polonius et c'est encore derrière une tapisserie que s'endort Falstaff.

Du côté luminaire, point davantage de style propre; le chimiste anglais Davy arrache à une

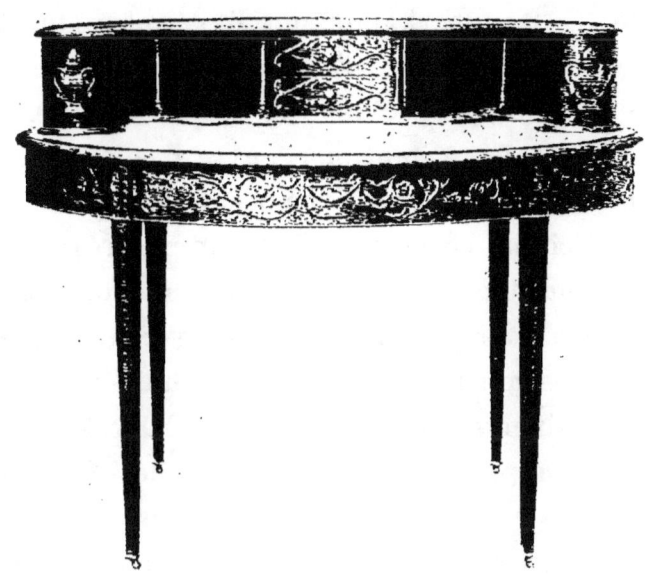

Fig. 116. — Bureau, style Adam.
(Collection Waring et Gillow, Paris.)

pile de Volta la première étincelle de la lumière électrique, mais cette grande découverte n'influe point esthétiquement. Le lustre anglais transpose en le raidissant l'exemple français, et ses flambeaux et candélabres ne sont encore qu'une version des types hollandais et des nôtres.

En ce qui concerne les papiers peints et les toiles imprimées, l'Angleterre détient le record de la fabrication, à défaut de celui du décor, inspiré toujours des modèles du continent, revus et corrigés dans le sens national. En France, au dix-huitième siècle, C.-P. Oberkampf, un Bavarois naturalisé français, perfectionne l'industrie de l'impression des étoffes et, pour éviter de demander à l'Angleterre les étoffes à imprimer, ouvre des ateliers de filature et de tissage à Essonnes.

Nous citons ce geste d'Oberkampf, créateur de ces fraîches tentures de Jouy (du nom d'un premier atelier sis à Jouy-en-Josas) qui égayèrent délicieusement nos intérieurs français du dix-huitième siècle, pour justifier seulement l'intérêt d'Oberkampf à devenir son propre fournisseur de toiles. Effectivement, nous voyons qu'en 1858, déjà, les toiles blanches ou écrues et les toiles peintes et teintes fabriquées en Angleterre (seulement pour l'exportation) faisaient une longueur de 2.097.000.000 de mètres : c'est-à-dire cinquante-deux fois le tour de la terre!

Si nous examinons maintenant l'art de la reliure, nous l'apprécions remarquable dans la seconde moitié du seizième siècle, sous l'égide de la reine Élisabeth, et la tradition du livre richement paré se poursuit avec les noms de Robert de Payne, de Lewis. de Cobden Saunderson.

En somme, et avant de parler du meuble anglais dont l'histoire plus originale nous séduira, les arts appliqués anciens, qui nous occupent, ne sont

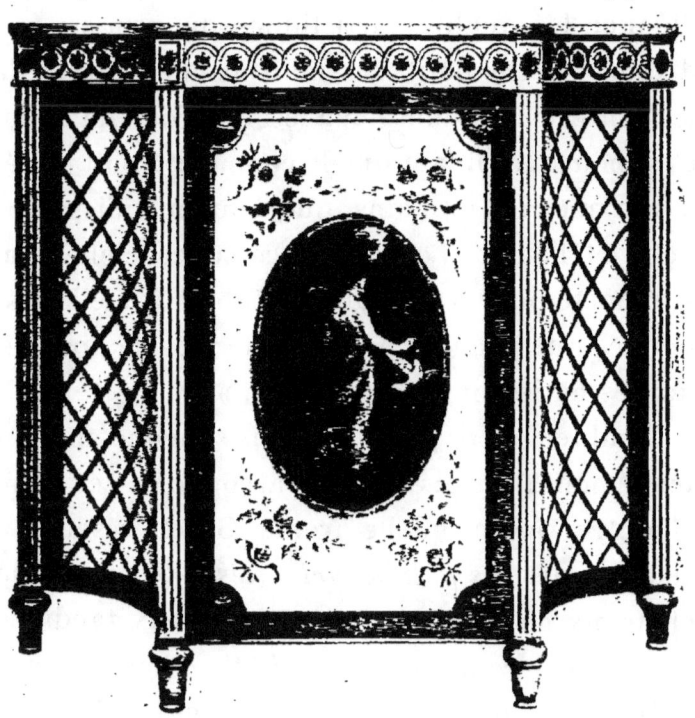

Fig. 117. — Commode, style Adam (1785).
(Collection Gill et Reigate, Londres.)

guère attractifs. Il leur manque la grâce et la fantaisie, la souplesse aussi ; ils n'offrent guère pour caractéristique que des qualités de solidité et d'utilité résolues par une technique que seule nous avons pu certaines fois envier.

D'ailleurs, l'opinion de Bacon sur les vertus de l'esthétique architecturale au dehors, apparaît singulièrement exclusive, et il y a lieu de penser que le philosophe anglais n'entendit pas moins condamner les qualités artistiques du « home », au dedans : « On bâtit des maisons pour vivre dans leur intérieur et non pour les regarder du dehors ; c'est pourquoi il faut que la commodité soit préférée à la symétrie, à moins que l'on ne puisse avoir l'une et l'autre. Les curiosités superficielles qu'on y apporte pour les rendre agréables à l'œil ne sont bonnes que pour les palais enchantés de nos poètes qui les bâtissent à peu de frais. »

Combien cette parole anglaise choque notre entendement français et le désarçonne en cette fin de chapitre! Avec quelle ironie Bacon réserve aux seuls poètes *ces palais enchantés*, — ces somptueux châteaux en Espagne, ces merveilleux taudis souvent, que dore la pensée, — *bâtis à peu de frais!*...

Mais, au fait, ce ne sont point nos hôtels et villas particuliers, avec leurs façades prétentieuses sacrifiant si volontiers l'utilité intérieure, qui donnent tort à Bacon! Quelles maisons de plaisance françaises pourraient rivaliser, — notre époque présente exceptée, — avec leur équivalence en Angleterre?

Nos constructions privées du dix-neuvième siècle, gothiques, moyenâgeuses, Renaissance, etc., outre qu'elles constituent un anachronisme et une offense pour notre paysage, présentent-elles, en dépit et à cause de leur extérieur vaniteux, le moindre rapport pratique et esthétique avec le « cottage », avec la maison de campagne anglaise, ancienne même?

Et pourtant, combien le sentiment de l'utilité prédominante et l'exclusivisme « bourgeois » contredisent à cette noble idée de la beauté diffusée, démocratiquement offerte à tous! Comment, à l'ombre de tels principes, les arts, même utiles, eussent-ils pu s'épanouir?

Mais Shakespeare a jeté l'anathème : « Honte à celui dont l'âme ne peut s'élever plus haut que le vol d'un oiseau! »

Aussi bien, à l'exclusivisme d'un Bacon s'oppose l'éclectisme d'un Ruskin. L'idée de l'art dans tout, essentiellement française, s'est rencontrée harmonieusement dans la pensée d'un autre grand Anglais.

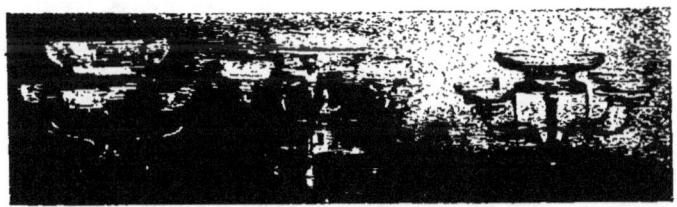

Surtouts anciens de Sheffield,
métal et cristal taillé. (Collection Gill et Reigate, Londres.)

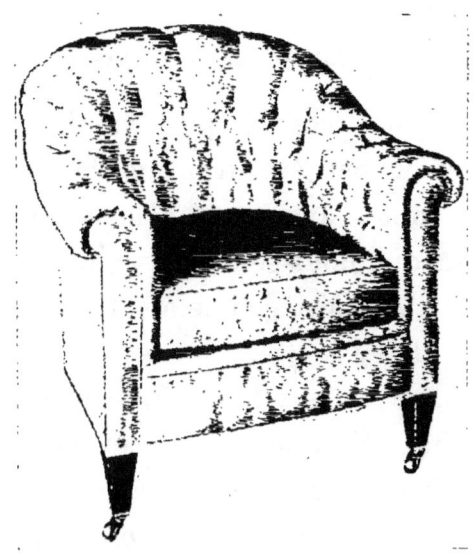

Photo. H.-C. Ellis.
FAUTEUIL DE BUREAU moderne.
(Collection Waring et Gillow, Paris).

CHAPITRE VII

Les arts appliqués (*suite*), le Meuble : Thomas Chippendale, les Frères Adam, etc.

Lorsque l'on aborde l'étude du meuble, il faut se reporter à l'architecture des pays aux aises intérieures desquelles il s'adapta. A l'architecture pratique répond le meuble pratique, souvent au mépris de l'art, pour sa condamnation, car la beauté d'un meuble ne saurait se justifier sans la commodité, et réciproquement.

Or, nous ne croyons pas que le réel confort, réalisé par la bergère française au dix-huitième siècle, ait eu des ancêtres, même au pays du confort, tandis que nous sommes persuadé de l'expression supérieure du siège anglais d'aujourd'hui, pour l'agrément de l'assiette.

Mais est-ce un symbole? Le siège anglais (entête du chap. VII) dont nous parlons, s'est réfugié dans le cabinet d'affaires. Il trône, ventripotent et massif, devant un bureau non moins serviable qu'un dispositif de casiers, à proximité. Et ce mobilier spécial se complète d'autres fauteuils aussi ventripotents et massifs. Que pense maintenant l'esthétique de ce mobilier spécial? Elle en pense que la fonction crée l'organe et que l'idéal des affaires doit se borner au pratique. D'autre part, l'habitude a consacré le mobilier de bureau anglais avec ce snobisme d'improvisation qui béatifie l'importation étrangère, tandis que l'esthétique s'applaudit d'une convenance parfaitement réalisée. Et voici, presque, que le mobilier-type du bureau d'affaires est créé! Cette fois, donc, les Anglais (et les Américains) sont nos maîtres.

A bien y penser, cette salle de travail procure aussi, au bout de l'antichambre, ou bien après la traversée du salon, une oasis presque indifférente à l'esthétique. Mais, en admettant que l'appartement, dans l'ensemble, sacrifie au meuble ancien, ce bureau « excentrique » produit son effet.

Son contraste est original. La carrure, en cuir

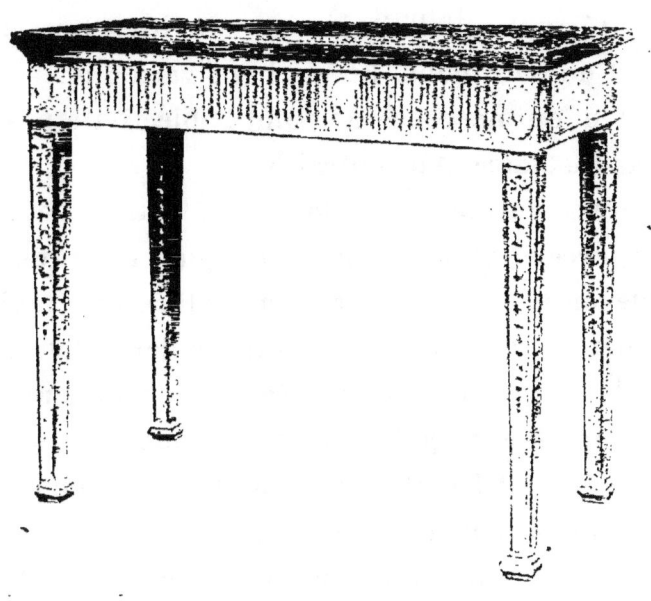

Fig. 120. — Table, style Adam.
(Collection Gill et Reigate, Londres.)

fauve, rouge ou vert, de son fauteuil au bâti robuste mais dissimulé sous des capitons et ressorts, si douillet lorsque l'on s'y assied, si enveloppant, au point même qu'on a grand'peine à le quitter, si prédisposant enfin à la bonne affaire!

En vérité, ce fauteuil méritait bien d'être vanté, avec les pièces qui l'accompagnent, en tête de ce chapitre, malgré qu'il appartienne à l'art anglais moderne.

« Un lit est un lit et non un poème, » a dit un excellent « meublier » français de nos jours, et il a ajouté qu'il ne fallait pas faire de littérature en édifiant un petit banc. Et voici, en vérité, un avertissement qui ne concerne point l'objectivité pratique d'un insulaire. Au contraire.

Nous aurons plus loin, d'ailleurs, l'occasion d'apprécier un ameublement anglais moderne, dont l'élégante sagesse de la forme, alliée très judicieusement au confort, répond aux meilleurs desiderata.

Mais nous devons, au préalable, examiner le style du mobilier anglais ancien. Ce mobilier, nécessairement, suit les étapes de l'architecture en son originalité la plus frappante.

Déterminons donc, premièrement, les styles anglais ; nous donnerons ensuite les époques anglaises auxquelles les styles français et hollandais correspondent et prévalurent. Car, si les styles classiques français commandèrent au monde entier, le style hollandais (ainsi que nous le vîmes, notamment par la silhouette extérieure du « cottage » où s'évoque un peu aussi notre chalet normand, sous le rapport de l'intimité) influença vivement le meuble anglais ancien.

Les styles anglais anciens se dénomment :

Tudor et *Élisabeth; Jacobean; Queen-Anne, Georgian; Chippendale; Adam, Hepplewhite* et *Sheraton.*

Rappelons, avant d'entrer dans le détail, que le style d'architecture *Tudor* (1485-1558) désigne les

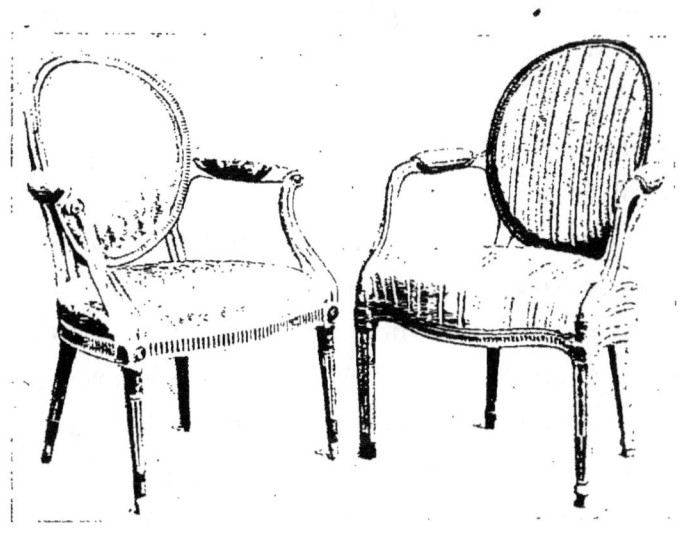

Fig. 121. — Fauteuils, style Adam.
(Collection Gill et Reigate, Londres.)

dernières phases du style *perpendicular*, dans le mode ogival (ou gothique) flamboyant, avec les toutes premières lueurs de la Renaissance, et que le style *Élisabeth* (1548-1603), qui représente plus essentiellement la Renaissance anglaise, a son pendant en France dans le style François Ier (suivant la classification arbitraire britannique ; c'est-à-dire malgré que le style de François Ier précède chronologiquement le style d'Élisabeth).

Le lecteur rapprochera donc la conception architecturale de celle du meuble aux époques correspondantes, en comprenant dans la Renaissance anglaise sa dernière période dite : *Jacobean* qui, pourtant, se manifeste parallèlement au temps de Henri IV et se poursuit (en matière de mobilier) jusque vers 1688, c'est-à-dire dans l'époque architecturale anglaise : classique (moderne) du dix-septième siècle ou règne de Louis XIV, en France.

Nous ferons remarquer, d'autre part, qu'à la fin du règne des Stuarts d'aucuns discernent un style *Carolean* (du nom de Charles II) qui marque la reprise du luxe mobilier (à l'exemple du style de Louis XIV) après une période régressive de simplicité et d'austérité représentée par Cromwell et les Puritains. Mais en somme, le « Carolean » ne saurait être réellement détaché du style *Jacobean* dont il exprime seulement la dernière période, la plus brillante.

De même que, pour l'architecture, nous confondrons le mobilier de la Renaissance anglaise dans les trois étapes des styles Tudor, Élisabeth et Jacobean, malgré leurs nuances d'expression que nous ferons ressortir, en insistant sur ce point que nos voisins d'outre-mer subirent davantage et plus longtemps que nous le joug de l'Italie.

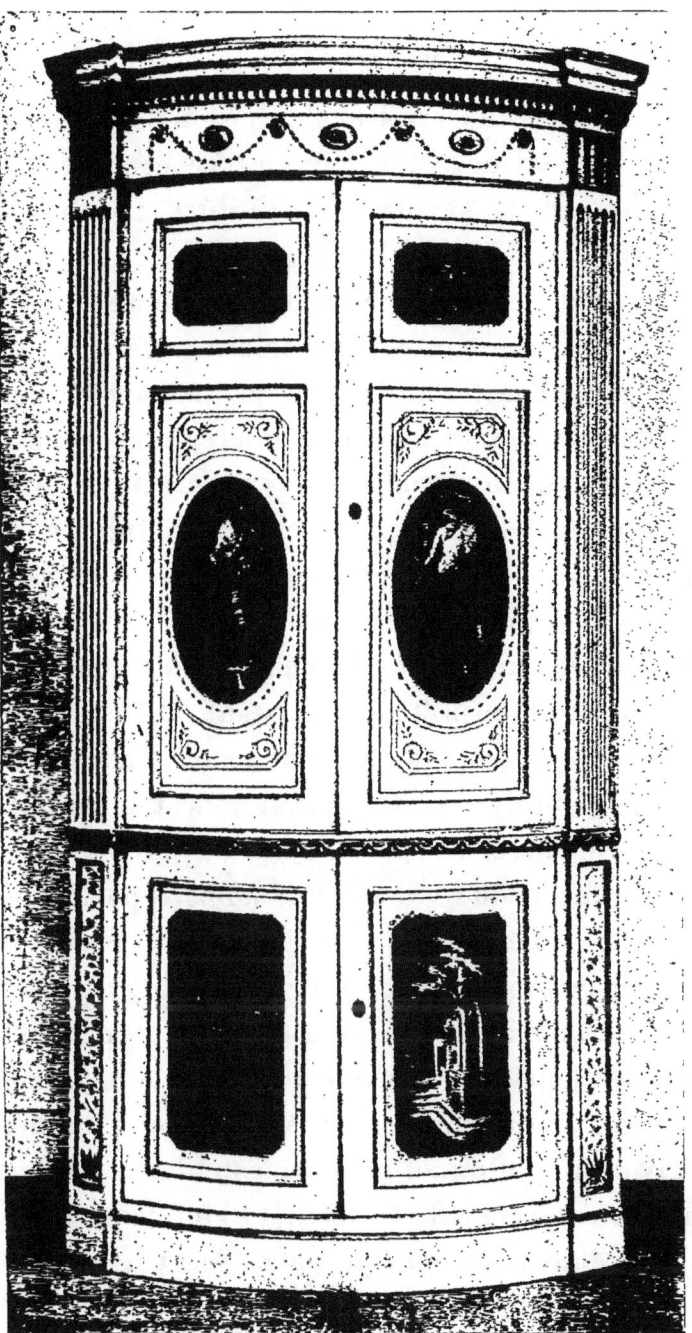

Fig. 122. — Armoire d'encoignure, style Adam (1785).
(Collection Gill et Reigate, Londres.)

D'ailleurs, au seuil des précisions suivantes qui s'efforceront de déterminer les styles du mobilier anglais (nous savons les subtilités parallèles de l'architecture), nous déclarons que ces styles ne sauraient être aussi nettement reconnaissables que les nôtres. Les expressions anglaises réfèrent plutôt à un ordre dynastique qu'à une époque d'art très caractéristique, à moins que la manière personnelle d'un artiste (un Chippendale, un Adam) ne les signe. D'autre part, les expressions du mobilier anglais portent sur plusieurs époques et, si nous avons respecté les qualifications anglaises, en dehors des œuvres éloquentes de Chippendale, des Adams et du rapport d'interprétation existant avec les styles français (sans le plus souvent correspondre avec le règne de nos rois), il apparaît délicat sinon impossible de discerner parmi tant de phases royales ou de façons individuelles, à moins cependant que le goût hollandais ne se mêle, sous la reine Anne, d'accuser presque à coup sûr, un style *Queen Anne*.

STYLE TUDOR ET ÉLISABETH. — Ce style date du règne de Henri VIII, époque où se révèle la première expression du mobilier en Angleterre. L'influence ogivale (ou gothique) domine jusque dans la première période du règne d'Élisabeth, et l'influence Renaissance, dans la seconde période. C'est l'âge du chêne (*oak age*) que le style Jacobean continuera.

Peu à peu l'empreinte ogivale disparaît pour s'égayer de Renaissance et accuser cette dernière

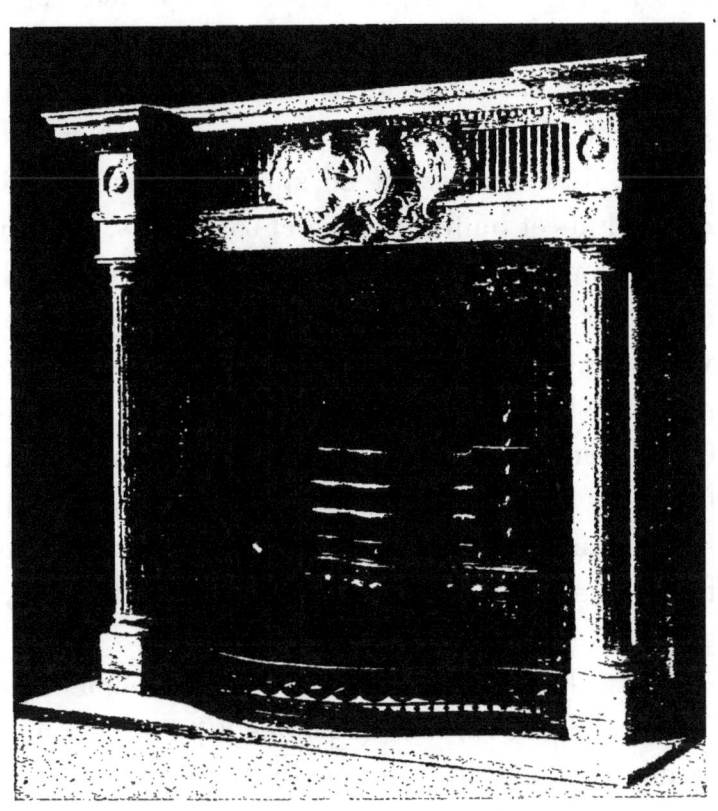

Fig. 123. — CHEMINÉE, style Adam.
(Collection Gill et Reigate, Londres.)

manifestation. De la seconde période du règne Élisabeth (1540-1560) datent des efforts de décoration réellement magnifiques dans une réalisation robuste et opulente. Les meubles en chêne dominent. Ils sont massifs et lourds, d'un grand caractère. Voici des tables longues, de hall ou de réfectoire (fig. 61), larges et épaisses, ornées sur la ceinture de motifs simples, plutôt géométriques. Les quatre ou six pieds de ces tables, généralement solidarisés par un bâti, à leur base, sont garnis au milieu, de cylindres ou de sphères énormes. Voici des bahuts et buffets (fig. 62 et 65) trapus, pourvus d'entablements très décorés ainsi que tout l'ensemble, d'ailleurs. Voici des chaises à dossier élevé, très souvent cannées; voici des lits (fig. 64) dont les colonnes s'alourdissent des mêmes ornements remarqués aux tables, ornements disproportionnés et accumulés autour d'un fût qui apparaît ainsi singulièrement grêle.

Au résumé : expression de raideur et de pesanteur, d'ampleur et de majesté, à l'image d'un règne glorieux.

Style Jacobean. — Il date de l'avènement des Stuarts, avec James Ier (Jacques Ier) d'où son nom, et nous n'adoptons point son autre qualification de « Stuart » pour les raisons que nous avons fait valoir à l'architecture. Le *Jacobean* correspond à la première moitié du dix-septième siècle (1603) et s'étend, répétons-le, pour le mobilier, jusqu'en 1688 ; de telle sorte qu'il tient de la Renaissance, des époques Henri IV, Louis XIII et Louis XIV, dans sa dernière expression.

Le Jacobean apporta un luxe moins sévère, plus chatoyant, à la précédente époque dont il représente la transition. Il accuse le modèle italien dans une manière anglaise bien distinctive, et, à vrai dire, en dépit de ses airs empruntés, il relève d'un agrément propre.

A. de Champeaux (*Le Meuble*) a dit fort justement que nous ne devions pas juger les artistes des contrées voisines avec des yeux exclusivement français, et qu'il est juste de leur reconnaître une valeur personnelle en dehors des imitations malheureuses.

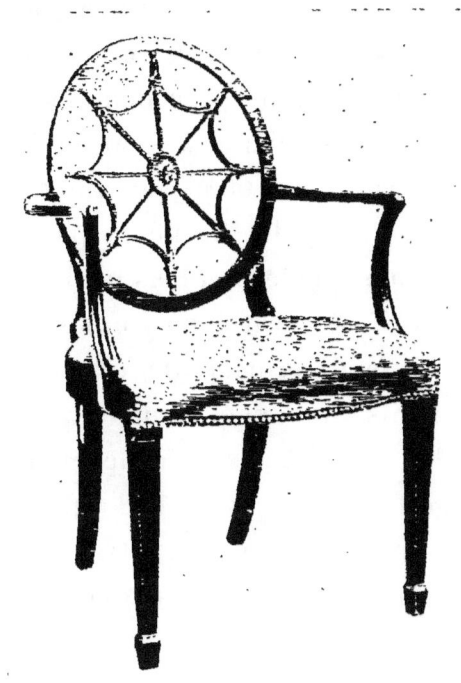

Fig. 124. — Fauteuil. style Adam.
(Collection Gill et Reigate, Londres.)

Or, il découle logiquement de cette valeur personnelle que le modèle inspirateur dut, entre les mains étrangères, s'altérer conformément au goût national de chaque pays. D'où cette nuance de personnalité que nous vîmes déjà à l'architecture, pour les mêmes raisons.

Le *style Jacobean* n'est point riant. Sa gravité, son grand caractère, en imposent, mais avec plus d'aménité que précédemment. Toute son ornementation est plane, à fleur du bois. Formes carrées, lourdes (fig. 66 et suivantes). Meubles composés, sur la façade, de petits panneaux juxtaposés (de même que les lambris prolongés jusqu'au plafond). Motifs décoratifs où communient curieusement des inspirations orientales et scandinaves avec des ornements de l'époque romane : stries, rubans, nattes. damiers, et des arcades non point romaines, ni gothiques, romanes encore. Quelquefois cependant, la palmette grecque, très plate et très allongée, apparaît parmi ces détails. Point d'inspiration animale; la flore seule, symétriquement et sommairement découpée. Les balustres des meubles (dans la forme italienne), généralement sans ornements, sont tournés parfois, à l'excès. Il en est de ronds et de carrés; il en est aussi de godronnés, à pans coupés, alternés ou non. Entre ces balustres, souvent (et surtout dans les escaliers) des ornements courts pendent sous la main courante de la rampe ; — on ne saurait trop insister sur le caractère magistral des escaliers anglais. Les pieds des sièges sont fréquemment prisonniers dans un cadre, à la base. Si ces sièges comportent des bras (on voit beaucoup d'escabeaux), ceux-ci, au départ du dossier, offrent volontiers un décrochement original et, de même, les bras en leur aboutissement, reposent sur le balustre vertical qui les relie au plateau où l'on s'assied, curieusement encastrés. On dirait que la courbe d'aboutissement porte sur un sifflet.

Tables, bancs (fig. 67 et 68), vastes et largement équarris, tabourets pareils, achèvent la description très générale du *style Jacobean*, riche et de grand aspect, plutôt Henri IV et Louis XIII plus on l'examine, que Renaissance, avec son bois prodigué (du parquet aux murs et du mur au plafond), et son austérité.

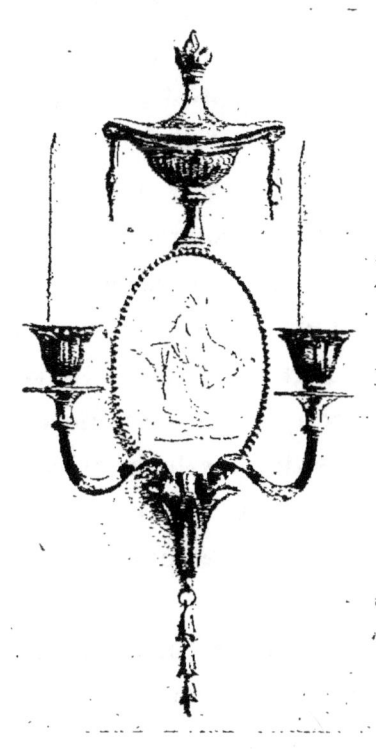

Fig. 125. — APPLIQUE, style Adam. (Collection Waring et Gillow, Paris.)

Les fauteuils (fig. 69) et chaises de cette fin de

Renaissance, lorsqu'ils sont en cuir (avec dossier et siège larges et cloutés) renforcent notre impression.

Mais, en définitive, ce Louis XIII n'est que notre Renaissance dépouillée de son sourire et de sa grâce. Appréciez plutôt encore cette analogie dans l'aspect similaire des bahuts anglais « Jacobean » (fig. 65) avec les nôtres, sous Louis XIII.

Autre singularité décorative de la Renaissance qui nous occupe (celle-ci toujours entachée de Louis XIII) : la reproduction sculptée dans le bois de gros clous de cuivre, soit en bordure, soit groupés. Et, en général, une non judicieuse transposition de la matière métallique, car les Anglais, excellents sculpteurs sur bois, fins mosaïstes et marqueteurs, sont inférieurs dans le travail du bronze.

C'est ce qui explique le remplacement, souvent, de cette dernière matière, par des sculptures dorées, ou la préférence du bois doré en place de bronze.

Au reste, pour poursuivre, n'oublions pas que nous sommes en Angleterre, et l'époque puritaine de Cromwell, avec l'obstacle artistique du fanatisme religieux, surgit, qui séparera le début du règne des Stuarts de sa période finale.

Il ne sera donc guère plus question d'esthétique sous Cromwell (fig. 72) ; la beauté a émigré.

Elle nous reviendra sous les auspices du style « Carolean », d'inspiration française, avec les derniers Stuarts.

Ainsi qu'il se produit généralement après toute période austère, la réaction ramène le ciel serein.

La magnificence joyeuse de la cour de François Ier

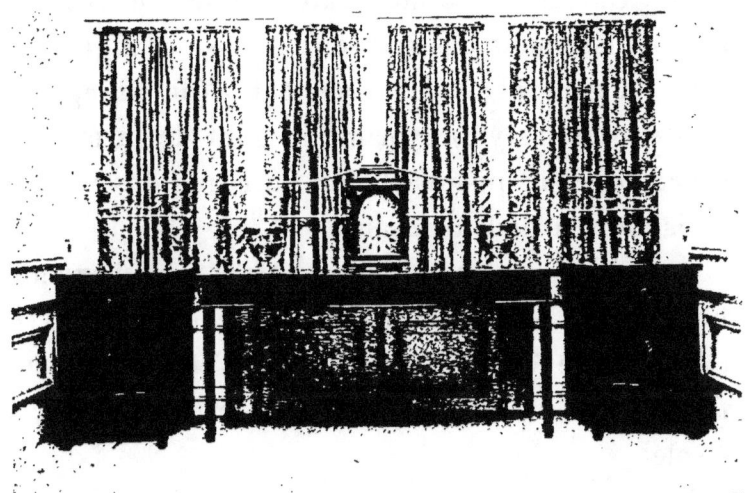

Fig. 125. — TABLE ET PETITS BUFFETS, style Adam [1775].
(Collection Gill et Reigate, Londres.)

avait été morigénée par le fils d'Henri IV (un protestant) et, en France encore, Louis XIV dorera ces mêmes fauteuils que son père préférait sans éclat. Et les frontons, comme les plafonds de Louis XIII, s'exhausseront, tandis que la lumière, auparavant mesurée par des fenêtres basses, jaillira des baies élargies, grâce au roi soleil.

Pareillement pour le « Carolean », du nom de Charles II. La restauration de ce monarque fit l'effet d'un coup de lumière sur les pauvretés de l'ère de Cromwell, et précisément la cour de Louis XIV s'offrit en exemple grandiose à la réaction.

De Charles II donc, date l'effort du retour à l'embellissement des résidences aristocratiques, au luxe en général ; et le « Carolean » (davantage une phase qu'un style) exprime le goût de la magnificence revenue jusqu'à la fin du règne des Stuarts, mais dans le goût français.

Avec le « Carolean » nous quittons ainsi l'exemple italien qui, étant donné le ralliement tardif de l'Angleterre à la Renaissance, s'était d'ailleurs trouvé bientôt mâtiné de notre style du dix-septième siècle.

Rien à proprement dire de caractéristique sur ce « Carolean » (fig. 73 et 74), sorte de Louis XIV richement adapté à l'anglaise. Mais, dès *Guillaume III et Marie* (1689-1702), voici un Louis XIV hollandais, plus spécial.

Guillaume III est un prince d'Orange qui, stathouder de Hollande, devint roi d'Angleterre en 1697. On lui reprocha, en dehors de ses guerres, ses séjours en Hollande et les faveurs qu'il accordait aux Hollandais. La prédominance de l'art hollandais s'explique par ces préférences royales, la cour ayant toujours donné le ton, en matière de style et de mode.

Nous apercevons, à cette époque, des bahuts

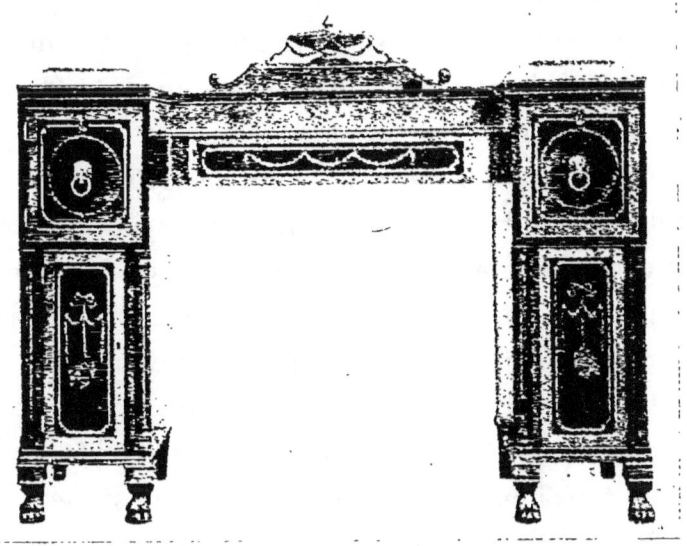

Fig. 127. — BUFFET, style Adam [1785].
(Collection Gill et Reigate, Londres.)

hollandais qui tiennent de nos cabinets du dix-septième siècle. Bahuts en bois sombre rehaussé de clair, avec des ornements vastes, souvent oblongs et encadrés de larges marguerites, taillés en biseau sur leurs bords.

Les fauteuils, de même que tous les meubles, sont solidarisés à leur base par un bâti en X. Les pieds et les bras des fauteuils sont largement épanouis.

Quant à la chaise, son dossier élevé est à jour, traversé verticalement par une sorte de pilastre orné. Dossier trop long, partie inférieure du siège un peu lourde. La cheminée d'encoignure, par exemple, où figurent ces meubles, est à hotte verticale et agrémentée de deux étagères se terminant par un ornement en pyramide. Des pièces de céramique sont indiquées pour la garniture de ces étagères.

Au fur et à mesure de cette description, le modèle hollandais combat notre désir de discerner une façon anglaise, et cependant ce style hollandais-là parle la langue de Shakespeare par un côté grêle, par quelque aridité. Pour un peu, en dehors de leurs nettes influences à peine contredites, les manières Jacobean et Carolean mériteraient d'être confondues dans l'expression du dix-septième siècle.

STYLE QUEEN ANNE (reine Anne, 1702-1714). — Avec ce style qui compte parmi ceux que les Anglais préfèrent, c'est une période de fin Louis XIV qui se poursuit en entamant notre Louis XV avec, toujours, l'inspiration hollandaise dominante.

Avant la reine Anne, Guillaume III d'Orange, du règne de qui date cependant l'introduction en Europe des précieuses laques japonaises dont, depuis 1700, tous les styles devaient s'emparer, n'avait guère marqué la courte période mobilière de son gouvernement qu'en substituant le bois de noyer au chêne et aux autres essences jusque-là employées (1); et les modèles de la reine Anne trouvent leur caractéristique dans une remarquable sobriété du décor qui ne déméritait pas, néanmoins, du luxe de l'époque de Charles II, successeur de Cromwell et de l'action des Puritains, restaurateur de la beauté du meuble.

Sous la reine Anne, les sculptures, à l'exemple hollandais, sont rares sinon inexistantes. La marqueterie claire sur fond sombre, représente le décor avec une préciosité, une profusion (fig. 77 et 78) et un goût... très hollandais.

Mais la chaise « Queen Anne » est typique avec son siège largement ceinturé et le galbe de ses lourds pieds de devant terminés par une torsade aplatie, auxquels répond un long et maigre dossier; un dossier brusquement chantourné sur ses bords et garni d'une étroite bande à peine contrariée dans sa verticalité, en haut et en bas.

(1) Pourtant, il ne faut pas oublier que les préférences hollandaises du prince d'Orange lui firent, chronologiquement, adopter les premières formes et décors dont hérita, nominalement, le style Queen-Anne, qui, datant du début du règne de Guillaume III et Marie, dépassa la période même du règne de la reine Anne et fut populaire jusque sous George Ier et II...
Mais nous respecterons ici la classification le plus généralement adoptée en Angleterre. L'influence hollandaise se poursuit donc dans le style Queen-Anne (qui absorbe la période précédente) et nous verrons le *Georgian*, hollandais encore, mais inspiré aussi de la France.

Cette chaise disproportionnée s'agrémente parfois d'incrustations de bois clair, toujours dans le genre hollandais, sur la lame de son dossier ; quelquefois aussi, ce dossier se découpe en manière de balustre. Et les pieds, auprès du siège dans leur partie la plus épanouie (toujours très épanouie), sont garnis d'un ornement en saillie, ayant la forme d'une M galbée.

Chaises cannées aux pieds à balustres carrés et tronqués, sièges décorés au sommet du dossier de larges volutes ; ornements empruntés à la flore froidement stylisée.

Fauteuil à oreilles, à joues pleines, contorsionnées et s'attachant par un brusque ressaut à une base tortillée que des pieds courts et larges soutiennent. Secrétaire au corps massif que dessert le manque de grâce de pieds analogues. Ces pieds souvent en saillie, à la manière chinoise, immédiatement au-dessous du corps du meuble et rejoignant verticalement le sol pour s'y écraser. Lits à colonnes minces et rectilignes, à cannelures sobrement marquetées ; ciels de lits plats. Abondance de moulures fines. Cabinets (fig. 82) vastes et enrichis de marqueteries, genre Boulle pour le travail, mais hollandais comme décor.

Sans oublier, alternant avec les précédents ramages décoratifs (à rattacher logiquement à la période plus essentiellement hollandaise de Guillaume III et de Marie), des commodes (fig. 80), des bureaux - bibliothèques (fig. 92 et 93), des canapés (fig. 90), fauteuils (fig. 86) et chaises (fig. 84), aux bois et aux placages unis, qui tout en appartenant au Queen-Anne touchent au Georgian.

Ensemble gras et bulbeux, gonflé et massif, d'une harmonie singulière mais cossu et relevant d'une parfaite exécution.

A retenir surtout la curiosité des sièges plutôt que leur équilibre agréable et remarquer que ceux-ci, avec les tables, inaugurent sous leur aspect hollandais les pieds gracieusement tordus de notre dix-huitième siècle.

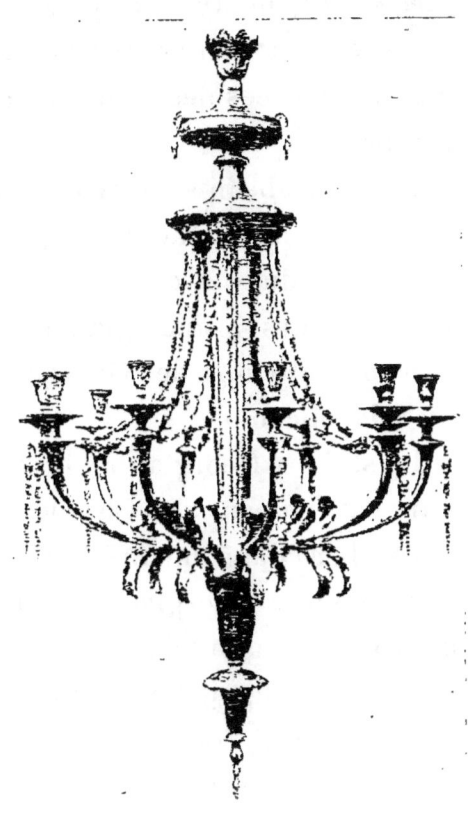

Fig. 128. — Lustre (en bois), style Adam.
(Collection Waring et Gillow, Paris.)

Style Georgian (de la dynastie des Georges ; plus exactement de George II, de 1715 à 1730). — Sous George Ier, le style « Queen-Anne » se prolonge, mais avec des alternatives particulièrement françaises inspirées des styles Louis XV et Louis XVI (un peu).

Le « Jacobean » avait été avec le style d'Élisabeth l'âge du chêne, le « Queen-Anne » l'âge du noyer, et du « Georgian » date l'avènement de l'acajou. Les grands panneaux au surplus, remplaçant au temps des Georges, les petits panneaux du « Jacobean ».

Le style « Georgian » dit classique (fig. 94), prépare l'avènement du « Chippendale » (vers 1732), qui l'absorbera dans une originalité véritable.

Au style « Georgian » (sous George Ier exactement) sont imputables des sièges fameux dits « Hogarth » (fig. 96) en acajou massif ; les premiers du genre en Europe, car les Chinois nous avaient précédés dans cette matière richement sculptée.

Les sièges « Hogarth » reflètent, en leurs pieds et bras (s'il s'agit de fauteuils), la tourmente du Louis XV, mais leur dossier qui rappelle le style hollandais, s'orne d'une sorte de coquille Louis XIV. Ces chaises ou fauteuils entièrement sculptés, sont plutôt riches et curieux que d'un goût pur. Ils étonnent à côté de ces élégantes bergères et de ces canapés « Georgian » entièrement recouverts d'étoffe, aussi, à l'exception de leurs pieds sculptés en bois d'acajou ; à côté de certains bureaux-ministre, en acajou également, encore sculptés mais avec ce fini qui relève en propre de la ciselure sur métal.

Cette dernière observation est d'ailleurs générale ; les sculptures anglaises, à fleur du bois, si fouillées, semblent appartenir au domaine du bronze ; mais nous avons donné les raisons de cette erreur d'appropriation.

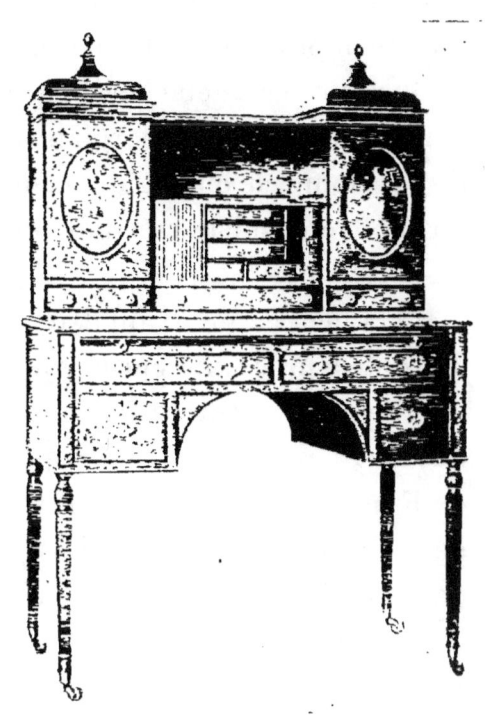

Fig. 129. — BUREAU, style Hepplewhite. (Collection Waring et Gillow, Paris.)

De style « Georgian », encore, ces cadres de miroirs ornementés, ces lourdes consoles, dont le goût très français et un peu italien était richement exalté.

Parmi les ébénistes ou sculpteurs qui se distinguèrent dans le style « Georgian », on cite Isaac Ware, Abraham Swan, les frères Langley; sans oublier le célèbre Grinling Gibbons (fig. 46), déjà vu au chapitre de la statuaire.

On a préféré détacher la personnalité de Chippendale du style « Georgian », duquel en somme il se réclame chronologiquement. Mais l'originalité du maître ébéniste méritait cet hommage que nous respecterons.

Il y a lieu, enfin, avant d'aborder ce nom fameux, d'insister sur les influences gothique et Renaissance et celles également de nos autres styles classiques, aux époques à peu près correspondantes des histoires de France et d'Angleterre, mais mélangées à partir de la fin des Stuarts avec le style hollandais. Cette dernière influence ne cessant guère d'apparaître qu'avec Chippendale et les autres maîtres « meubliers » et décorateurs à sa suite.

Avant de nous séparer du style « Georgian », nous y noterons encore une phase chinoise (précédant l'expression particulièrement heureuse de Chippendale dans le genre) due à la révélation originale de ce pays par William Chambers (architecte cité au chapitre spécial) dont le recueil publié en 1757 (*Designs for chinese buildings*) notamment, fit impression en Angleterre.

Si l'on ajoute à ces emprunts le propre goût anglais en matière ornementale, on obtient l'amalgame, personnel en quelque sorte, déterminé par les appellations successives du style anglais.

Mais, avec la personnalité de Thomas Chippendale, répétons-le, nous aurons l'avantage d'un

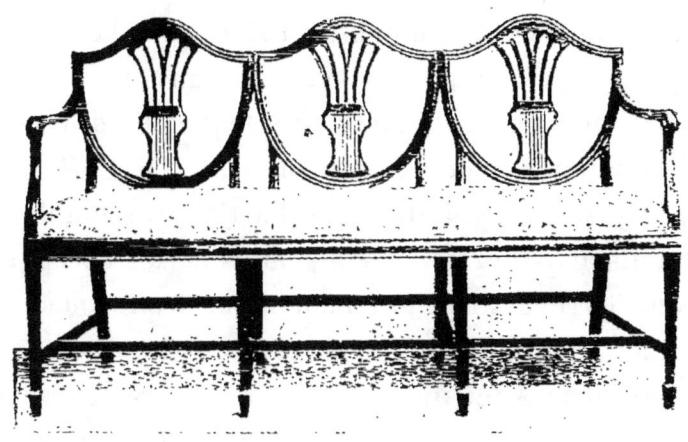

Fig. 130. — Canapé, style Hepplewhite [1775].
(Collection Gill et Reigate, Londres.)

« Georgian » dont la réelle caractéristique va se discerner ensuite, à la faveur de la personnalité des fameux ébénistes qui suivent.

Le style Chippendale. — Avec Thomas Chippendale, le style vraiment britannique va s'accuser.

L'histoire de l'ébénisterie anglaise garde le nom de trois générations de Chippendale portant successivement le prénom de Thomas. Mais, le plus célèbre est le second, mort en 1780 (?), Thomas II Chippendale, à qui l'on doit des créations qui illustrent une des plus belles périodes de l'art du mobilier, en Angleterre, entre 1730 et 1780.

C'est l'heure où Watt invente la machine à vapeur (1768) et où Wedgwood découvre sa fameuse poterie ; l'activité industrielle de l'Angleterre est alors intense. Le meuble profitera de la bienfaisante expansion, mais en adoptant un curieux parti pris de rénovation sur lequel la devise de Chippendale éclaire éloquemment : « *Colligit ut spargat.* » C'est-à-dire que l'artiste rassembla les détails artistiques de nos grands styles classiques pour les répartir originalement sur des formes.

Car Chippendale fut surtout un décorateur, un « habilleur », et un précieux « amalgameur » de formes et de décors. Il « anglicisa » les structures de style, françaises et hollandaises, grâce à une dénaturation ornementale qui est toute une révélation pittoresque. On distingue plusieurs manières dans l'expression élégante de Chippendale. La première s'inspire de l'art ogival (ou gothique), la seconde du style chinois, et la troisième du Louis XV français (fig. 110). Sans oublier des mélanges de style chinois, de gothique et de Louis XV (fig. 98).

On sait combien en France le moyen âge avait été réhabilité avec enthousiasme par le romantisme, aussi bien dans l'architecture que dans le meuble (nous parlons plus loin du style « troubadour »), et nous avons souligné la persistance du

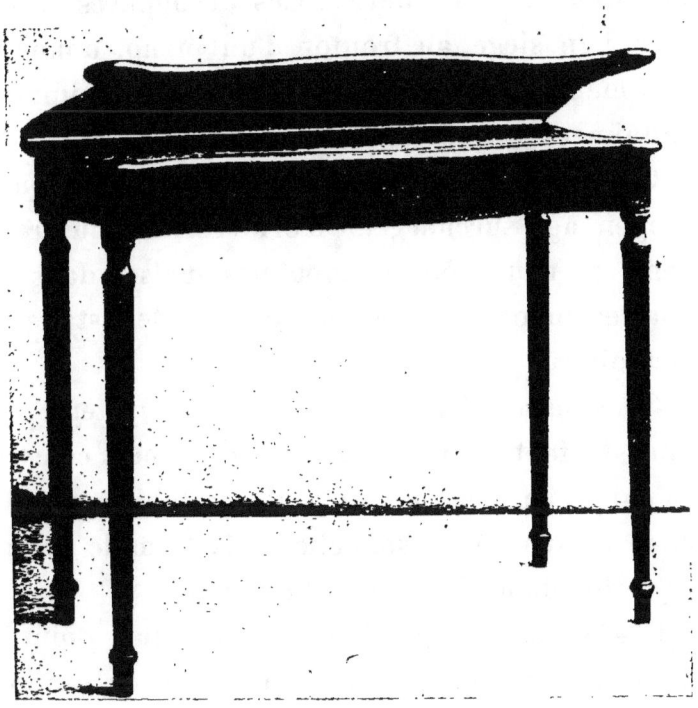

Fig. 131. — TABLE A JEUX, style Hepplewhite [1770].
(Collection Gill et Reigate, Londres.)

goût ogival anglais autant que sa faveur extraordinaire.

Mais, entre le style « ogivalisé » ou anglicanisé ogival d'un Chippendale, et celui que l'on baptisa « troubadour », une comparaison s'impose, toute à l'avantage d'ailleurs, du célèbre ébéniste anglais. Notre style « troubadour » nous valut une théorie de chaises, de pianos, décorés en acajou avec les découpures de la pierre ! Ces découpures au dossier d'un siège, au fronton d'un piano, donnèrent aux meubles un aspect de cathédrale en miniature, infiniment stupide...

Ces mêmes hauts dressoirs à arcatures que le moyen âge surchargeait d'orfèvreries, nous revinrent, et nous nous épanouîmes d'aise dans des chaises monumentales pareilles à des stalles de chanoines !

Or, sans admirer excessivement ce système similaire d'adaptation du décor et de l'aspect constructif ogival au meuble, on peut équitablement opter pour la qualité personnelle et la formule délicate de cette adaptation chez Chippendale.

D'ailleurs, Chippendale ne s'attaque point au décor d'un piano, et cela est à l'éloge de son goût et de la logique ; ses chaises, au surplus, n'ont rien de la chaire gothique et ses tables et commodes ne jouent point à la cathédrale.

Il faut louer dans ces meubles « gothiques », au travestissement singulier si l'on veut, la finesse de leur décor, l'élégance jusqu'à la maigreur de leurs formes souvent ajourées, la richesse générale de la facture. Et, cette ornementation « gothique » s'est amenuisée, rapetissée ; elle communie discrètement avec les grâces contournées du Louis XV, mais elle est seulement plaquée sur la forme, c'est-à-dire qu'elle se désintéresse du mouvement de la forme qu'elle prétend embellir sans plus.

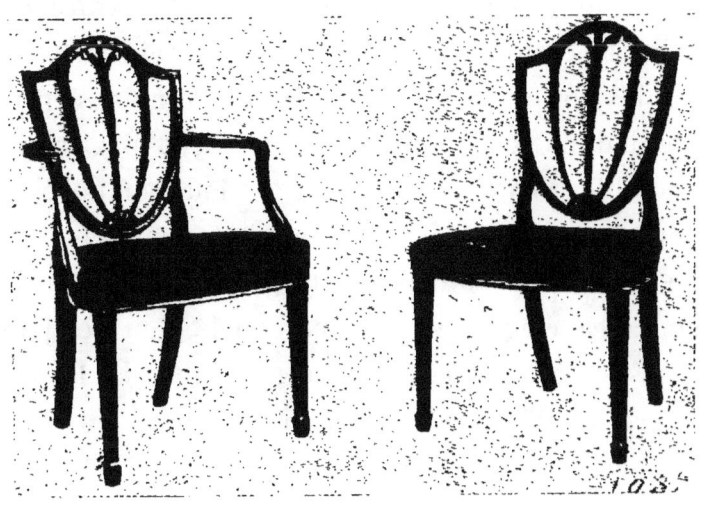

Fig. 132. — Fauteuil et chaise, style Hepplewhite [1770]. (Collection Gill et Reigate, Londres.)

A remarquer les pieds des meubles de cette manière, chez Chippendale ; ils sont particulièrement lourds, tantôt carrés, tantôt colonnes rigides en réduction, coiffées d'une arcade avec pendentifs (répétés tout au long de la base du corps du meuble), tantôt courbe rocailleuse (le Louis XV s'associant ainsi, avec rappels de cette stylisation sur les côtés, avec des éléments gothiques gracieusement arrondis) s'écrasant singulièrement à l'arrivée au sol, en souvenir du « Queen-Anne. »

Cependant, si l'expression gothique de cet artiste est curieuse, sa traduction isolée du Louis XV français vaut davantage. Le recueil des modèles du genre, publié par Chippendale en 1754, « *French chairs* », édifiera nettement sur ce point. Et ses meubles, où les styles rocaille et chinois s'entremêlent dans le goût anglais, ne sont pas moins délectables. Voici des tables aux pieds composés de colonnes géminées, groupées à la base par un rinceau feuillu, dont la ceinture, — souvent contrariée, avec élégance, par des courbes ou des pans coupés, — est ajourée de motifs chinois. Le tout en marbre, pour le plateau, et en bois doré. Voici des glaces-étagères ornementées à la Louis XV, mais toujours dans cet esprit anglais qui recherche le précieux jusqu'à l'aridité.

Voici des meubles de pure forme chinoise « chippendalisée », aux bois grêles, déchiquetés, tourmentés, surdécoupés, composés de treillis jouant les caprices du bambou, couronnés d'un toit de pagode (fig. 98).

Voici des commodes hollandaises, naturalisées anglaises par le célèbre ébéniste dont les décors métalliques, poignées de tiroirs, entrées de serrures, angles et contours des panneaux, faîtes et pieds, sont une originalité. Voici des chaises (fig. 109) aux dossiers composés de lignes capricieuses, à jour, que des ornements fins réunissent au milieu, entre des montants tordus ou ondulés. Voici des faîtes de

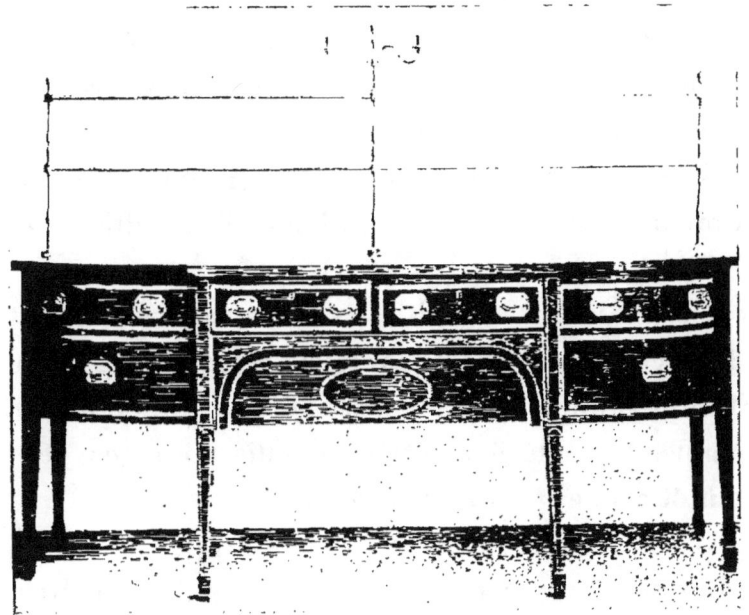

Fig. 133. — BUFFET, style Sheraton [1790].
(Collection Gill et Reigate, Londres.)

dossiers très caractéristiques avec leurs torsades et leurs ressauts, alternant aussi avec des ornements Louis XIV (les dessins si légers du Bérain ont séduit particulièrement notre sculpteur anglais); voici des dessins géométriques, plaqués en abondance. Toute une fantaisie enfin, qui pourrait pour l'ingéniosité de la construction linéaire, de son objectif de grâce compliquée, même, se résumer en l'ordonnance des treize vitres d'une bibliothèque de Chippendale, fameuse...

Car, la complication des montants qui maintiennent ces vitres, leur croisement décoratif ponctué d'une croix épanouie, sont un problème agréablement résolu, et très anglais.

Les artistes anglais du meuble ont une prédilection pour les bâtis qui soutiennent les vitres des bibliothèques.

Ces bâtis fins et multipliés symétriquement, sont d'un caprice et d'une fantaisie typiques (fig. 103). Tantôt rappelant les formes de l'ogive, tantôt motifs empruntés à la géométrie : treillis, losanges, etc., tantôt arabesques et rinceaux.

Il est à noter d'ailleurs que Chippendale affectionne les sculptures à fleur du bois où la géométrie (des losanges superposés, souvent) joue le rôle principal, et il ajoure largement, non moins volontiers, ces mêmes dessins mathématiques, alternés et variés il est vrai avec un esprit toujours délicat.

Th. Chippendale fut durant un demi-siècle le suprême arbitre de l'art anglais. L'aristocratie britannique s'arracha ses œuvres dont tant d'*historic homes* s'enorgueillissent. Considérablement copiés, ses meubles n'ont cependant jamais été

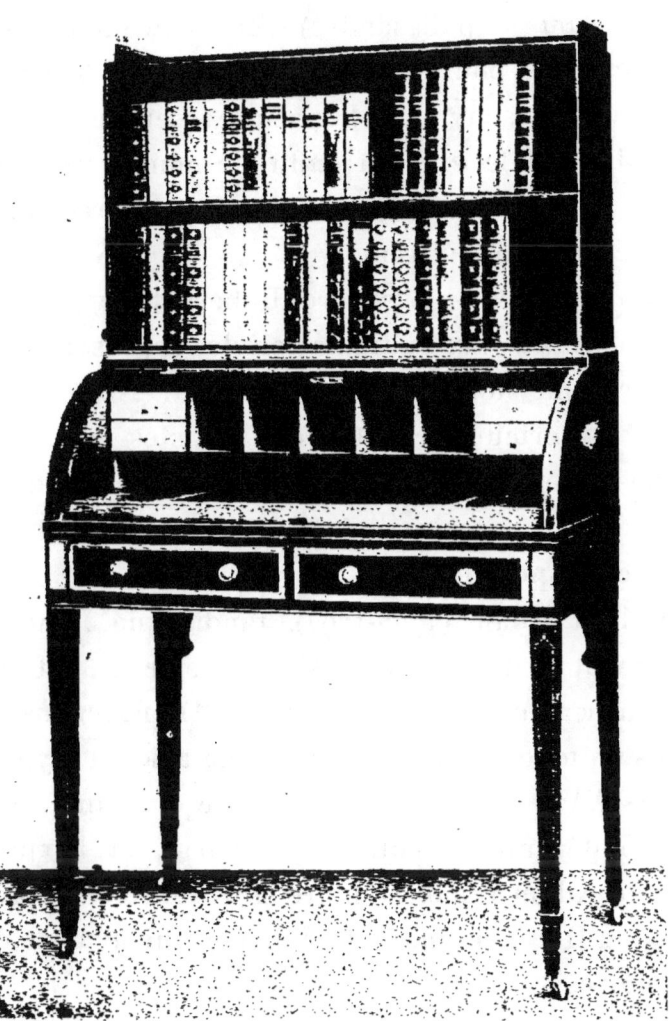

Fig. 134. — Secrétaire-Bibliothèque,
style Sheraton (vers 1785).
(Collection Gill et Reigate. Londres.)

égalés, tant leur matière noble (le bois d'acajou massif ou le palissandre) fut merveilleusement parée, mais pourtant avec une minutie ornementale qui tient souvent de la ciselure réservée au métal.

Chippendale exécuta enfin de nombreux mobiliers pour les frères Adam qui, pénétrés de sa gloire, la poursuivirent.

Style Adam. — Les frères Robert et James Adam viennent au dix-huitième siècle représenter la décoration, non moins dignement. Nous avons parlé antérieurement de ces artistes que nous vîmes associés à l'architecture, et, au chapitre présent, c'est la personnalité de Robert Adam qui nous intéresse spécialement.

Robert Adam (1728-1792), tandis que James se réservait la décoration des appartements, fut surtout un « meublier » remarquable. Il se fit remarquer dans un mode d'interprétation anglaise du style de Louis XVI. Mais, sous l'influence classique alors prépondérante, le gothique disparut, et l'expression d'Adam remonta boire aux sources inspiratrices d'Herculanum et de Pompéi qui avaient été les nôtres.

Si l'on désire comparer Chippendale à Adam et hiérarchiser ce dernier, on doit reconnaître que Chippendale prend place avant lui dans l'histoire de l'ébénisterie, car Chippendale créa des formes

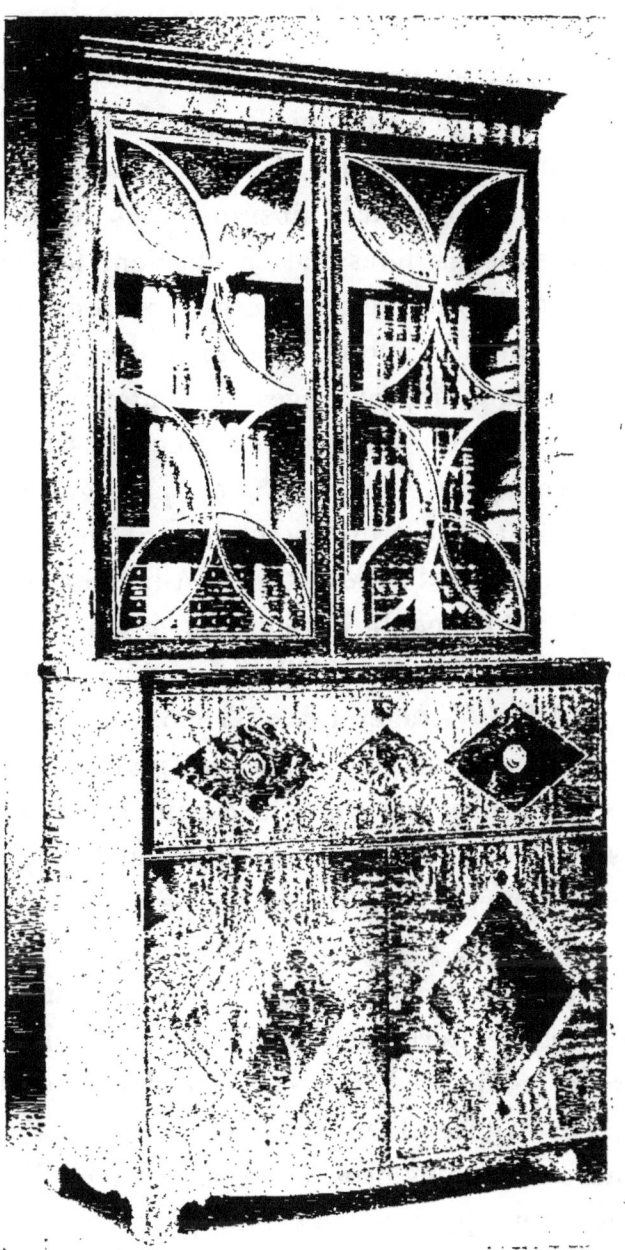

Fig. 135. — Secrétaire-Bibliothèque, style Sheraton [1790].
(Collection Gill et Reigate, Londres.)

où le bois n'était pas sacrifié tandis que chez Adam c'est le souci du décor qui l'emporte. Erreur capitale en matière d'ébénisterie, qui s'absout de fortes qualités compensatrices ainsi que nous le verrons.

« Nous osons nous flatter, disaient les Adam, d'avoir saisi avec quelque succès l'esprit de la belle antiquité et de l'avoir fait régner d'une manière nouvelle dans nos ouvrages. » Toutefois, d'avoir abusé du meuble peint (et du stuc dans la décoration des appartements), d'avoir prodigué les camées et distribué trop abondamment l'ornementation parasitaire, l'art de Robert Adam déconcerte vis-à-vis du meuble. Sous ce crayon fin et distingué, le charme délicat et déjà menu du Louis XVI va s'exagérer dans la maigreur. R. Adam est riche mais sec; il est élégant mais davantage dans la parure que dans la considération stricte des surfaces par rapport aux vides et aux pleins.

Les ornements dont il coiffe la partie supérieure du cadre d'une glace, par exemple, ne sont souvent point à l'échelle, mais il faut retenir chez Adam la première idée d'un meuble flanqué de deux corps (fig. 127), c'est-à-dire à double destination. On sait combien le mobilier moderne affectionne cette conjugaison avantageuse pour l'utilité et non moins pour l'effet esthétique. C'est chez les Adam aussi, que l'on constate, en premier, l'emploi systématique des ornements de vases dits étrusques et le retour à l'embellissement des cheminées (fig. 123). Mais, à défaut d'une solidité réelle de conception, d'unité entre la construction et son décor, quel extrême raffinement dans les détails !

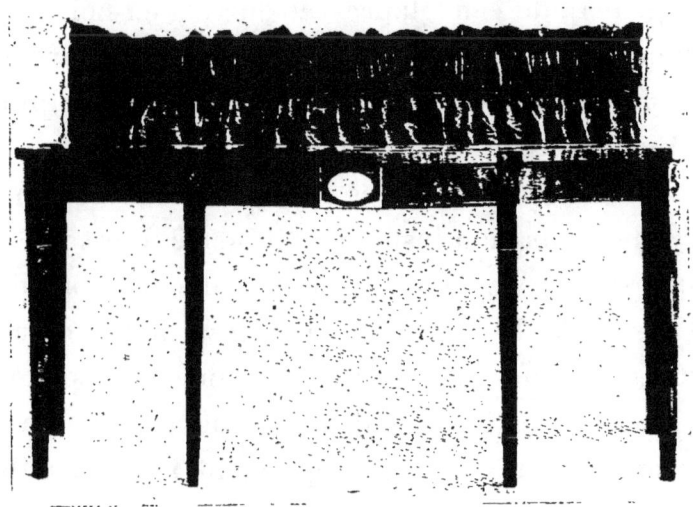

Fig. 136. — Table-console, style Sheraton [1785].
(Collection Gill et Reigate, Londres.)

Quelle superfétation même, d'après le distingué modèle français, dans cette succession de secrétaires que les modeleurs Giuseppe Ceracci, Voyer, Capitsoldi, notamment, exécuteront en bois de citronnier et d'acajou, avec tant de chaises et fauteuils (fig. 132), bureaux (fig. 116), tables (fig. 120), guéridons, candélabres, lustres (fig. 128), etc., sous la direction des Adam !

Et, d'autre part, Angélica Kauffmann embellissait de ses peintures (fig. 122) ces précieuses créations, que le peintre Cipriani enrichissait aussi de sujets à camées, que des biscuits de Wedgwood se disputaient encore (ainsi que tant d'appliques [fig. 125], de candélabres en métal, en bois doré), tandis que Pergolèse leur prodiguait le charme de ses arabesques avec plusieurs habiles sculpteurs et marqueteurs à sa suite.

L'influence des frères Adam fut extraordinaire sur la décoration insulaire. Et même, il est presque impossible de séparer cette collaboration dans l'ensemble de tant de pâtisseries, motifs et moulures en stuc qui, courant des lambris au plafond, (avec l'excessive prodigalité, souvent, que nous avons fait ressortir), préparaient à des meubles adéquats l'atmosphère la plus favorable.

STYLE HEPPLEWHITE (1760-1785). — Si Chippendale emprunta largement aux époques de Louis XIV et de Louis XV (en dédaignant le « rococo »), Sheraton, un grand ébéniste que nous examinons plus loin, représente une version du Louis XVI (époque de Marie-Antoinette principalement), et Hepplewhite (ainsi que Shearer, un autre ébéniste fort connu) prend le milieu de ces influences avec un propre mérite.

Les noms du sculpteur Flaxman et du peintre Füseli s'ajoutent aux artistes précités dans le mou-

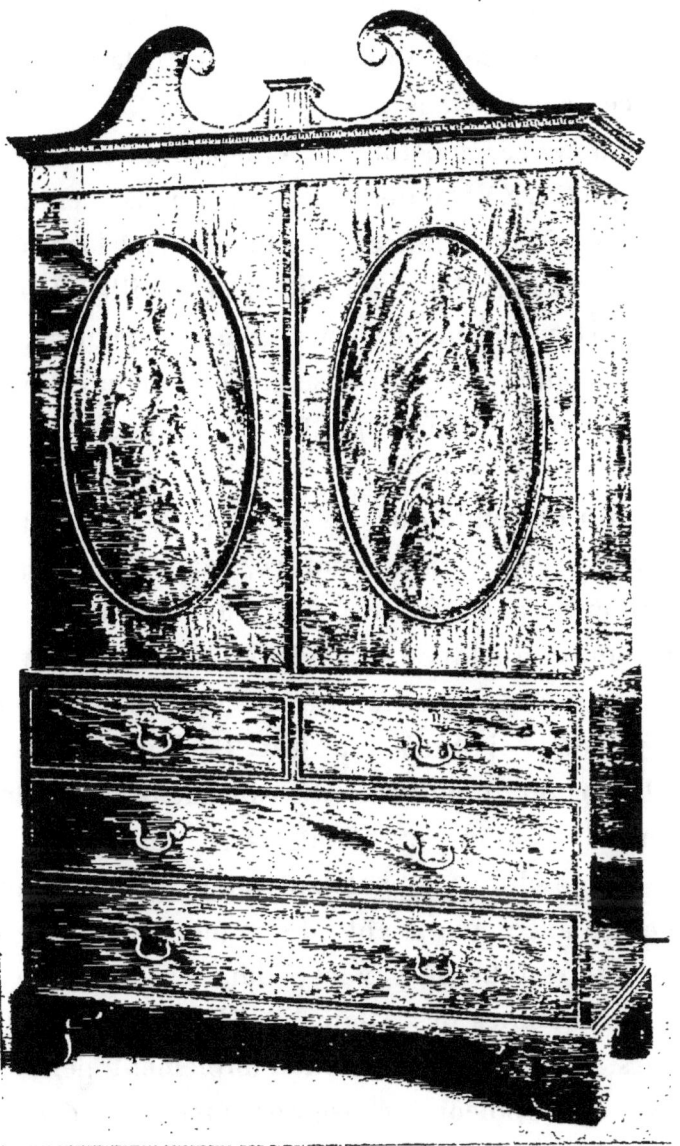

Fig. 137. — Armoire, style Sheraton (1790).
(Collection Gill et Reigate, Londres.)

vement du style mobilier anglais, et Hepplewhite, digne élève de Chippendale et des Adam, profitera de ces acquisitions.

Son genre, répétons-le, s'inspire du Louis XV et du Louis XVI dans des lignes pures et harmonieuses. Mais, à notre sens, le Louis XVI représente mieux sa manière. Le Louis XVI, d'ailleurs, séduisit particulièrement l'art anglais en général, pour la rencontre harmonieuse de cette correction, de cette froideur (à laquelle il tenta d'ajouter le charme) avec son propre caractère.

On a prétendu que les Adam avaient précédé le Directoire et même l'Empire, mais la conception, d'ailleurs peu réussie, des Adam dans ce genre qui offre quelque analogie si l'on veut avec le style de Napoléon, ne saurait s'opposer au modèle. Toutefois, si Sheraton eut l'aubaine d'assister à l'éclosion du mobilier du vainqueur d'Austerlitz, dont il tira un excellent parti, les expressions d'Hepplewhite, auparavant, poursuivirent seulement, avec un talent distingué, le simili-style Directoire tâtonné par les Adam.

Les meubles des Adam et d'Hepplewhite, d'ailleurs, ne font-ils pas tout simplement penser au style de Napoléon à cause des camées (ou des peintures à l'antique), hérités du dix-huitième siècle, qui souvent les ornent ?

Pour en revenir à Hepplewhite, la grâce du mobilier français, chez cet artiste, ne perd guère à être transfigurée tant elle acquiert de distinction et de commodité. C'est de la joliesse gaspillée dans une foule de petits meubles délicieusement exécutés.

Les dossiers de chaises et de fauteuils marquetés ou décorés à la main, dus à Hepplewhite, démontrent particulièrement son originalité, malgré que le motif de trois plumes (fig. 132) qui souvent figure parmi les décors peints de l'excellent ébéniste, l'emblème du Prince de Galles, éclaire

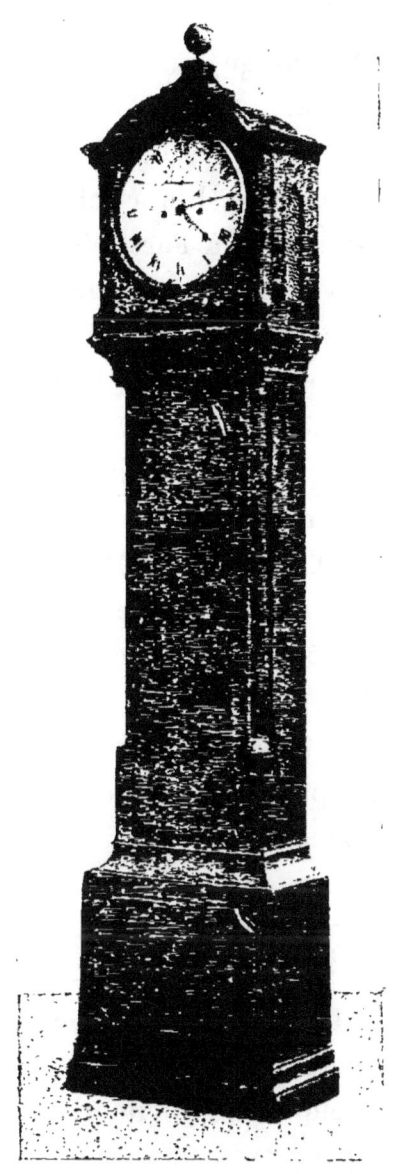

Fig. 138. — HORLOGE A GAINE, style Sheraton, 1790. (Collection Gill et Reigate, Londres.)

davantage sur une facture réellement reconnaissable.

Poudreuses, secrétaires, tables à jeux (fig. 131), guéridons, lits à colonnes, bureaux (fig. 129) ressortissent à l'art délicat et sobre de Hepplewhite qui compte justement parmi les plus éloquents artistes anglais ; avec des meubles en citronnier décoré, en laqué blanc et or, d'une élégance et d'une légèreté savoureuses.

Style Sheraton (1751-1806). — Avec Thomas Sheraton (dont le cycle d'influence se situe vers 1791), c'est l'époque de Marie-Antoinette qui sera particulièrement mise à contribution et aussi le Directoire.

Néanmoins, Sheraton (natif de Stockton-upon-Tees) s'éloigne de la pureté relative de l'expression des Adam qui, eux, ignorèrent la rigidité du style Empire dont ils ne pressentirent la caractéristique que dans une altération similaire du Louis XVI. Même observation pour Hepplewhite lorsqu'il apparaît avoir certaines fois « deviné » le style de Napoléon.

Thomas Sheraton acclimata le goût de la marqueterie dans l'ébénisterie anglaise et il résolut quelque simplicité dans la forme en multipliant ingénieusement la destination du meuble.

On lui doit des secrétaires se transformant en coiffeuses, des secrétaires-bibliothèques (fig. 134 et

135). Une table à abattant, dite « Arlequin », résume sa manière typique. Elle recèle tout un agencement de casiers qui, grâce à un dispositif secret, apparaissent ou disparaissent. Quant aux bahuts (fig. 137) et tables (fig. 136) de Sheraton, ils

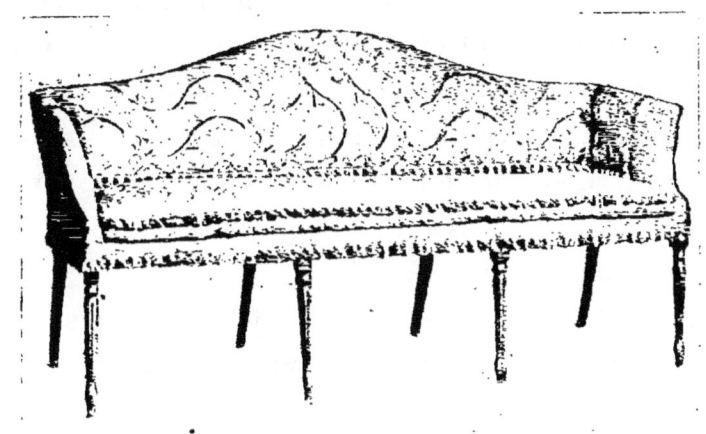

Fig. 139. — CANAPÉ, style Sheraton [1790].
(Collection Gill et Reigate, Londres.)

rappellent nettement le style des Hepplewhite et des Shearer, tandis que ses sièges (fig. 140) s'apparentent, au surplus, à ceux des Adam. Même, quelques auteurs anglais en sont réduits à n'attribuer à leur compatriote, en matière de sièges, que de lourdes chaises dites « Victorian », dans lesquelles on retrouve le dessin « Empire ».

Angélica Kauffmann (1741-1807), la femme-peintre d'origine suisse que nous vîmes travailler pour les frères Adam, A. Kauffmann, dont Reynolds modestement estimait les œuvres supérieures aux siennes propres et qui séjourna longtemps en Angleterre, s'employa également à rehausser certaines pièces de Sheraton.

A défaut de pouvoir sincèrement distinguer entre les productions d'Hepplewhite et de Sheraton, malgré cependant la qualité précieuse des dossiers de chaises et les petits meubles d'une grande finesse, de ce dernier, on doit les réunir dans l'éloge d'une fabrication impeccable, dans la louange d'une variété bien anglaise.

Autant le Chippendale est catégorique, avec les Adam, autant leurs successeurs apparaissent troublants d'incertitude.

Mieux vaut, dès lors, pour identifier la manière douteuse, recourir aux albums publiés par ces grands ébénistes, plus érudits, en somme, et plus excellents exécutants qu'essentiellement originaux.

Une constatation générale, au reste, complète cette impression. Les styles anglais ne créent point une atmosphère sympathique comme les styles français. Leur unité n'aboutit point à un ensemble vivant. Les meubles anglais s'harmonisent par la facture et la commodité, dans le détail enfin, très raffiné.

Mais nous touchons à l'époque moderne, et déjà, en tête de notre chapitre, nous avons érigé le

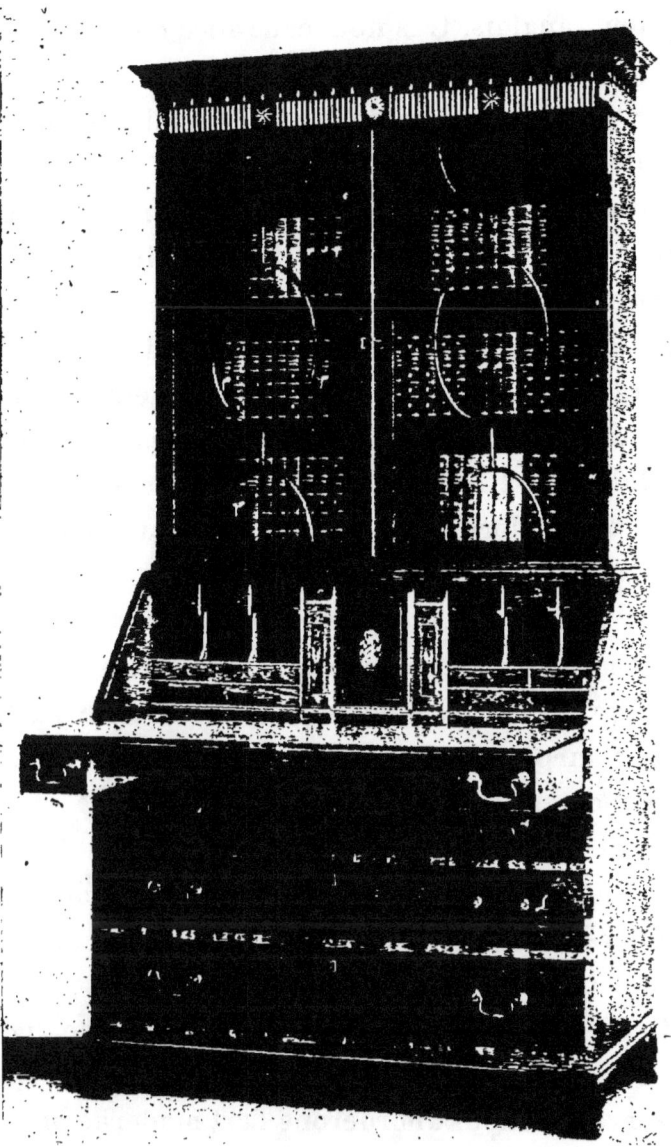

Fig. 140. — Secrétaire-Bibliothèque, style Sheraton [1790].
(Collection Gill et Reigate, Londres.)

fauteuil anglais, très nouveau (ainsi que le mobilier de bureau où il figure) et consacré, sinon par une beauté réelle, du moins, « à l'anglaise », par une utilité parfaitement exprimée.

Avant de poursuivre, nous ferons ressortir chez les Anglais la confection d'un mobilier simple à destination de la classe moyenne, tandis que chez nous, la classe moyenne s'alimente d'un faux luxe bourgeoisement prétentieux, d'un ameublement de pacotille d'après les styles magnifiques du passé.

Mais peut-être que les Anglais, s'ils eussent hérité d'un passé glorieux, d'une tentation aussi commode que magistrale, n'auraient point été si heureusement contraints à innover. C'est la théorie du musée obsédant et néfaste à l'effort créateur, et l'on sait qu'en matière de meuble, la France surtout s'était surpassée, au point que durant deux siècles le monde entier vécut sur ses modèles.

Quoi qu'il en soit, le mobilier *simple* des Anglais modernes possède un caractère franc, une manière de bon goût nouveau qui n'a rien de notre abâtardissement.

Cette différence correspond à une lacune que le style moderne français tend à combler, et, sur cette observation, nous aborderons l'art moderne anglais dans la mesure que nous nous sommes imposée.

***

« La renaissance des arts décoratifs, écrit M. R. Kœchlin, dans l'*Art français moderne*, marcha de

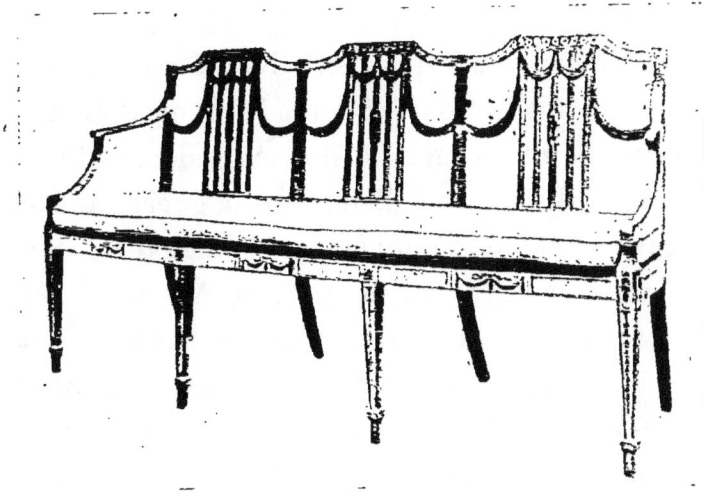

Fig. 141. — Canapé, style Sheraton [1800].
(Collection Gill et Reigate, Londres.)

pair avec celle de la peinture, mais ce n'est pas en France, malgré les avertissements géniaux du marquis de Laborde, qu'aboutirent les premières recherches ; l'Allemagne n'y fut pour rien et l'Angleterre de William Morris en eut l'honneur. On peut dire pourtant que ce premier mouvement, quelque intéressant qu'il fût, demeura purement insulaire et n'eut pas d'action sur le continent, sauf peut-être en Hollande ; il procédait de l'inspiration gothique et orientale ; or, la décoration moderne dérive de l'étude plus directe de la nature, et c'est à elle que demandèrent des conseils tous les artistes sur l'effort desquels nous vivons aujourd'hui. »

D'autre part, en 1912, M. le député Roblin, dans un intéressant Rapport relatif à l'organisation d'une Exposition internationale des Arts décoratifs modernes qui devait avoir lieu avant la guerre de 1914, plaçait en tête du mouvément l'Angleterre, avec William Morris, déjà nommé, et Walter Crane. « Il y a eu des erreurs, constate l'auteur, mais la période en est close, et des novateurs, hardis et tenaces comme Mackintosch, produisent des œuvres qui sont la marque d'un véritable art moderne nouveau ; et l'Angleterre les accepte aujourd'hui sans discussion. »

Comment d'ailleurs résister aux séductions d'un W. Morris, qui, avec D. G. Rossetti, W. Crane et Burne-Jones, entre autres représentants de l'art « majeur » préraphaélite, devait, sous le couvert de l'art « secondaire » (?) rénover le principe de l'art — simplement — au pays de Mercure ?

Après un retour à la tradition *Tudor* en matière ornementale, le bon sens anglo-saxon, ensuite, ne sacrifia pas longtemps à l'orientalisme. Et l'inspiration se tourna progressivement vers la nature. Burne-Jones, décorateur unanime, donna notamment des modèles au meuble et au papier peint (ainsi que W. Crane); il collabora à la typographie;

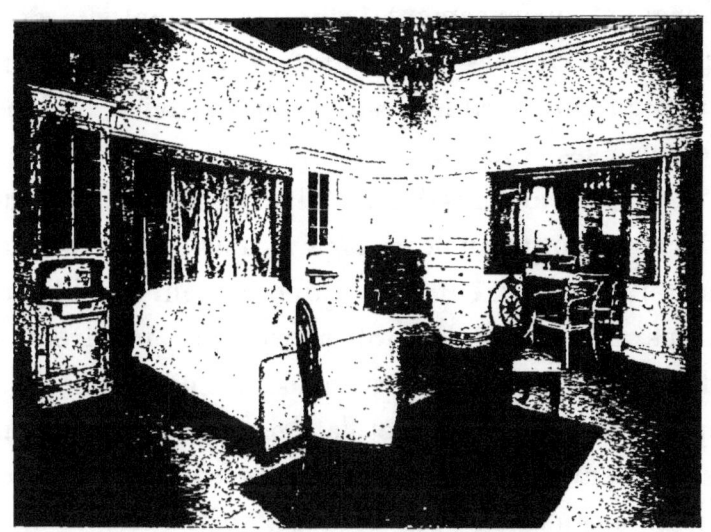

Photo. H. C. Ellis.
Fig. 142. — Chambre a coucher moderne.
(Collection Waring et Gillow, Paris.)

exécuta des cartons pour des vitraux (avec W. Morris, Rossetti et Brown), pour des tapisseries et des mosaïques.

Et W. Morris peignit à fresques, avec Watts; prenant aussi le burin, assisté de Rossetti, pour faire revivre le goût de la gravure sur bois.

Walter Crane enfin, fondateur du *Cercle des Arts et Métiers*, exaltait en public l'effort superbe auquel contribuèrent les Richmond, les Hole, les Brangwyn.

Mais, plus on y réfléchit, plus il se confirme que l'Angleterre dut à un passé d'art non obsédant comme le nôtre, de précéder le mouvement moderne, et curieusement, la Hollande, dont elle s'inspira si volontiers et qui partage avec le pays britannique un héritage esthétique similaire, emboîta le pas à ses côtés.

On pourrait, aussi bien, dire que l'art anglais moderne remonte au « cottage », à son décor comme à son ameublement, parce que ce sont les dispositions architecturales intérieures qui inspirent et dictent les formes et l'esprit d'un aménagement, et que jamais le meuble et l'atmosphère modernes ne se fussent apprivoisés dans des appartements ou des maisons aux plans caducs, rectilignes et aussi respectueusement que rétrogradement voués à un mobilier et à des garnitures « classiques ». L'inspiration neuve fut donc bannie à l'avance de ces lieux sans originalité, tandis que les villas et chalets, tandis que les hôtels particuliers, bâtis modernes pour la circonstance, agréaient avec leur meilleur sourire la nouveauté.

Le « cottage », construction libre, et inédite par conséquent, *baraque* désordonnée aux yeux « bourgeois », pour son honneur, apparaît donc le foyer de l'art moderne anglais. C'est dans le cottage qu'Albion prend sa revanche de la grandeur clas-

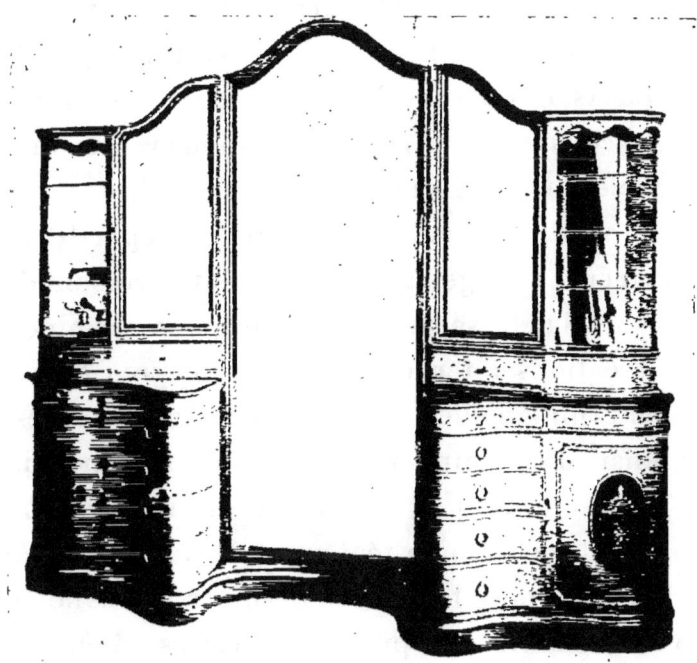

Photo. H. C. Ellis.
Fig. 143. — Toilette moderne.
(Collection Waring et Gillow, Paris.)

sique et trouve l'écho le plus favorable à son tempérament. C'est dans le « cottage » (ou maison de campagne) que se grouperont les premiers ensembles mobiliers, parce que le cottage fut à la fois leur cadre provocateur et essentiel. C'est le cottage qui créa l'atmosphère la pl s glorieuse et la mieux compensatrice du style anglais résolu dans l'intimité au bout d'une tradition du *home* particulièrement tenace.

Et, les noms de MM. Ernest Newton (fig. 27 et 28) Bailie Scott, E. Guy Dawber (fig. 29), Geoffry Lucas, E. Lutyens, I. Crowe (fig. 30), **notamment,** sont à célébrer dans la manifestation architecturale, neuve et inégalée que nous venons de dire.

Du cottage, le meuble anglais se répandit **dans** la demeure bourgeoise et ouvrière, intéressant d'autre part la classe aristocratique pour certaines **de** ses créations alternées avec des œuvres qui rappellent (lorsqu'elles ne sont point authentiques) la fantaisie d'un Chippendale ou la netteté d'un **Adam.** A moins encore que la richesse du *Georgian* ou la lourde et riche majesté d'un style *Tudor* et *Élisabeth* ne compose le fond du décor de leur « home », en compagnie de pièces françaises, Louis **XVI** principalement.

Dans la haute société anglaise, le plus **souvent,** en dehors du mobilier d'essence nationale **et de** celui qu'elle nous emprunte avec faveur, le **style** moderne, de même que chez nous, ne **s'introduit** encore que sous les dehors de l'originalité ou **du** côté pratique.

Cependant, il semble que depuis Chippendale **et** les Adam, que depuis Hepplewhite et Sheraton, le mobilier anglais moderne a trouvé sa voie particulièrement expressive. L'agrément sobre et pratique du style anglais moderne, ses destinations ingénieusement cumulées, procèdent en somme des précurseurs britanniques. Là est la meilleure tradition anglaise dans la pareille silhouette fragile, dans cette froide élégance, dans ce goût du détail si finement exécuté qui accusent un aspect bien personnel et très séduisant.

Mais encore le « cottage », la « nursery », le « hall » sont-ils particulièrement favorables aux meubles modernes, avec des pièces accessoires comme le boudoir, ou purement utilitaires comme le bureau et la salle de bains. Pour le côté pratique, les meubles modernes, logiquement au goût du jour et « à la page » du progrès, ne sauraient être discutés, surtout ici. Porte-manteaux, porte-chapeaux, porte-parapluies anglais modernes, essentiellement confortables, vous préparez à souhait l'accès du « drawing-room ».

Détaillons, maintenant, quelques meubles modernes qui se trouvent dans le salon familier. Voici des fauteuils entièrement capitonnés, du dossier aux joues. Ils sont particulièrement profonds ; on s'y assied avec une volupté sans égale. Voici de vastes chaises cannées pour la légèreté compensatrice de leurs coussins lourds et moelleux ; et, à côté, le contraste d'une fine table en acajou fileté de bois de citronnier, d'un frêle guéridon en loupe d'orme ou de noyer, d'une bibliothèque basse accompagnée de casiers sur ses flancs, presque aussi légère, pour l'apparence. Ici, un canapé inédit, sorte de « méridienne » dépourvue de son dossier unilatéral, accueille maintenant l'abandon sur toutes ses faces ; car la rigidité du dossier en bois a été résolue simplement par un coussin en forme de croissant qui sert d'appui à un oreiller moelleux.

Ces meubles sont signés Waring et Gillow, de même que ceux de cette chambre à coucher que des murs vrais ou factices ont mystérieusement absorbés (fig. 142). Le lit (1) seul, est visible. Et puis ce sont, de la même marque, des armoires pratiquement à hauteur de la femme, non plus de ces bahuts inaccessibles ! Et ces armoires forment penderie et commode. Ce sont des commodes-bureaux, avec tiroirs et bibliothèque ; des coiffeuses dans lesquelles on pénètre jusqu'à une grande psyché, tandis qu'à droite et à gauche, des tiroirs disposés sur les côtés et couronnés aussi, à leur extrémité, de miroirs mobiles, s'offrent à proximité du geste. Meubles en acajou mosaïqué, marqueté ou sans ornements, de citronnier, dont une pression dans la moulure

(1) La création du lit de cuivre, au XIXe siècle, est anglaise.

actionne une serrurerie invisible : autant de délicates et ingénieuses créations.

Pour le meuble moderne manufacturé, en série, voici la grande firme londonienne Maple, voici Liberty ; ces derniers, créateurs et fabricants de meubles (fig. 145), de bijoux aussi et d'orfèvrerie. De Maple, des meubles de bureau... même américains, et toutes fournitures. De Liberty, encore, des velours, satins et soies, des précieux tissus « liberty » qui sont à la fois une caresse à la vue et au toucher.

Pour le papier peint, les manufactures d'Essex,

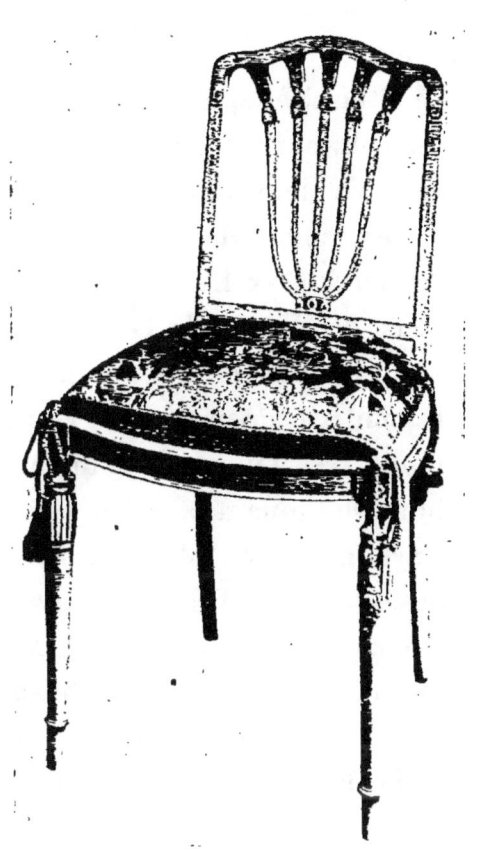

Photo. H. C. Ellis.
Fig. 144. — CHAISE MODERNE.
(Collection Waring et Gillow, Paris.)

les ateliers de Merton Abbey et de Kelmscott-Pris, près de Leichdale, dans le Gloucester (autrefois dirigés par W. Morris et d'où sortirent, en même temps que des modèles dus à Burne-Jones et à Walter Crane, des éditions rares gravées sur bois en collaboration avec D. G. Rossetti) n'ont point tari la valeur de leurs efforts.

Les noms de MM. P. Bankart, Simpson, A. Altherr, Max Heidrich, Vogeler, enfin, rejoignent ceux de Waring et Gillow, de Liberty et de Maple pour les ensembles de meubles anglais particulièrement caractéristiques. Ces meubles que des plafonds très ouvragés contemplent, sur lesquels la lumière, jouant à travers des vitraux de M. T. S. Brydone ou de M. A. Gascoyne, épand ses rayons irisés dont profitent à l'envi les beaux papiers ou étoffes de tenture dus à MM. Sydney Haward, Wardle, etc., et les précieux émaux (en-tête du chapitre premier) de M. Alexandre Fisher, également bon peintre et sculpteur (cul-de-lampe du chapitre V).

Les Anglais affectionnent les cheminées ornementées, en métal ou en céramique; ils les réussissent dans un art varié et des plus ingénieux en les faisant concourir, avec un goût très particulier, au décor. La dinanderie, d'ailleurs en son ensemble, qu'il s'agisse de lanternes, de lustres ou de vases, ou bien la ferronnerie, pour les grilles de foyer, les landiers et chenets, etc., résume une préférence britannique qui s'ajoute à celle de l'extrémité supérieure des conduites d'eau, en plomb délicate-

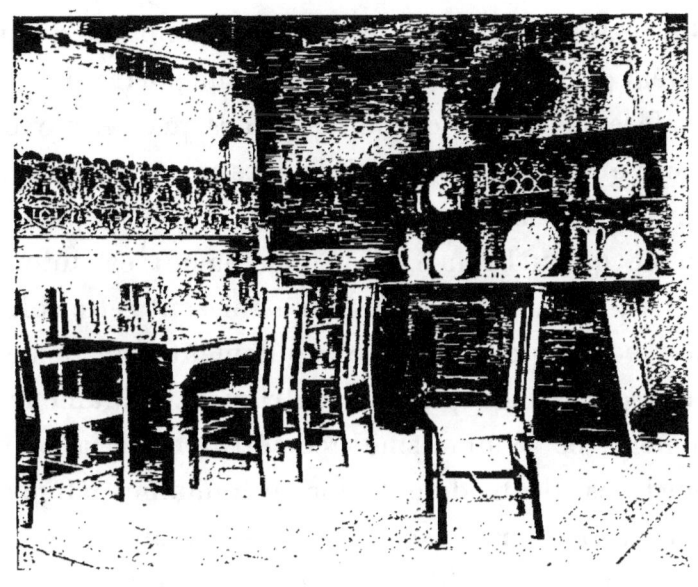

Fig. 145. — Intérieur de salle a manger pour un « cottage ». (Collection Liberty et Cie, Londres.)

ment estampé (fig. 21), etc., renouvelées de l'ancien, dont nous vantâmes la curieuse préoccupation esthétique.

Dans le tapis enfin, dans la céramique, dans le bijou, etc., les artistes modernes anglais poursuivent vaillamment leur réputation de novateurs, malgré qu'à cette tâche, où ils nous précédèrent, l'art français les ait largement rejoints, sinon surpassés, grâce aux qualités innées qui ont établi sa prépondérance à travers les siècles.

En tant que peintres, les Anglais modernes ne parviennent guère à secouer le joug du style de Burne-Jones dans un anglicisme monotone d'après l'idéal de Botticelli. Et c'est comme portraitistes de préférence, qu'ils poursuivent leurs qualités d'exécution volontaire et impassible. Les sujets de genre, le paysage encore, les séduisent et, d'autre part, de même qu'en France, — le mouvement est international, — les artistes anglais subissent cette soif de nouveauté qui s'étanche rapidement et facilement, aux sources les plus excentriques.... Malheureusement, ce symbolisme géométrique où la nature perd ses droits dans la forme humaine défigurée, n'a pas osé servir, sous le couvert pourtant si favorable de l'illisibilité, la nudité essentielle. Il n'en faut point parler aujourd'hui non plus qu'hier, au pays de Shakespeare.

La statuaire, en Angleterre, continue donc à être contrainte.

En revanche, le procédé de l'aquarelle l'emporte sur les arts de la couleur... Les peintres britanniques s'y manifestent avec une habileté supérieure, moins corrects et moins froids dans une facture plus large que dans le tableau à l'huile.

Nous ne reviendrons pas, enfin, sur la maîtrise des illustrateurs et des graveurs anglais.

Malgré qu'au cours de notre travail, le masque soucieux et agité de Mercure ait contrarié souvent le front serein d'Apollon ; malgré l'obstacle d'une pudibonderie choquante pour la sublime vérité de l'Etre dont l'Art s'est fait un acte de foi, nous n'insisterons pas sur l'évidence d'une esthétique d'ensemble, bellement caractéristique en Angleterre. Pour n'être point toujours d'une grandeur ni d'une pureté exemplaires, l'idéal que nous nous efforçâmes de déduire d'une intellection plutôt matérielle, ne saurait indifférer. Et c'est Shakespeare qui a dit, à peu près, que la « douce clarté sait passer à travers les portes de fer ».

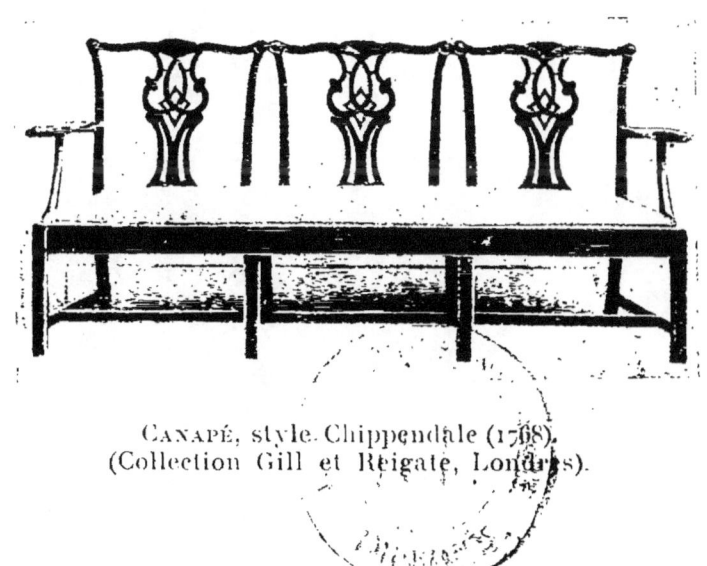

Canapé, style Chippendale (1768).
(Collection Gill et Reigate, Londres).

INDEX ALPHABÉTIQUE
DES ARTISTES CITÉS

A

ADAM (Robert) . . 14, 74, 256
ADAM (James). . . . 74, 256
ALDIN (Cecil) . . . 21, 152
ALMA-TADEMA (Laurens) 143
ALLSTON (Washington). 124
ALTHERR (A.) 272
ANDERSON 81
ARDEL 156
AUSTEN (W.) 164

B

BANKART (P.) 272
BARKER 124
BARRY (Charles) . . . 80
BEARDSLEY (Aubry) . . 150
BEECHEY (William) . . 118
BEWICK (Thomas) . . . 157
BLAKE (William) . . . 124
BLOIS (Robert de) . . . 44
BLONFIELD (R.) 98
BONINGTON (Richard-Parkes) 132
BOURD (John) 164
BOYDELL (John) . . . 110
BRANGWYN (Frank) 145, 266
BROCK 173
BROW 124

BROWN (Ford Madox) . 137
BRYDONE 272
BURLINGTON 73
BURNE-JONES (Edouard) 144
BYRD 198

C

CALCOTT (Augustus-Wall) 131
CALDECOTT (Randolph) . 147
CAPITSOLDI 253
CATON-WOODVILLE . . 147
CERACCI (Giuseppe) . . 253
CHAMBERS (William) . 73
CHANTREY (Francis-Legatt) 172
CHIPPENDALE (Thomas) 241
CLAUS ou FLOAS . . . 44
CLEEN 210
COLCUTT 80
COLLE (George) . . . 135
CONSTABLE (John) . . 128
COOPER 109
COUSINS 156
COX (David) 135
COX (H. Bartle) . . 3, 4, 5, 6
CRANE (Walter) . . . 147
CROME (John) 130
CROOKE (H.) . . . 34, 268

ROVENAZZO 164
ROWLANDSON (Thomas) 148
RUSKIN 122, 188
RYLAND 154

S

SANDBY (Paul). 130
SAUNDERSON (Cobden). 212
SHEARER. 259
SCOTT (Bailie) 268
SHEEMAKERS. 173
SHENTON. 156
SHERATON (Thomas). . 258
SIMPSON 272
SMINKE (Robert). . . . 114
SMIRKE (Robert). . . . 78
SMIRKE (Sydney) . . . 79
STEVENS (Alfred) . . . 172
STOTHARD (Thomas). . 114
STRANGE. 154
SWAN (Abraham) . . . 240
SYDNEY-HALL 147

T

TAYLER 135
THORNHILL (James). . . 108
THORNYCROFT 173
THORPE (John) 67
THORWALDSEN (Bertel). 168

TORRIGIANO (Pietro d'Antonio dit IL) . . 164
TURNER (Joseph) 126

U

UWINS (Thomas) . . . 113

V

VELDE (Van de) 34
VERNON 156
VIVARÈS 156
VOGELER 272
VOYER 253

W

WALKER 134
WALL 204
WARD 156
WARDLE 272
WARE (Isaac) 240
WARING (et GIL-LOW) 270, 272
WATERHOUSE (Alfred) . 80
WATTS (Georges-Frédéric) 141
WEBB (Aston) 98
WEDGWOOD (Josiah) . . 202
WESMACOTT (Richard) . 170
WEST (Benjamin) . . . 120
WILKIE (David) 113
WILSON (Richard) . . . 128
WOOLLET 156
WREN (Christophe) . . 71

TABLE DES MATIÈRES

Chapitres   Pages

I. — Considérations générales sur l'art et les Anglais.   1

II. — Les prémices de la littérature et de l'art, à travers l'histoire de l'Angleterre   23

III. — L'Architecture. Les Styles : Anglo-Normand, Tudor, Élisabeth, etc., villas, « cottage » et jardin anglais   41

IV. — La Peinture et la Gravure. W. Hogarth, J. Reynolds, Th. Gainsborough, G. Romney, Th. Lawrence, etc.   107

V. — La Sculpture. — J. Flaxman, etc.   161

VI. — Les arts appliqués : Céramique, Dentelle, etc.   181

VII. — Les arts appliqués (suite), le Meuble : Thomas Chippendale, les Adam, etc.   217

Index alphabétique des artistes cités   277

Imp. Frazier-Soye, 168, boul. du Montparnasse, Paris. 2-22

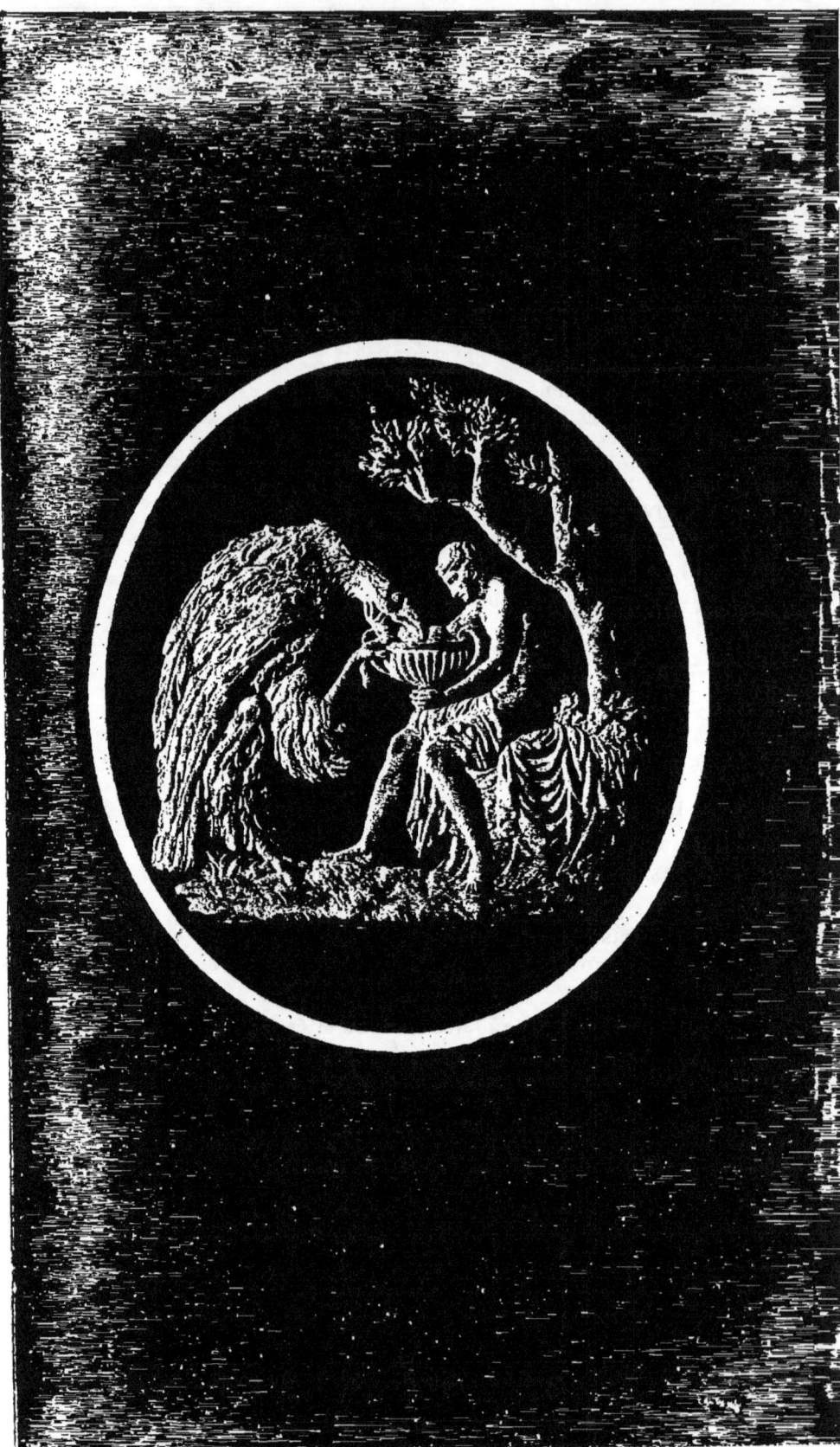

www.ingramcontent.com/pod-product-compliance
Lightning Source LLC
Chambersburg PA
CBHW050159230526
45470CB00001B/163